现代有轨电车系统研究与实践

王 灏 田振清 周楠森 王燕凯 主编

中国建筑工业出版社

图书在版编目(CIP)数据

现代有轨电车系统研究与实践/王灏等主编. —北京：中国建筑工业出版社，2011.6
ISBN 978-7-112-13253-9

Ⅰ.①现… Ⅱ.①王… Ⅲ.①有轨电车-城市运输-交通运输建设-研究-北京市 Ⅳ.①F572.881

中国版本图书馆CIP数据核字(2011)第092435号

责任编辑：姚荣华　张文胜
责任设计：李志立
责任校对：陈晶晶　姜小莲

现代有轨电车系统研究与实践
王　灏　田振清　周楠森　王燕凯　主编

*

中国建筑工业出版社出版、发行(北京西郊百万庄)
各地新华书店、建筑书店经销
北京天成排版公司制版
北京市铁成印刷厂印刷

*

开本：787×1092毫米　1/16　印张：15¼　字数：365千字
2011年7月第一版　2011年7月第一次印刷
定价：37.00元
ISBN 978-7-112-13253-9
(20631)

版权所有　翻印必究
如有印装质量问题，可寄本社退换
(邮政编码　100037)

编写委员会

主　编：
王　灏　田振清　周楠森　王燕凯

参编人员：

马　佳	王　锋	王　静	王思竹	王晓明
毛励良	翟东武	尹晓宏	叶以农	田　芸
田　梦	刘　斌	刘衍峰	刘剑峰	刘新华
孙壮志	孙福亮	杜世敏	李民伟	杨　珂
杨志刚	邱丽丽	邹　迎	张剑涛	陈　峰
罗　铭	郑　毅	郑瑞武	胡新宇	茹祥辉
段俊萍	姚智胜	高永亮	高桂桂	郭云涓
郭春安	程　鑫	缐　凯	薛　波	薛燕荣

序

进入 20 世纪 90 年代以来，我国国民经济持续快速发展，城市化进程明显加快，城市人口迅速增长，城市规模不断扩大，城市居住条件和布局发生很大变化，向城市边缘和卫星城扩展，机动车急剧增长。因此城市交通拥堵日益严重，城市环境不断恶化。由于城市轨道交通具有运量大、准时、快速、环保等特点，发展城市轨道交通已成为我国城市发展公共交通的根本方针和缓解城市交通拥堵的最佳选择。经过四十多年的发展历程，尤其是近十多年的快速发展，至 2010 年底我国已有 12 个城市，运营里程达到 1400 多公里，国家批准建设的 28 座城市近期建设规划，建设 94 条线 2600 多公里。"十二五"计划，我国城市轨道交通运营里程将达到 3000km。另一方面，我国城市轨道交通技术装备水平也不断提高，轨道交通的制式也呈多样化，具有地铁、轻轨、跨坐式单轨系统、直线电机以及不同速度的轨道交通系统。但目前我国以全封闭的地铁系统为主，地面城市轨道交通系统，正在探索发展中。

现代有轨电车系统是城市轨道交通的一种中低运量系统，是建立在传统有轨电车的基础上，在技术方面有了很大的突破，控制技术、牵引、供电、信号得到完全的更新，以地面敷设为主，具有多种路权方式，在道路交叉口采用信号优先的交通组织，还具有低碳环保和节能的优点，在国外受到青睐，适用于大城市的卫星城和各组团之间的联系以及一些运量适当的中等城市。据统计，世界上以欧美为主发达国家中的 55 个城市的城市轨道交通系统中，地铁系统建设的里程约为 4200km，而轻轨及现代有轨电车系统的里程则达到约 11000km 以上。这足以说明现代有轨电车系统在城市公共交通系统中存在的必要性和所起到的作用。

《现代有轨电车系统研究与实践》一书是北京市多年来对现代有轨电车系统进行的研究，结合北京西郊线的规划和工程设计，对现代有轨电车的发展历程、技术标准、规划思路和适用性评价等内容进行了系统化的研究，为填补地铁和常规公交系统运量之间的空白，调控私人交通、改善道路交通结构提供了一种新型的轨道交通模式，同时也为促进国内相关产业的发展提供了契机。因此，此项系统化的研究思路对我国轻轨或现代有轨电车的应用和发展意义重大，其成果具有很好的借鉴和参考价值。现代有轨电车系统将在我国有着广阔的发展前景，该书的出版定会对我国发展现代有轨电车系统起到积极的推动作用。

焦桐善

二〇一一年六月

前　言

传统有轨电车曾经是城市公共交通的骨干，为城市公交化做出了重要贡献。随着汽车技术的发展，传统有轨电车因其速度低、车辆性能差、舒适性差、与道路交通矛盾严重而逐渐遭到淘汰。随着城市的发展和私人汽车的大量普及，城市交通拥堵和空气污染日益严重，人们对公共交通服务质量的要求也日益提高。普通的地铁系统虽然运量大、速度高、服务水平高，但其建设成本和运营成本也很高，大量建造也会给城市财政背上沉重的包袱，并不是各种城市和各种线路都适合的。在这种背景下，于20世纪80年代，一种在传统有轨电车基础上发展起来的现代有轨电车系统应运而生了。

现代有轨电车系统作为城市轨道交通系统的一个分类，以其具备的运量适中、工程简单、投资较低、敷设方式灵活、运营灵活的特点，成为城市公共交通的重要组成部分。这种系统是由已经有100多年历史的有轨电车系统，经过全面的技术升级，从传统的有轨电车脱胎而出的一种新型城市轨道交通制式。与传统有轨电车不同的是，它不仅在车辆外观上有许多变化，而且在技术装备上融入了诸多现代高科技的元素，具有更高的运行速度、更舒适的乘车空间以及快捷的换乘方式，其技术性能和舒适度是老式有轨电车无法望其项背的。现代有轨电车线路以地上线为主，地面线尽量采用封闭的专用道形式，充分体现公交优先的原则。它是城市经济、科技、人文发展到一定程度的产物，也是城市整体素质的体现。

我国国民经济正处在高速发展时期，城市化发展很快，城市规模的扩大，使得原有的空间组织模式发生改变，向开敞型、组团式发展，老百姓对城市公共交通的服务水平也在逐渐提高。加强公共交通网络建设，促进公共交通出行比例，对缓解大城市交通拥堵和环境污染有重要意义。

对于运量较大的线路，可以采用大运量的地铁系统，而对于中低运量的线路，例如由于城市规模比较小、人口密度比较低，同时经济实力有限，难以承担快速轨道交通建设所带来的财政压力的中小城市，则可以采用现代有轨电车系统。

同时，对于大城市中心城外围区域，或组团式区域内部，旅游区，由于公共交通网络密度降低，公交出行相对不如在中心城区方便，在城市边缘地带也存在不同公共交通线路之间的换乘衔接需要，则现代有轨电车系统的特点也成为其比较适用于加强主城和外围新城、开发区以及旅游景点之间的联系，并促进沿线地区的发展的一种舒适可靠的交通模式。

因此，现代有轨电车系统在国内应该有着比较广阔的发展前景。

鉴于以上原因，北京市基础设施投资有限公司组织北京城建设计研究总院、柏诚工程技术（北京）有限公司、北京交通发展研究中心和北京市城市规划设计研究院，结合北京市轨道交通西郊线的工程建设，对现代有轨电车系统在北京市的应用进行了深入的研究，并在北京市科委申报立项，形成了本书所包含的研究成果，希望对我国城市轨道交通的建设提供帮助。

该课题列为 2009 年北京市科技计划项目，课题编号：Z090506006309017。

课题研究主要内容包含：

（1）现代有轨电车系统综述研究；

（2）北京市现代有轨电车系统的适用性及评价体系研究；

（3）北京市现代有轨电车系统技术规定研究；

（4）北京市新城或区域的现代有轨电车系统规划研究；

（5）北京市现代有轨电车系统示范工程实施方案研究；

（6）北京市现代有轨电车系统规划、建设和运营管理政策建议研究。

课题研究的目标，主要是通过对国内外现代有轨电车系统应用案例的分析，掌握现代有轨电车系统的技术特征和发展趋势，结合北京市城市规划和交通发展状况，研究明确现代有轨电车在北京应用的适用性和应用技术条件，建立一套北京市新城或区域现代有轨电车系统的适用性评价体系，研究形成适合于北京市的现代有轨电车系统技术规定，研究北京市 1~2 个新城或区域的现代有轨电车系统线网规划，研究一条现代有轨电车系统示范线路实施方案并指导示范工程实施，研究提出北京市现代有轨电车系统规划、建设、运营管理和产业化发展的政策建议。

通过课题研究和成果推广，促进现代有轨电车系统在北京市适宜新城或区域的推广应用，缓解北京市交通压力，减少交通能源消耗和环境污染，保障北京城市高效运行，带动现代有轨电车系统相关技术研发进步和产业化，促进北京城市经济、社会发展。

目　　录

第1篇　现代有轨电车系统综述 ·· 1

第1章　有轨电车的发展沿革 ·· 3
　1.1　有轨电车的出现 ··· 3
　1.2　有轨电车的衰退 ··· 3
　1.3　现代有轨电车的出现 ··· 4
　1.4　现代有轨电车与老式有轨电车的区别 ······································· 4

第2章　现代有轨电车系统技术特征 ·· 6
　2.1　运营方式 ··· 6
　2.2　路权 ·· 6
　2.3　车站 ·· 6
　2.4　沿线道路横断面 ··· 7
　2.5　交叉口交通组织 ··· 7
　2.6　平曲线与纵曲线 ··· 8
　2.7　供电 ·· 9
　2.8　车辆 ·· 9

第3章　现代有轨电车的适应性 ··· 12
　3.1　现代有轨电车的运能与客流量 ··· 12
　3.2　现代有轨电车在城市交通网络中的功能定位 ································· 14

第2篇　现代有轨电车系统的适用性及评价体系 ·· 17

第4章　概述 ··· 19
　4.1　现代有轨电车概述 ··· 19
　4.2　研究背景 ··· 21
　4.3　国内外研究现状 ··· 21
　4.4　研究目的、内容与方法 ··· 22

第5章　现代有轨电车技术适用性研究 ·· 24
　5.1　线路技术条件 ··· 24
　5.2　车道布置 ··· 30
　5.3　车站布设 ··· 31

5.4 路权信号·· 33
第6章 现代有轨电车与其他交通方式的对比分析·· 37
6.1 运行速度·· 37
6.2 运能··· 39
6.3 造价分析·· 41
6.4 运营条件·· 43
第7章 北京现代有轨电车适用性及评价·· 44
7.1 应用模式分析··· 44
7.2 北京发展现代有轨电车的必要性分析··· 58
7.3 评价方法体系··· 62
7.4 评价指标体系的建立··· 64
7.5 模糊综合评价方法··· 67
7.6 北京地区现代有轨电车适用性评价·· 70

第3篇 北京现代有轨电车系统技术规定··· 79

第8章 研究依据和方法·· 81
8.1 车辆··· 81
8.2 线路形式·· 81
8.3 运营管理·· 81
第9章 北京现代有轨电车系统技术规定··· 82
9.1 总则··· 82
9.2 名词术语·· 82
9.3 车辆··· 83
9.4 运营组织·· 84
9.5 线路··· 86
9.6 限界及轨旁系统·· 89
9.7 轨道··· 90
9.8 车站··· 90
9.9 结构··· 92
9.10 供电系统··· 93
9.11 通风空调系统·· 95
9.12 给水排水及消防··· 96
9.13 通信系统··· 96
9.14 调度系统··· 97
9.15 综合信息系统(IMS)·· 98
9.16 环境与设备监控系统(BAS)·· 99
9.17 火灾自动报警系统(BAS)··· 99
9.18 售检票系统·· 100

9.19	车辆基地	100
9.20	环境保护	101

第4篇 现代有轨电车系统规划实践 ... 103

第10章 现代有轨电车线网规划方法 ... 105
- 10.1 一般城市公共交通网络规划方法及流程 ... 105
- 10.2 现代有轨电车线网规划方法 ... 105

第11章 顺义新城现代有轨电车线网规划 ... 107
- 11.1 交通需求分析 ... 107
- 11.2 功能定位 ... 113
- 11.3 顺义区现代有轨电车规划方案规划设计条件 ... 115
- 11.4 现代有轨电车线网规划 ... 123
- 11.5 现代有轨电车线网实施效果评价 ... 129

第12章 亦庄新城现代有轨电车线网规划 ... 132
- 12.1 规划背景 ... 132
- 12.2 交通需求分析 ... 133
- 12.3 现代有轨电车功能定位 ... 135
- 12.4 规划条件分析 ... 136
- 12.5 系统制式选择 ... 139
- 12.6 线网规划方案 ... 139
- 12.7 车辆段规划选址 ... 146
- 12.8 路权选择及信号控制 ... 147
- 12.9 实施效果 ... 147
- 12.10 近期实施建议 ... 148

第13章 现代有轨电车规划总结 ... 149
- 13.1 关于现代有轨电车系统适应性 ... 149
- 13.2 关于居民交通出行特征 ... 149
- 13.3 关于现代有轨电车系统与地面快速公交系统的比较 ... 149
- 13.4 关于现代有轨电车线路路由的选择 ... 149
- 13.5 关于现代有轨电车沿线道路横断面设置 ... 150

第5篇 现代有轨电车系统示范工程 ... 151

第14章 示范工程概述 ... 153
- 14.1 内容 ... 153
- 14.2 工程概况 ... 153

第15章 行车组织与运营管理 ... 154
- 15.1 设计原则 ... 154

15.2	主要技术标准	154
15.3	运营特征	154
15.4	配线设计原则	155
15.5	列车运行管理	155
15.6	组织管理模式及组织机构	156

第16章 线路 157
- 16.1 线路平面设计 157
- 16.2 线路纵断面设计 160
- 16.3 车站设置 161
- 16.4 辅助线设置 161

第17章 限界 162
- 17.1 线间距 162
- 17.2 限界方案 162

第18章 轨旁 164
- 18.1 区间疏散通道设计 164
- 18.2 轨旁系统设备布置原则 164
- 18.3 轨旁系统设备的布置 164

第19章 轨道 165
- 19.1 主要几何技术参数 165
- 19.2 轨道设备选型及结构设计 165
- 19.3 道岔 166
- 19.4 无缝线路 166
- 19.5 轨道减振措施 166
- 19.6 轨道附属设备 167

第20章 建筑 168
- 20.1 内容 168
- 20.2 车站概况 168
- 20.3 车站方案 168

第21章 结构 169
- 21.1 车站结构 169
- 21.2 地面区间——路基工程 169
- 21.3 地下区间结构 171
- 21.4 高架区间 171

第22章 供电系统 172
- 22.1 系统 172
- 22.2 变电所 173
- 22.3 牵引网 175
- 22.4 杂散电流腐蚀防护 175
- 22.5 地面嵌入式接触轨 175

第23章 通信系统	179
第24章 乘客信息系统	180
24.1 控制中心子系统	180
24.2 车站子系统	180
24.3 车载子系统	180
24.4 网络子系统	180
第25章 调度系统	182
25.1 系统方案	182
25.2 系统功能	182
25.3 系统构成	183
第26章 售检票系统	184
26.1 系统构成	184
26.2 线路中心系统	184
26.3 车站终端设备	184
26.4 网络方案	185
第27章 综合监控系统	186
27.1 现场级方案	186
27.2 中心级方案	186
第28章 火灾自动报警系统	187
28.1 系统组网方式	187
28.2 中心级系统构成	187
28.3 车辆段系统构成	187
28.4 地下区间系统构成	187
28.5 区间主变电所系统构成	188
28.6 系统信息传输要求	188

第6篇 北京现代有轨电车系统规划、建设和运营管理政策建议 189

第29章 发展思路和定位	191
29.1 北京公共交通系统的基本构成	191
29.2 北京公共交通发展战略	191
29.3 案例——伦敦交通发展战略中有轨电车的发展思路	193
第30章 规划政策	195
30.1 规划制定	195
30.2 规划审批	196
30.3 规划实施	196
30.4 规划修改	196
第31章 投资建设模式	198
31.1 建设主体	198

31.2　资金来源 …… 198
　　31.3　投融资模式 …… 199
　　31.4　建设过程中的重点、难点技术问题 …… 203
第32章　运营模式 …… 206
　　32.1　确定运营主体 …… 206
　　32.2　制定合理的票制票价 …… 206
　　32.3　明确运营补贴 …… 207
第33章　其他政策 …… 208
　　33.1　相关技术标准规范 …… 208
　　33.2　法律法规及配套政策 …… 209
　　33.3　产业化发展 …… 209
第34章　结论 …… 211
　　34.1　明确有轨电车的发展思路和定位 …… 211
　　34.2　在公共交通系统中统筹考虑有轨电车发展 …… 211
　　34.3　制定有轨电车发展相关法律和技术标准规范 …… 212
　　34.4　推进有轨电车产业化发展 …… 212

附录A　部分国际城市现代有轨电车系统 …… 213

A1　澳大利亚墨尔本(MELBOURNE) …… 215
　　A1.1　系统发展与功能定位 …… 215
　　A1.2　技术特征与系统运行 …… 215
　　A1.3　运营模式 …… 216

A2　美国波特兰(PORTLAND) …… 217
　　A2.1　系统发展与功能定位 …… 217
　　A2.2　技术特征与系统运行 …… 217
　　A2.3　运营模式 …… 218

A3　法国斯特拉斯堡(STRASBOURG) …… 219
　　A3.1　系统发展与功能定位 …… 219
　　A3.2　技术特征与系统运行 …… 219

A4　法国波尔多(BORDEAUX) …… 220
　　A4.1　系统发展与功能定位 …… 220
　　A4.2　技术特征与系统运行 …… 220
　　A4.3　运营模式 …… 221

A5　法国巴黎(PARIS) …… 222
　　A5.1　系统发展与功能定位 …… 222
　　A5.2　技术特征与系统运行 …… 222
　　A5.3　运营模式 …… 223

A6　法国里昂(LYON) …… 224

A6.1	系统发展与功能定位	224
A6.2	技术特征与系统运行	224

A7　英国诺丁汉（NOTTINGHAM） ······ 225

A7.1	系统发展与功能定位	225
A7.2	技术特征与系统运行	225
A7.3	运营模式	225

参考文献 ······ 226

第1篇 现代有轨电车系统综述

第 1 章　有轨电车的发展沿革

1.1　有轨电车的出现

最早的有轨电车是由运营在轨道上的马车发展而成的。1807 年，在英国威尔士出现了世界上第一条客运轨道公交车，是用马牵引的。后来在美国也出现了类似的系统，使用马匹、骡子等畜力进行牵引，在紧急时甚至可以使用人力。

随着机电技术的发展，有轨电车于 19 世纪 80 年代开始在西方工业国集中出现。1881 年 5 月，德国人西门子在柏林附近开通了世界上第一条有轨电车线路。最初的轨距是 1m，后来调整到今天的标准规矩 1435mm。1883 年，英国人福柯修建了英国一条有轨电车线路，长 2km，轨距 2 英尺（约 610mm），后来调整至 2 英尺 9 英寸（约 840mm）。这条线路至今仍在运营，是世界上仍在运营的最老的有轨电车线路。1885 年 9 月，英国黑泽开通了英国第一条在街面上运营的有轨电车线路，这条线路至今仍在运营。美国的第一条有轨电车线路于 1886 年在亚拉巴马州蒙哥马利市开通。澳大利亚第一条有轨电车于 1889 年在墨尔本开通。巴西在 1883 年就出现由电池驱动的有轨电车，但直到 1892 年才在里约热内卢开通了第一条架空线供电的有轨电车线路。

1.2　有轨电车的衰退

随着汽车工业的发展，有轨电车开始面临来自小汽车和公共汽车的竞争。在美国，从 20 世纪 20 年代开始，私人小汽车的发展对有轨电车的客流量形成强烈冲击。越来越多的汽车还造成了道路日益拥挤，阻碍了有轨电车的正常运行。老式的有轨电车车辆由于加速度能力低，很难适应在拥挤的混合交通流中运行。另外，轨道养护也需要额外的费用。在这些因素的作用下，越来越多的公交公司开始放弃有轨电车转而运营公共汽车。

在这样的背景下，有轨电车业内也在寻求途径来提升有轨电车的竞争力。一种在当时更加现代化的车型 PCC 被研发出来。这种车型拥有更加良好的加速和制动性能，可以更好地适应拥堵的混合交通流。最早的商业化 PCC 有轨电车应用出现在 1936 年的纽约布鲁克林。到 1952 年，美国和加拿大已经生产了 6000 辆 PCC 有轨电车。但也就从那时起，美国就停止了有轨电车生产，欧洲则继续生产改进的 PCC 有轨电车。

PCC 车辆的出现减缓了公共汽车取代有轨电车的步伐。但有轨电车系统在车辆技术以外的其他方面却基本没有改进。特别是政府不支持有轨电车获得分离的路权，这就导致 PCC 车辆也不能够保证有轨电车成为一种长期的稳定的模式。到了 1960 年，美国只有大约 12 个城市还保留有轨电车系统。甚至对于一些客流量很大的，有轨电车拥有分离路权的走廊，公共汽车也取代了有轨电车。而拥有分离路权的有轨电车降级为与其他交通工具混行的公共汽车后，走廊上的客流量随之下降。这些现象的出现都是因为公共交通缺乏足够的外部资源支持，公交公司因此不得不为短期利益降低运营成本，而不管远期成本和对客流量的影响。在英国和法国，公交公司也面临着和美国类似的问题。政府在政策上不支持公共交通，拥有分离路权形式的有轨电车被降级到与其他交通工具混行。逐渐地，英国和法国城市的有轨电车系统也消失了。

1.3 现代有轨电车的出现

与发生在美国、英国和法国的拆除有轨电车系统和取消有轨电车的分离路权所对应的是，在德国、荷兰、瑞士、奥地利等欧洲国家，有轨电车的分离路权形式得以保留，甚至在形式上还获得了提升，线路长度被延伸。这些国家的很多城市坚持把有轨电车和其他交通方式分离作为目标。在这样的目标下，有轨电车系统获得了全面提升：使用现代化、大容量的铰接车辆，修建分离的有轨电车通路，使用特殊信号控制，修建与地铁、公共汽车的换乘枢纽等。这种提升后的模式在速度、可靠性、舒适度和安全性等方面更加类似于快速轨道交通，而不是传统的有轨电车。于是对这种系统赋予了一个新名字：现代有轨电车。

而对于美国、法国、英国，那些要么拆除了有轨电车系统，要么取消了有轨电车原有的分离路权形式的城市，在交通日益拥挤的情况下，为此付出的代价是公交客流量的持续下降。这些城市终于逐渐意识到，对公交车辆提供分离的路权形式是提升服务水平的最根本因素。而轨道交通在容量、速度、可靠性方面的优势使其比公共汽车更适合分离的路权形式。这种在路权、容量等各方面提升了的系统模式在1970年代发展成熟并获得了认可，开始在北美约20个城市，法国、英国、西班牙、爱尔兰、以色列、澳大利亚和许多发展中国家，包括土耳其、埃及、突尼斯、菲律宾和墨西哥的城市发展。

在车辆技术上，20世纪70年代出现现代化大容量铰接车辆后，在20世纪80年代中期又出现了更具现代化气息的低地板车型。进入20世纪90年代，国际上有轨电车发展的一种新的趋势是将现代有轨电车引入经济活动密集的城市中心区域，如CBD。在法国的一些城市，现代有轨电车使用高度现代化的车型，在中心城区域的街面运行，提供一种类似于传统有轨电车的服务。美国旧金山开辟了一条全新的线路贯穿整个城市CBD。美国波特兰在市中心开通了一条使用现代化车型的街面有轨电车线路用于补充已有的非常成功的轻轨线路。这条街面现代有轨电车线路成为了中心城区发展和时尚生活的象征。

1.4 现代有轨电车与老式有轨电车的区别

综上所述，"现代有轨电车"与老式有轨电车最大的区别，首先是拥有分离的路权形式，其次是使用现代化大容量、铰接、低地板车辆。分离了的路权形式和大容量的车型使得有轨电车享受优先通行权等成为可能并且变得有必要。在必要时还可以使用高架桥和地下设施。这就大大提升了有轨电车的运能和服务水平，使其从老式的低运量发展成为现代化的中运量模式。个别的现代有轨电车线路采用现代化车型，但提供的服务方式类似于传统街面有轨电车，大多数情况下也不享有分离的路权。这些线路仍属于低运量模式，但非常适于为经济活动密集的城市中心区域提供便捷、舒适的高质量公交服务。

从有轨电车的发展沿革和国际国内的定义两方面来看❶，笔者认为"现代有轨电车"包含两种形式：一是在大部分线路段拥有分离路权形式的中运量系统，这种系统习惯上又叫做"轻轨"，二是在街面与其他车辆混行的但采用现代化大容量铰接车辆的低运量系统。

我国没有权威机构对"现代有轨电车"或者"轻轨"提出明确定义。曾有学者对有轨电车、轻轨和地铁从断面运量角度进行了比较笼统的划分，将轨道交通系统划分为三类：小运量系统（4000～8000 人/h），即有轨电车系统；中运量系统（10000～30000 人/h），即轻轨系统；大运量系统（30000～60000 人/h），即地铁系统。但从有轨电车的发展沿革来看，该学者提及的"有轨电车"应当是指老式的不拥有分离路权形式的小运量街面有轨电车。因此并不十分契合"现代有轨电车"的概念。

国际公共交通联合会（The International Association of Public Transport，UITP）没有给出现代有轨电车的明确定义，但在对轻轨的定义中提及了"有轨电车"。UITP 对轻轨的定义是：一种电气化的轨道运输模式，其形式可以从有轨电车（Tramway）到部分享有专有路权的快速公共交通系统（Rapid Transit System）。

美国公共交通协会（The American Public Transportation Association，APTA）在其"Glossary of Transit Terms"中也没有给现代有轨电车进行明确定义，但指出轻轨也可以叫做有轨电车。ATPA 对轻轨的定义是：一种相对于重轨而言运能较低的电气化轨道交通模式，可以使用独立的路权或与其他交通方式共享路权，是用高站台或低站台上下客，使用多节车皮组成的列车或单个车辆。可见，UITP 和 APTA 都认为有轨电车是轻轨的一种形式而已，甚至 APTA 认为轻轨就可以叫做有轨电车。

欧洲交通运输部长会议（European Conference of Ministers of Transport，ECMT）在其 1994 年出版的报告《轻轨公共交通系统》（Light Rail Transit Systems）中讨论了很多按照传统观点来看属于"有轨电车"的系统，而且其对"轻轨"的定义实际上也并不将有轨电车从轻轨中排斥出去。

世界著名的公共交通系统专家美国宾夕法尼亚大学教授 Vuchic 认为：有轨电车首先是一种轨道运输模式，包含 1～3 节车厢，大多数情况下在街面与其他交通模式混行，但有时也通过专有路权或优先通行等措施与其他交通方式分离。

---

❶ 关于有轨电车的定义问题

第 2 章　现代有轨电车系统技术特征

现代有轨电车作为一种特殊的轨道交通模式，有其特有的技术特征和系统运行方式。本章将从现代有轨电车系统的运营方式、路权、车站、沿线道路横断面、交叉口信号优先、平纵曲线、供电、车辆等方面介绍现代有轨电车系统的技术特点。

2.1　运营方式

现代有轨电车的驾驶方式可以概括为人工驾驶、司机瞭望、保证安全；调度模式以人工、无线调度为基本功能；票务管理采用公交化的票务形式。

2.2　路权

现代有轨电车的路权形式根据不同的需要和条件可以是多样的。对于同一条线路的不同地点，路权形式也可以发生变化。

狭义的(公共交通)路权是指从交通规则上与物理形态上都独立的仅供公共交通车辆使用的土地带，但允许交叉口的存在。广义的路权是指任何有公共交通车辆通行的通道。在广义路权定义的基础上，将路权划分成三个级别：A、B 和 C。A 级的路权不允许有平面交叉口(公共交通被完全保护的平面交叉口是可以的)，在法规上不允许任何其他车辆或行人进入。在形式上，A 级的路权可以是隧道、高架桥或者在地面上隔离出的通道。

B 级的路权沿着其通路拥有与其他交通方式的物理隔离措施，如路缘石或栅栏等，但与其他交通方式(如机动车、行人等)有平面交叉，包括常规的街道交叉口。

C 级的路权指各种交通模式混行的街面，公共交通车辆可以拥有保留的车道(但不是物理隔离的)，也可能是在普通车道上运营。

在大多数情况下，现代有轨电车使用 B 级路权和 C 级路权，间或也会使用 A 级路权。很多线路在不同的线路段会使用不同的路权形式。C 级路权仅适用于市中心和社会经济活动密集的区域。

2.3　车站

现代有轨电车的车站形式可以分为三种：岛式站台车站、侧式站台车站和混合式站台车站。岛式站台设置在上下行线路之间，侧式站台设置在上下行线路两侧，混合式车站包含岛式站台和侧式站台，通常用于换乘站。

2.4 沿线道路横断面

现代有轨电车线路的横断面布置形式通常有三种：中央布置、两侧布置和单侧布置。中央布置形式：有轨电车线路集中敷设于道路中央，其他交通模式的通路布置在有轨电车通路两侧。

需要注意的是，中央布置的岛式站台要求有轨电车从左侧开启车门，这就有可能会导致右侧开门的常规公交车辆无法利用有轨电车车道和车站，降低道路通行能力。无论是岛式站台还是侧式站台，若在道路中央布置有轨电车线路，都需要考虑行人过街问题。

两侧布置形式：有轨电车的双线分别设置在道路两侧外侧车道，站台设置在人行道上。非机动车道设置在有轨电车通路外侧。

把有轨电车线路布置在道路两侧外侧车道的好处是常规公交车辆可以与有轨电车共用车道。

单侧布置形式：有轨电车双线布置在道路一侧的外侧车道上，站台设置在人行道上和机非分隔带上，非机动车道在双线的外侧。

2.5 交叉口交通组织

2.5.1 公交车辆信号优先概述

交叉口处理形式是影响现代有轨电车运营效率的一个重要因素，也直接影响到常规交通工具在交叉口的通行效率，因此应予以高度重视。在交叉口，现代有轨电车可以享有信号灯优先通行，也可以与其他交通模式使用同样的信号控制。交叉口的公共交通车辆的信号优先控制分为三种：被动优先通行、主动优先通行和绝对信号优先通行。

被动优先通行是指给包含公交车辆的车流方向分配更长的绿灯时长或设置公交转弯专用相位，但此种优先通行不适合两条公交线路相交的交叉口。

主动优先通行包含 4 种具体措施：绿灯早起、绿灯延长、相位顺序改变和特殊相位激活。绿灯早起是指当公交车辆到达信号灯交叉口时，其方向为红灯信号，这时绿灯信号因为其到来而提早开启，即红灯信号提早结束；绿灯延长是指当公交车辆到达信号灯交叉口时，尽管其方向仍为绿灯信号，但已快结束，则此时绿灯信号会适当增长，以保证其通过交叉口；相位顺序改变是指当公交车辆到达信号灯交叉口时，其方向不是绿灯信号，且下一个相位仍不是绿灯信号，这时信号机因为其到来而开启绿灯相位；特殊相位激活是指公共交通车辆在到达信号灯交叉口时主动呼叫激活预先设置好的信号灯方案中供其使用的特殊相位或转弯相位。

绝对信号优先是指无论公交车辆何时到达信号灯交叉口，绿灯信号相位均开启，且该公交车辆以正常行驶速度通过交叉口，其他方向的机动车交通全部停止，不论该交叉口常态下使用何种信号灯方案。

2.5.2 现代有轨电车交叉口信号优先案例

信号优先通行在现代有轨电车系统中得到了广泛应用，本小节介绍英国诺丁汉市现代有轨电车系统（Nottingham Express Transit）的信号优先通行控制方法，简单阐述信号优先通行在有轨电车系统中的应用。

（注：以下内容基于 Matthew Gatenby 和 Stephen Fedzin 发表在 Traffic Engineering & Control 2004 年 2 月号文章"Traffic Signal Network Operation within The Nottingham Express Transit System"）

英国诺丁汉市现代有轨电车系统叫做 Nottingham Express Transit，简称 NET。NET 在绝大多数的信号灯交叉口享有信号优先通行，以保证有轨电车车辆的运营效率和安全性。NET 系统使用两个级别的优先通行：第一个级别是完全信号优先，第二个级别是在普通信号周期中为现代有轨电车提供重复出现的需求服务。

NET 系统的有轨电车检测系统是一个由四个检测线圈构成的标准配置，其中三个部署在进口道，另一个部署在出口道。部署在进口道的三个检测器沿着车行方向从上游到下游依次是前置检测器（Pre-Advance loop）、需求检测器（Demand loop）和停车线检测器（Stopline loop）。部署在出口道的检测器叫做取消检测器（Cancel loop）。

前置检测器探测到有轨电车后，控制交叉口信号灯的信号机会采取相应的行动来为有轨电车的到来进行准备，这些准备活动可能是清除有轨电车前方进口道上的排队车辆，也可能是为另一个相位阶段（stage）放行更多的常规车辆，以免有轨电车到达后因有轨电车的信号优先而在冲突流向上积压过多的常规车辆。需求检测器检测到有轨电车后，发出立即进入有轨电车相位阶段的指示，或者发出有轨电车通过信号，以保证有轨电车享受到优先通行权。有轨电车通过信号通常会在有轨电车到达停车线前 7~8s 发出，这个时间是有轨电车刹车制动所需要的时间，此举是为了提供给有轨电车驾驶员一种信心，使其相信前方的通过信号确实是给该有轨电车的。停车线检测器检测到有轨电车后，会结束有轨电车通过信号，同时将信号灯调整为"全红"时间。这样不仅能够保证有轨电车安全地通过交叉口，还能够优化后续相位阶段的绿灯开启时间，减少冲突流向不必要的等待。取消检测器检测到有轨电车后，有轨电车相位阶段终止，信号优先通行控制结束。

当两个冲突流向上均有有轨电车出现时，NET 采取"先到先服务"的原则。即先到达前置检测器的有轨电车先得到信号优先，后到达的只能在先到达的车辆的信号优先控制过程完成后才能得到信号优先。并且，这两组有轨电车到达其各自进口道的前置检测器的时间差（headway）被用来判定后到达的车辆在何时激活它的信号优先过程：如果时间差较短，则第二辆车的信号优先相位阶段可能在停车线检测器处才能被激活，因为在此之前第一辆车的信号优先程序还没有结束；如果时间差较长，则第二辆车可能在到达需求检测器时就能激活它的信号优先程序。

2.6 平曲线与纵曲线

有轨电车的转弯半径大约在 15~30m 之间，大多数车型的转弯半径在 18~25m 之间。理想条件下应选取尽可能大的允许转弯半径以降低噪声、方便养护和保证转弯时的速度。

有轨电车线路的纵坡值通常不超过 6%，一些有轨电车车辆能满足 10% 的纵坡值，但这些车辆的每一个车轴都需要安装牵引装置。

2.7 供电

最广泛使用的有轨电车供电形式是架空线供电。近年来,基于地面的供电系统(GBPS)得到了较好发展,出现了使用地面第三轨供电的有轨电车系统,其典型代表为法国波尔多的现代有轨电车系统。电池供电也是现代有轨电车动力的一种选择:在沿线布置的充电点或车站,对有轨电车自带的电池充电,当外部电源停止供电时,有轨电车自带电池就可以给有轨电车提供动力。另外,电磁供电技术也在开发之中。电磁供电技术利用埋在轨道下的电线产生的电流与有轨电车自带的线圈产生电磁效应而给有轨电车供电。

2.8 车辆

世界范围内有多种现代有轨电车车型,著名的制造商包括法国阿尔斯通、加拿大庞巴迪、德国西门子和法国劳尔。本书选取这些制造商的部分主要的现代有轨电车车型加以介绍,包括:阿尔斯通的 Citadis 302 和 Citadis 402/403,庞巴迪的 Flexity Swift 和 Flexity 2,西门子的 S70 和 UFL 以及劳尔的 Translohr。

2.8.1 法国阿尔斯通(Alstom)

法国阿尔斯通公司的 Citidas 系列现代有轨电车以其低地板设计而闻名,包含从部分低地板到 100% 低地板。不同型号的 Citidas 车辆分别由 3 节、5 节和 7 节数量的模块组成,车体宽 2.3~2.65m。对应不同的模块数量,车辆长度分别约为 20m、30m 和 40m,其中以 Citidas 302 和 Citadis402/403 最为典型。

2.8.1.1 Citadis 302

Citadis 302 车型在法国、德国和西班牙等欧洲国家广泛应用。一辆 Citadis 302 是由 5 个模块组成的。以法国波尔多现代有轨电车 3 号线使用的 Citadis 302 为例,一辆车长约 32.8m,宽 2.4m,重 41.3t;载客量 265 人,其中坐席 48 位;100% 低地板;1435mm 标准轨距;750V 电压供电,使用车顶接触网和地面第三轨两种供电技术;最大速度为 60km/h,加速度为 $1.15m/s^2$,紧急制动减速度为 $2.85m/s^2$。

2.8.1.2 Citadis 402/403

Citadis 402 型车在法国波尔多、格勒诺布尔、巴黎和爱尔兰都柏林都有应用。其改进型 Citadis 403 在法国斯特拉斯堡得到广泛应用,故又称作 Citadis 斯特拉斯堡型。一辆 Citadis 402/403 型有轨电车由 7 个模块铰接而成。以法国波尔多为例,一辆 Citadis 402 车长 43.9m,宽 2.4m;重 54.9t;载客量 345 人,其中坐席 70 人;100% 低地板;1435mm 标准规矩;750V 电压供电,使用车顶接触网和地面第三轨两种供电技术;最大速度为 60km/h,加速度为 $1.15m/s^2$,紧急制动减速度为 $2.85m/s^2$。

2.8.2 加拿大庞巴迪(Bombardier)

庞巴迪公司(Bombardier, Inc.)总部位于加拿大魁北克省蒙特利尔市,是一家大型的飞机、火车和有轨电车制造商,其子公司庞巴迪交通(Bombardier Transportation)总部位于德国柏林,是世界上最大的铁路设备制造商之一。

庞巴迪公司的有轨电车有如下系列:Cobra, Flexity, Incentro 和 Variotram。其中最为著名的为Flexity系列。该系列产品下分6种型号：Flexity 2，Flexity Classic，Flexity Outlook，Flexity Swift，Flexity Link和Flexity Berlin，其主要参数如表2-1所示。本书重点介绍其中的两个型号：Flexity Swift和其最新型的Flexity 2。

庞巴迪Flexity系列有轨电车型号参数　　　　表2-1

型号	地板	方向	最大速度	宽度	长度
Flexity 2	100%低地板	双向	70km/h	2.65m	32.5m
Flexity Classic	65%～74%低地板	双向或单向	70～80km/h	2.65m	21～45m
Flexity Outlook	100%低地板	双向或单向	65～80km/h	2.65m	27～43.4m
Flexity Swift	70%～76%低地板	双向	70～100km/h	2.65m	25～42m
Flexity Link	50%低地板	双向	100km/h	2.65m	37m
Flexity Berlin	100%低地板	双向或单向	70km/h	2.65m	30.8～40m

2.8.2.1　Flexity Swift

Fleixty Swift在欧洲和北美有较广泛的应用，其低地板型在英国伦敦卫星城克罗伊顿、德国科隆、土耳其伊斯坦布尔、瑞典斯德哥尔摩、美国明尼阿波利斯等城市都有应用。英国克罗伊顿使用的Flexity Swift技术指标如下：长30.1m，宽2.65m，最大速度80km/h，最小转弯半径20m，最大爬坡坡度8%，76%低地板，载客量277人（站席6人/m^2），其中坐席70人。

2.8.2.2　Flexity 2

Fleixty 2是庞巴迪公司最新型的有轨电车车型，它包含5模块和7模块两种车型。Flexity 2的第一个订单来自英国黑泽市。

以英国黑泽订购的5模块Flexity 2为例，其技术指标如下：长32.2m，宽2.65m，最大速度70km/h，最小转弯半径20m（停车场）、25m（轨道），最大爬坡坡度6%，600VDC供电，100%低地板，载客量296人（站席6人/m^2），其中坐席74人。

除了上述的2.65m宽的车型，5模块的Flexity 2还有一种2.4m宽的车型，载客量284人，其中坐席52个。

7模块的Flexity 2车型能提供425人的载客量，其中80个坐席，长43.4m，宽2.65m，自重57t。

如同5模块车型一样，7模块的Flexity 2也有一种2.4m宽的车型，能提供397人的载客量，其中坐席74人。

2.8.3　德国西门子（Siemens）

德国Siemens公司提供多种型号的现代有轨电车车辆，主要包括Combino，ULF和Avanto。

2.8.3.1　Combino

Combino型车非常适合转弯半径小、站间距小、上下客流量大的中心城区路线。使用Combino车型的城市有德国弗赖堡、葡萄牙里斯本、匈牙利布达佩斯等。以布达佩斯的Combino为例，100%低地板，车长53.99m，车宽2.4m，6个模块，轴重小于10t，轨距1435mm，载客量499人（其中坐席58人，站席6人/m^2），设计最大速度70km/h，运营最大速度 60km/h，最大加速度 1.3 m/s²，平均减速度 1.1m/s²，600VDC 架空接触网供电。

2.8.3.2 ULF

ULF 型车号称拥有世界上最低的乘客入口高度，其最为成功的应用在奥地利的维也纳。ULF 拥有 5 模块和 7 模块两种车型。5 模块车型宽 2.4m，长 24.2m，轨距 1435mm，轴重小于 12t，时速 70km，最大加速度 1.3m/s²，最大减速度 1.8m/s²。7 模块车型宽 2.4m，长 35.5m，轨距 1435mm，轴重小于 12t，时速 70km，最大加速度 1.3m/s²，最大减速度 1.8m/s²。两种车型均使用 600VDC 供电。5 模块车型载客量 136 人（站席 4 人/m²），7 模块车型载客量 207 人（站席 4 人/m²）。

2.8.3.3 Avanto(S70)

Avanto 又被称作 S70 型，在美国波特兰、圣迭戈、休斯敦、盐湖城和法国巴黎等地使用。以美国圣迭戈的 S70 型有轨电车为例，车长 27.67m，宽 2.65m，空车重 43.41t，70%低地板，最小转弯半径 25m，1435mm 轨距，最大运行速度 88.5km/h，最大允许速度 120km/h，最大加速度 1.34 m/s²，紧急制动减速度 2.33m/s²，载客量 221 人（其中坐席 64 人，站席按 6 人/m²）。

2.8.4 法国劳尔(Lohr Insdustries)

Translohr 是法国 Lohr Industries 的产品，其特点是只采用一根导轨，导轨两侧靠两个胶轮固定车辆沿着导轨运行。目前，在世界范围内有几个城市应用该型车，其中有法国的克莱蒙费朗(Clermont-Ferrand)、意大利的帕多瓦和中国的天津。其供电形式为架空线供电，但也可以使用自带电池供电。由于 Translohr 采用胶轮，拥有很优良的爬坡性能，其最大纵坡能力达到 13%。分为 3 模块、4 模块、5 模块和 6 模块四种车型，车体长度分别为 25m、32m、39m 和 46m。

2.8.5 长春客车厂

我国的长春客车厂生产一种 70%低地板的现代有轨电车车型，使用湘潭电机厂生产的电机。支撑方式为钢轮钢轨，轴重≤11t，车长 28m，宽 2.65m，最大速度 70km/h，正线最小转弯半径 25m，最大纵坡 6%，接触网供电，载客能力 250 人。该车型在我国长春得到应用。

第3章 现代有轨电车的适应性

3.1 现代有轨电车的运能与客流量

现代有轨电车系统使用现代化的铰接车辆，一辆单车由不同数量的模块铰接而成，一趟列车可以挂接不同数量的车辆，配以灵活的发车频率，这就使得现代有轨电车系统拥有十分宽泛的运能范围。表3-1列举了国际上部分现代有轨电车系统实际的运能情况。可以发现，目前国际上有轨电车列车通常是1~2节编组。由于欧洲和北美人口密度并不十分高，其发车频率也控制在相对较低水平。线路单向运能在1000~4000人/h之间。表3-2与表3-3列举了世界上几款主流有轨电车车型所能提供的理论运能。如果采取1~2节车辆编组形式，采用3min的高峰发车间隔，有轨电车系统的线路单向运能范围大致为4500~16000人/h。

国际上部分现有现代轨电车系统实际运能指标　　　　表3-1

典型应用	车型	制造商	单车容量(人)(按照站席6人/m²计算)	列车编组	列车能力(人)	最小车头时距(min)	最大发车频率(趟/h)	线路能力(人/h)
美国波特兰市中心有轨电车	Skoda 10	捷克 Škoda Works	157	1	157	13	4.6	725
美国波特兰轻轨蓝线	Siemens S70	德国西门子	211	2	422	15	4.0	1688
美国圣迭戈有轨电车绿线	Siemens S70	德国西门子	221	2	442	15	4.0	1768
英国伦敦-克罗伊顿	Flexity Swift	加拿大庞巴迪	277	1	277	7.5	8.0	2216
美国明尼阿波利斯	Flexity Swift	加拿大庞巴迪	246	1	246	5	12.0	2952
德国柏林	Flexity Berlin	加拿大庞巴迪	322	1	322	5	12.0	3864

几款主要有轨电车车型可以达到的理论运能指标(单车编组)　　　　表3-2

车型	制造商	单车长度(m)	单车容量(人)(按照站席6人/m²计算)	列车编组	列车长度(m)	列车能力(人)	最小车头时距(min)	最大发车频率(趟/h)	线路能力(人/h)
Flexity 2 (5模块)	庞巴迪	32.19	316	1	32.19	316	3.0	20	6320
Flexity 2 (7模块)	庞巴迪	43.42	397	1	43.42	397	3.0	20	7940

续表

车型	制造商	单车长度(m)	单车容量(人)(按照站席6人/m²计算)	列车编组	列车长度(m)	列车能力(人)	最小车头时距(min)	最大发车频率(趟/h)	线路能力(人/h)
Citadis 302（5模块）	阿尔斯通	32.40	265	1	32.40	265	3.0	20	5300
Citadis 403/402（7模块）	阿尔斯通	45.10	345	1	45.10	345	3.0	20	6900
Simens ULF（5模块）	西门子	24.20	204	1	24.20	204	3.0	20	4080
Simens ULF（7模块）	西门子	35.50	311	1	35.50	311	3.0	20	6220
Simens S70	西门子	27.65	221	1	27.65	221	3.0	20	4420
Translohr（3模块）	劳尔	25.00	173	1	25.00	173	3.0	20	3450
Translohr（4模块）	劳尔	32.00	230	1	32.00	230	3.0	20	4600
Translohr（5模块）	劳尔	39.00	288	1	39.00	288	3.0	20	5750
Translohr（6模块）	劳尔	46.00	345	1	46.00	345	3.0	20	6900

几款主要有轨电车车型可以达到的理论运能指标（双车编组）　　表3-3

车型	制造商	单车长度(m)	单车容量(人)(按照站席6人/m²计算)	列车编组	列车长度(m)	列车能力(人)	最小车头时距(min)	最大发车频率(趟/h)	线路能力(人/h)
Flexity 2（5模块）	庞巴迪	32.19	316	2	64.38	632	3.0	20	12640
Flexity 2（7模块）	庞巴迪	43.42	397	2	86.84	794	3.0	20	15880
Citadis 302（5模块）	阿尔斯通	32.40	265	2	64.80	530	3.0	20	10600
Citadis 403/402（7模块）	阿尔斯通	45.10	345	2	90.20	690	3.0	20	13800
Simens ULF（5模块）	西门子	24.20	204	2	48.40	408	3.0	20	8160
Simens ULF（7模块）	西门子	35.50	311	2	71.00	622	3.0	20	12440
Simens S70	西门子	27.65	221	2	55.30	442	3.0	20	8840
Translohr（3模块）	劳尔	25.00	173	2	50.00	345	3.0	20	6900
Translohr（4模块）	劳尔	32.00	230	2	64.00	460	3.0	20	9200
Translohr（5模块）	劳尔	39.00	288	2	78.00	575	3.0	20	11500
Translohr（6模块）	劳尔	46.00	345	2	92.00	690	3.0	20	13800

现代有轨电车系统的客流量与沿线土地使用和线网长度有密切关系。表3-4列举了国际上一些城市有轨电车系统的客流量情况。一般情况下，当现代有轨电车线网长度达到一定规模，覆盖的范围足够大时，其单位线网长度服务的客流量将达到一定规模。线路长度较短的系统，由于服务的区域和可利用性有限，通常客流强度也不大。

国际上一些城市有轨电车线网长度与客流量　　表3-4

城市	国家	线路长度(km)	日客流量(人)	每公里日客流量(人/km)
波特兰	美国	6.4	11800	1833
西雅图	美国	2.1	1780	851
塔科玛	美国	2.6	2925	1136

续表

城市	国家	线路长度(km)	日客流量(人)	每公里日客流量(人/km)
坦帕	美国	4.8	1082	224
孟菲斯	美国	11.3	2500	222
圣迭戈	美国	24.6	86100	3497
南特	法国	43.5	266300	6122
格勒诺布尔	法国	35.0	200000	5714
斯特拉斯堡	法国	53.0	280000	5283
波尔多	法国	43.9	165000	3759
诺丁汉	英国	14.0	25000	1786

3.2 现代有轨电车在城市交通网络中的功能定位

现代有轨电车在城市交通网络中所承担的作用可以分为三类：一是作为城市骨干交通模式，承担大量的公共交通客流；二是在城市经济活动密集的中心区域提供便利的交通服务；三是作为快速轨道交通在城市特殊地区的延伸或加密。

3.2.1 城市骨干交通模式

现代有轨电车在城市公共交通中扮演重要角色，承担大量客流，如美国的圣迭戈，法国的南特、波尔多等。有的甚至作为城市公共交通的主体，比如澳大利亚墨尔本和法国斯特拉斯堡。

3.2.2 在城市中心区为经济活动提供便利支持

在城市中心区，人口、经济活动密集区域提供便捷的绿色的公共交通服务，近年来这种形式在美国得到较广泛应用。例如西雅图、塔科玛、孟菲斯、坦帕等城市，其中西雅图、孟菲斯和坦帕采用的还是传统外形的有轨电车。

3.2.3 作为快速轨道交通功能在特定区域的延伸和加密

在有些大城市，地铁、轻轨等快速轨道交通比较发达，但有的区域尚未被这些快速轨道交通服务所覆盖。有的是在市中心区，快速轨道交通无法深入；有的是在城市外围区域，快速轨道交通没有延伸到。在这些情况下，现代有轨电车起到了对快速轨道交通线网进行加密、延伸和接驳的作用，具体可以分为三种：

(1) 作为其他轨道交通网络在市中心区域的补充，代表城市：美国波特兰；

(2) 作为其他轨道交通网络在城市外围的接驳线路和加密线路，代表城市：法国巴黎；

(3) 作为其他轨道交通网络在大城市周边卫星城或新开发区域的延伸线路，代表城市：英国伦敦卫星城克罗伊顿。

综合前述三章论述，经过一百多年的发展，有轨电车已经从早期的在街面与其他交通工具混行，使用简单机电技术驱动的单机车作为车型的小运量系统，发展到今天的在大部分情况下拥有分离路权，但路权形式灵活多样，采用现代化大容量多模块铰接车辆，可以挂接多节车辆组成列车的中运量系统。

现代有轨电车的技术特点使得其具有比较强的适应性。其线路适应不同的城市道路横断面形式，既可以将上下行线路布置在道路横断面的中央，又可以分别布置在机动车道的两侧，还可以将上下行线路布置在道路横断面的一侧。其站台形式也很灵活，可以在上下行线路之间设置站台形成"岛式"站台，也可以在上下行线路的外侧分别布置站台形成"侧式"站台。现代有轨电车的转弯半径也比较符合城市道路的要求，大多数现代有轨电车的转弯半径都在 18~25m 之间。大多数现代有轨电车的爬坡能力能够达到 6%，有的甚至达到 10%。在平面交叉口，拥有分离路权的现代有轨电车可以享受到信号优先控制，这样就可以提供更短和更可靠的行程时间，提高现代有轨电车的服务质量。另一方面，由于其良好的制动-加速性能，现代有轨电车也可以不享受任何信号优先，而和其他交通工具使用同样的信号通过交叉口。现代有轨电车的供电形式灵活多样，可以使用最常见的架空接触网供电，在不方便架设接触网的情况下，可以使用人畜安全的地面第三轨供电。在有的情况下甚至可以使用车体自带的电池供电。另外，先进的电磁供电技术也在研发之中。

世界上主要的现代有轨电车生产厂商包括：法国的阿尔斯通、德国的西门子，加拿大的庞巴迪和法国的劳尔等，我国的长春客车厂也生产现代有轨电车。现代有轨电车一辆单车可以是 3 模块、5 模块或者 7 模块铰接而成，也有 2 模块、4 模块和 6 模块的车辆。近年来，低地板的现代有轨电车由于其人性化的设计正在得到广泛应用。低地板车辆对残疾人、老人和儿童尤其方便。

根据现代有轨电车单车旅客容量的不同，考虑到北京客流需求，如果采用 1~2 节车辆进行编组，采取 3min 的发车间隔，一条现代有轨电车线路的单方向理论运力范围大致为 4500~16000 人/h。

综合分析国际上现代有轨电车系统的使用情况，可以把现代有轨电车在城市交通系统中的功能定位划分成三种：一是作为城市骨干交通模式，承担大量的公共交通客流；二是在城市经济活动密集的中心区域提供便利的交通服务；三是作为快速轨道交通在城市特殊地区的延伸或加密。其中第三种还可以细分为三个类型：一是作为快速轨道交通在城市中心人流活动密集区域的加密；二是在城市外围串接、加密和接驳不同大容量快速轨道交通线路；三是作为城市主干大容量快速轨道交通在卫星城和新城内的延伸线。

本篇试图从现代有轨电车的发展沿革、技术特点、国际上的案例应用等角度加以总结，给出现代有轨电车系统的大致轮廓。由于笔者的水平有限，不足之处肯定在所难免。关于现代有轨电车系统各个方面更为详细深入的介绍和研究，以及北京地区的适应性问题的深入讨论，可以参考本书其他篇章的内容。

第 2 篇　现代有轨电车系统的适用性及评价体系

第4章 概　　述

4.1　现代有轨电车概述

4.1.1　现代有轨电车的概念

有轨电车在近代城市公共运输的发展中扮演者重要的角色，从早期有轨电车的拆除、汽车的发展所产生的拥堵、环境和能源问题，到 20 世纪城市轨道交通系统的复兴，有轨电车经历了一个复杂的变化过程。

对于现代有轨电车，不同国家或地区有着不同的认识：

(1) 1978 年在布鲁塞尔国际公共交通联合会(Union Internatinale Des Transport Public，UITP)召开的第一次"轻轨委员会"(Light Rail Commission)会议上正式提出"LRT"一词，主要是表示轻轨系统施加在轨道上的负荷重量相对于传统的铁路系统或大运量快速轨道交通系统明显较低，用轴重或系统容量来区分 HRT 与 LRT。1979 年，UITP 正式为 LRT 定义：LRT 为城市轨道交通的一种形式，可由传统电车到行驶于专用车道上的运输等不同发展阶段，每一阶段可以是最终阶段，但亦可保留进化到下一个更高阶段的可能性。从上述定义可以看出，UITP 认为现代有轨电车实际上就是一种轻轨模式。

(2) 美国宾州大学教授维肯·维契克(Vukan R. Vuchic)(1981)认为轻轨运输系统为一种主要使用 B 级路权，有时在不同的路网路段中采用 A 级或 C 级路权的运输工具。这种电力驱动的轨道车辆以单车到四车的列车组合运行。此类运输方式有相当广泛的服务水平与运能范围。此外，维肯教授也为两种轻轨运输系统下了清楚的定义：

1) 轻轨交通(Light Rail Rapid Transit，LRRT)：最高形式的轻轨运输系统，它的基本条件为完全隔离式专用路权。

2) 准地铁(Premetro)：为能方便地转换升级成地铁(Rail Rapid Transit，RRT)而预先设计的轻轨运输系统。

维肯教授认为，现代有轨电车是轻轨系统的一种特殊形式，其等级定位要小于准地铁、轻轨和地铁。

(3) 欧洲交通运输部长会议(European Conference of Ministers of Transport，ECMT)在其 1994 年出版的《轻轨公共交通系统》(Light Rail Transit Systems)中所讨论的"轻轨"系统是一种轨道运输方式，其形式从现代有轨电车(Modern Tramway)到运营在专有路权上的快速公共交通系统(Rapid Transit System)，可以在地下、地面和高架桥上运行。每个形式都可以是该系统的最终形式，但低级别形式须能够被提升至高一级别的形式。可以看出，ECMT 也认为现代有轨电车是轻轨系统的一种形式。

虽然现代有轨电车是从旧式有轨电车的基础上发展而来的，从车辆技术上存在继承关系,但是无论从系统的运能、路权等级还是旅行速度等方面都远远超过了有轨电车的范畴。从欧美的普遍分类方式和 LRT 的定义来看,现代有轨电车与轻轨系统有着不可分割的密切联系。国内的文献也普遍将现代有轨电车划为"低运量轻轨交通"的范畴。由于目前国内分类方式与国外存在较大区别,而且众多专业工作者对轻轨的定位等级很高,因此本书将现代有轨电车定义如下:采用模块化的现代有轨电车车辆,具有多种路权方式,与地面交通方式以平交为主的中低运量的城市轨道交通系统。

4.1.2 现代有轨电车的特点

现代有轨电车是在传统有轨电车的基础上通过全面改造升级而发展起来的先进交通方式。随着在法国、德国、西班牙等多个西欧城市的成功建设运营,现代有轨电车崭新的形象、舒适的服务迅速吸引了国内外城市的关注和研究。与传统有轨电车相比,现代有轨电车具有以下特点:

1. 运能较大

传统有轨电车车厢长度一般在 20m 以下,按 4 人/m^2(定额标准)计算,车厢旅客容量一般在 100 人以下。现代有轨电车主流产品,具有 20~40m 不同长度的一系列产品,按 4 人/m^2 计算,列车旅客容量在 150~300 人左右,单向设计运能一般可达到 0.5~0.8 万人次/h。

2. 速度快

传统有轨电车设计最高速度一般在 30km/h 左右,实际运行速度在 10km/h 左右。现代有轨电车的设计时速可达 70~80km/h,在城市中心地区运行速度一般都在 20km/h 左右,在城市郊区运行速度可达 30km/h。

3. 车辆定制服务与模块化设计

现代有轨电车主流厂家都具有较强的设计能力,能够提供订单化服务,例如车头、车尾的定制、车体尺寸的定制、车体结构的定制,灵活性较大,可以满足不同客户的需求。例如法国阿尔斯通公司的 Citadis 系列可以定制长度为 22~44m(3~7 个车厢模块)、宽度为 2.3~2.65m 的任何大小的车辆;法国劳尔公司的 Translohr 系列也能提供多个长度系列的列车选择。

此外,由于现代有轨电车主流产品都采取了模块化设计,不仅车辆维修养护容易,而且能够较快地增加列车车厢、延长列车长度,运能具有较大弹性空间。现代有轨电车单向可适应 0.3 万~1.2 万人次/h 的客流需求。

4. 舒适度

现代有轨电车多数采用流线型车身、大窗台、对开门、与站台同高度的低地板等新颖设计,旅客水平步行进出车辆非常便捷,且在车厢内乘坐也较为舒适。

由于大量采用了隔声材料、消声器等设施,现代有轨电车行驶时噪声比道路上汽车交通要低 5~10dB。根据 IEC 标准测试,以 40km/h 的速度行驶时,有轨电车车厢内噪声为 70dB、车厢外 7.5m 为 75~78dB。

5. 多种供电制式

现代有轨电车除了采用传统架空线供电外,在部分景观、空间限制区段,还可以采用蓄电池供电(仅限局部困难路段)或地面第三轨供电(目前仅限钢轮钢轨),供电电压可以在 500~900V 范围内波动。

4.2 研究背景

随着我国城市化水平的不断提高,大量的人口涌入城市,城市交通面临的压力也越来越大。我国作为一个人口众多、资源相对匮乏的国家,大力发展城市公共交通,尤其是发展单位能耗少、环境污染低、运输能力大的城市轨道交通方式才是缓解城市交通问题的根本途径。

公共汽车等常规公共交通方式投资少、造价低,但是载客量小,环境污染量大,影响道路交通秩序,根本无法满足大城市的客流需求。目前我国许多城市正大规模发展大运量的地铁等城市轨道交通系统,虽然具有运能大、舒适度高、准点率高、污染少,但是高昂的造价使政府的财政难以承担,中小城市更是望而却步,漫长的建设周期对城市干扰比较大,也使得目前迫切的交通需求得不到解决。对于一些交通运量需求不是太高的城市,以及大城市中心区以外、客运量相对较小的区域,如果仍兴建这种大运量的地铁,就不是恰当的选择了。

而现代有轨电车系统具有"不断成长或变化的可能性"及"因地制宜的弹性"两大特征,造价相对便宜,建设周期短,并且有良好的继承性,依照建造形式的不同而产生单方向10000人/h左右的运量范围,适合于中小规模的城市,且系统建设所需投入资本较地铁系统低廉,这些优势都使得现代有轨电车可以在中小城市大展宏图,在欧美很多交通运输较先进的国家逐步受到重视与青睐。同时,由于城市交通的需求是分层次、多元化的,在大城市不仅需要高运量的城市轨道交通作为交通骨干,还需要中低运量的地面公交协调发展,这时现代有轨电车可以作为大城市的轨道交通加密网络而发挥作用。

20世纪60、70年代,西方国家在饱受能源危机、环境污染和汽车公害的困扰以后,开始重新认识有轨电车,使得本已濒临废除的有轨电车焕发了"第二青春",布鲁塞尔、哥德堡等多个城市发展了现代有轨电车。与老式有轨电车相比,其运行速度快、舒适度高、运营时刻精准。目前在欧洲中等城市,现代有轨电车作为城市公共交通的骨干,发挥了巨大的作用,而像柏林、巴黎和伦敦这样的大城市也纷纷建设了有轨电车,作为地铁的加密网络或郊区的延伸线路。

国外的经验给我国很大的启示,为了避免中小城市的交通重蹈大城市交通发展的覆辙,建立可持续发展的现代交通体系,现代有轨电车将扮演举足轻重的角色。现代有轨电车的组团模式如何,适用于什么地区,适用于何种客流规模的城市交通走廊,它的运能、速度如何,造价多少以及应用技术条件和技术要求是什么都决定了现代有轨电车的适用性。目前我国在以上不同方面都做了一定的研究,但相关研究主要阐述了现代有轨电车的优点,并未就现代有轨电车适用性进行系统化的全面研究,尚难以支撑有轨电车在我国的发展。现在很有必要对以上问题做深入的分析研究,得出关于现代有轨电车在北京的适用性的一般结论,使大家对现代有轨电车有一个系统的全面的认识,为我国城市建设现代有轨电车提供参考和依据。

4.3 国内外研究现状

目前,国内外有关有轨电车适用性的报告当中,只有少数文献分析了有轨电车的技术特性、经济特性、环境影响以及发展有轨电车系统的初步探讨和运行模式。大部分文献只是列举国内外实例，泛泛提出有轨电车的优点，并没有定量的全面论证有轨电车在我国的适用性。

徐正和的《现代有轨电车的崛起与探索》分析了实际运营的大连市有轨电车和规划中的苏州市有轨电车，概括地论述了现代有轨电车的运能虽不及地铁，但由于其造价低、灵活性好、方便乘客，符合城市街道的布局等几个方面，因此现代有轨电车可以作为城市综合立体交通系统的辅助线路。

左忠义的《现代有轨电车的技术经济分析》结合我国的国情，提出在我国的中小城市及大城市郊区发展现代有轨电车的观点，以及大力发展现代有轨电车的路面混行系统。论述了现代有轨电车的系统组成和关键技术分析、费用效益分析等，探讨发展现代有轨电车的可行性。

徐智勤的《关于成都市局部区域发展有轨电车项目的设想》概括了现代有轨电车的技术特点，主要从车辆的技术特点论述现代有轨电车的特点及适用性，提出了现代有轨电车的发展方向。

李盛、杨晓光的《现代有轨电车与道路交通的协调控制方法》中介绍了目前现代有轨电车常用的交叉口信号控制方式：当有轨电车通过与社会车辆冲突的交叉口时，检测装置传送电车到来的信息使得控制系统为电车提供优先通行权，信号的切换时刻设置在社会车辆通行的某一相位完成后，在电车通过交叉口之前的时段内机动车处于让行状态。提出了多层次协调控制方法和交叉口控制的一般方案，同时加入实时补偿的原则，解决有轨电车信号控制问题。

《Blurring the Light Rail Transit-Bus Rapid Transit Boundaries》分析了 BRT 与 LRT 系统的单位运营费用以及年运营成本，并将二者比较，得出随着客流量增加，两者单位运营成本都呈降低趋势，客流量小的情况下，BRT 的运营成本稍低，但客流量大的情况下，BRT 运营成本明显高于 LRT，得到 LRT 在经济性方面略优于 BRT 的结论。

但是纵观这些文献，大多只是定性地分析有轨电车的应用模式、运能、造价，应用技术条件部分也很少有针对现代有轨电车的专门文献。并没有系统地对有轨电车的组团模式进行分析，得出在我国城市的适用性；运能、速度、造价费用、运营费用、停车用地也没有定量地给出相应的比较指标。线路技术条件、车道布置、车站布设、信号控制、供电等内容，也没有系统地进行相关的分析研究，还需要参考与有轨电车相类似的交通系统的相关文献。

4.4 研究目的、内容与方法

在以上背景下，我国各地政府在推进城市化的过程中都将发展轨道交通作为改善城市交通环境的重要方式，尤其是采用多种制式相结合，因地制宜，构建全方位、立体化的现代城市交通体系更是众多城市的一致想法。

北京作为我国的政治文化中心，立足于建设国际化大都市，先进的交通系统是保证北京科学全面发展的重要条件，而多种制式有机结合的轨道交通系统是构建先进交通系统的重要因素，因此研究现代有轨电车在北京地区的适用性是十分必要的。

基于以上原因，本篇将针对现代有轨电车在北京地区的适用性评价问题进行研究，研究目的：

（1）收集分析国外现代有轨电车资料，作为国内城市发展之借鉴，并对国外现有有轨电车应用模式进行划分，作为北京市发展现代有轨电车的评价标准和参考；

（2）对现代有轨电车的系统特性进行分析，明确采用现代有轨电车系统所需条件；

（3）对现代有轨电车性能进行分析，研究现代有轨电车运行时所需的道路条件，为北京市实施现代有轨电车提供建议。

本篇重点从适用范围、功能和应用技术条件方面开展关于现代有轨电车适用性研究，主要内容如下：从有轨电车的功能历史演变入手，继而探索现代有轨电车在当前和未来的功能定位以及适用区域，并深入分析运能、旅行速度、造价及运营条件等影响其功能的最主要因素，从而得出现代有轨电车的适用范围。了解了现代有轨电车的适用范围后，需要确定建设现代有轨电车有何技术条件方面的要求，例如：路权形式的选择、交叉口的处理、车道的布设方式及车站需要的路幅宽度等。这些条件中有的对其功能有影响、制约作用，有的是建设现代有轨电车所必需的技术条件，应区别对待、分别研究。

本篇主要采用综述的形式，对国内外现代有轨电车的资料汇总，进而深入剖析其功能和应用技术条件，得出关于现代有轨电车全面且较深入的认识。首先采用的方法为收集归纳，将资料按需研究的内容分类，初步认识现代有轨电车；其次将影响功能的各个因素分离，按不同的建设和运营标准，分别总结出相应的功能；应用技术条件分为现代有轨电车使用的硬性条件和允许在一定范围内变化的条件，同时后者又会制约功能的发挥，与功能的研究互动进行；从功能和应用技术条件两个方面得出现代有轨电车的适用性，总结出其适用的范围；之后通过比较的手段，将现代有轨电车与其他公交方式定量和定性比较，分析出其各自的优劣势。最后，结合实例分析，具体说明现代有轨电车在北京市应用中的功能和需要解决的问题。

第5章 现代有轨电车技术适用性研究

5.1 线路技术条件

5.1.1 车辆性能

由于现代有轨电车主流产品都采取了模块化设计，集成度较高，因此车辆的技术适用条件主要取决于车辆自身特性。城市规划、线路规划设计、乘客舒适度要求等外部制约条件均有一定弹性，车辆性能由于受材料、技术等一系列因素制约而刚性较大，因此分析现代有轨电车的技术适用性应以车辆性能为出发点。

目前世界上广泛应用的现代有轨电车主要有加拿大庞巴迪(Bombardier)公司的FLEXITY Tram系列(见表5-1)、法国阿尔斯通(Alstom)公司的Citadis系列以及法国劳尔(lohr)公司的Translohr系列，经过大量城市的使用，已经证明现代有轨电车可以较好地运行于城市道路之上，这些车辆的性能参数也可以为我们研究现代有轨电车的适用性提供可靠的参考。

庞巴迪(Bombardier)公司 FLEXITY Tram 系列有轨电车基本性能参数　　表5-1

应用城市	车辆长度(m)	车辆宽度(m)	最高车速(km/h)	最小平曲线半径(m)	最大纵坡(‰)	立席(4人/m²)
阿德莱德(澳)	30	2.4	70	18	50	115
柏林(德)	30.8/40	2.4	70	17/25	50	116/165
不莱梅(德)	35.4	2.65	70	23	45	134
布鲁塞尔(比利时)	32/43.4	2.3	70	15	75	128/176
德绍(德)	21.07	2.3	70	30	40	67
多特蒙德(德)	30	2.4	70	25	60	114
德累斯顿(德)	45/30	2.3	70	17	80	103/153
埃斯基谢希尔(土耳其)	29.5	2.3	70	20	70	101
埃森(德)	28	2.3	70	18	70	91
法兰克福(德)	30	2.4	70	18	70	115
日内瓦(瑞士)	42	2.3	70	20	70	171
格拉茨(奥地利)	27	2.2	70	17	60	90
Halle(德)	20.5	2.3	70	18	60	69
因斯布鲁克(奥地利)	27.6	2.4	70	17.5	60	102
卡塞尔(德)	29.3	2.4	80	18	80	99/101
克拉科夫(波兰)	26	2.4	70	18	60	111

续表

应用城市	车辆长度(m)	车辆宽度(m)	最高车速(km/h)	最小平曲线半径(m)	最大纵坡(‰)	立席(4人/m²)
莱比锡(德)	45	2.3	70	18	50	160
林茨(奥地利)	40	2.3	70	17	60	156
罗兹(波兰)	29.5	2.3	70	17	50	99
马赛(法)	32.5	2.4	70	25	80	158
米兰(意大利)	34.1	2.47	70	18	60	124
巴勒莫(意大利)	32.37	2.4	70	20	60	132
波尔图(葡萄牙)	35.002	2.65	80	18	68	215
什未林(德)	29.7	2.65	70	25	55	115
斯特拉斯堡(法)	43	2.44	65	25	80	178

资料来源：http://www.bombardier.com

表中所列数据代表了当前有轨电车的先进水平，根据这些参数基本可确定有轨电车在城市道路上的应用条件。

5.1.2 道路转弯半径及线路交叉口转弯

现代有轨电车多采用独立轮对的转向架结构，并且其运行速度较之于地铁系统低，因此其车辆可通过的最小平面曲线半径与地铁车辆相比大为减小。

现代有轨电车的最小转弯半径是否适合城市道路的形态，主要取决于道路在交叉口转弯处的最小转弯半径的制约。从表5-1中可以发现，现代有轨电车的最小转弯半径为15～25m，且大多接近平均值20m，如图5-1所示。使得其在城市道路上能够实现灵活地转弯，同时还可以大大节省车辆段的用地规模。

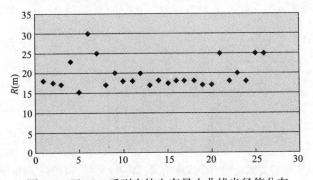

图5-1　Flexity系列有轨电车最小曲线半径值分布

根据中华人民共和国行业标准《城市道路设计规范》CJJ 37—90，对于一般的十字形交叉口路缘石的最小半径有以下建议值：主干道为20～25m，次干道为10～15m，支路为6～9m。对于城市主次干道而言，选择合理的车型可以很好地适应道路条件，对于支路则要根据具体情况确定是否适合采用现代有轨电车。以路缘石半径为9m，现代有轨电车平面最小曲线半径为20m为例，对现代有轨电车在交叉口的转弯情况进行分析，如图5-2和图5-3所示。

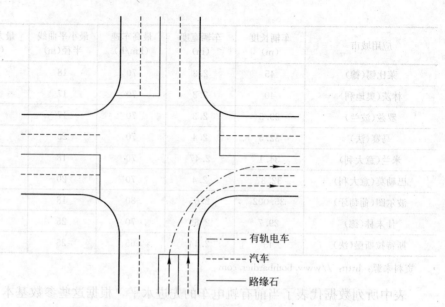

图 5-2　中央布置式有轨电车线路交叉口转弯示意图(右侧 1 条机动车道)

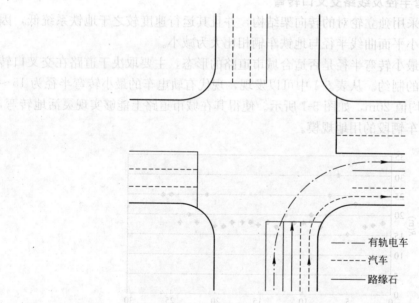

图 5-3　中央布置式有轨电车线路交叉口转弯示意图(右侧 2 条机动车道)

由图 5-2 和图 5-3 可见,中央布置式的有轨电车线路在交叉口转弯处,无需对内侧路缘石进行翻挖改造。线路内侧只有一条机动车道时,现代有轨电车与机动车的转弯轨迹较为接近,机动车会侵入有轨电车的限界范围,需要通过信号控制保证转弯处的行车安全;线路内侧有两条机动车道时,现代有轨电车与同向转弯的机动车无干扰。

由图 5-4 可见,单侧布置式(对称布置式情况相同)的有轨电车线路转弯时必须对交叉口路缘石进行改造,若原街角处有建筑物还会带来一定的拆迁量。同时,由于转弯半径的影响,有轨电车停车线和位于交叉口的车站都需要后移至距交叉口较远的位置。

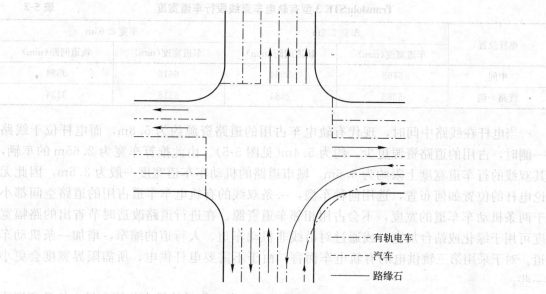

图 5-4 一侧布置式有轨电车线路交叉口转弯示意图

图 5-4 中未表述非机动车道的情况，若有轨电车线路转弯的内侧还有非机动车道，则交叉口形状类似于图 5-3，路缘石对线路的制约更小，从有轨电车线路走向而言是有利的，但是对于交叉口的信号控制与管理不利。

5.1.3 道路限界

5.1.3.1 直线段限界

现代有轨电车直线段的限界分为宽度和高度两方面。通过限界宽度可以分析系统占用的城市道路资源状况，通过限界高度可以分析城市道路净空与现代有轨电车的相互制约关系。

由于现代有轨电车几乎没有运行于隧道和高架的情况，沿线的主要设备就是供电系统。因此，对于采用受电弓供电的现代有轨电车而言，直线路段的建筑限界宽度仅考虑安装电杆的需求即可，图 5-5 所示为不同电杆的不同布置方式；而对于采用第三轨供电的现代有轨电车，限界可以进一步缩小，后者更为适合路宽受限区域采用。此处以双线有轨电车为例进行限界宽度的分析，由表 5-1 可见，现代有轨电车车辆宽度从 2.2~2.65m 不等，限界的尺寸也有较大差异。以法国 TranslohrSTE 3 型有轨电车相关数据为基础进行推算，车宽 2.2m 及 2.65m 情况下双线的建筑限界宽度（行车道宽度）见表 5-2。

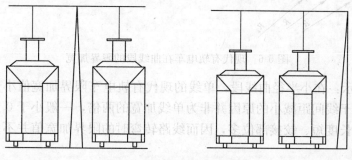

图 5-5 电杆的不同布置方式

TranslohrSTE 3 型有轨电车直线段行车道宽度   表 5-2

电杆位置	车宽 2.2m		车宽 2.65m	
	车道宽度(mm)	轨道间距(mm)	车道宽度(mm)	轨道间距(mm)
中间	5768	3084	6618	3534
线路一侧	5368	2684	6218	3134

当电杆在线路中间时，现代有轨电车占用的道路资源约为 5.8m，而电杆位于线路一侧时，占用的道路资源更少，约为 5.4m(见图 5-5)。由此推算车宽为 2.65m 的车辆，其双线的行车道宽度上限约为 6.6m。城市道路的机动车车道宽度一般为 3.5m，因此无论电杆的位置如何布置，选用何种车型，一条双线的有轨电车车道占用的道路空间都小于两条机动车车道的宽度，不会占用相邻车道资源。在进行道路改造时节省出的路幅宽度可用于绿化或站台加宽，或通过对沿线非机动车道、人行道的缩窄，增加一条机动车道。对于采用第三轨供电的有轨电车而言，由于不需要电杆供电，所需限界宽度会更小一些。

现代有轨电车车辆限界的高度主要由受电弓正常工作时的最小收缩和最大抬升高度决定。根据各种车型车辆高度、受电弓性能的不同，受电弓最低高度一般为 3.3～4m，最大高度一般为 6.5～7m，这两个高度决定了现代有轨电车接触网的高度范围。

根据城市《城市道路设计规范》的要求，运行各类机动车的城市道路最小净高标准为 4.5m。现代有轨电车的受电弓最低高度小于该值，因此在立交桥等处的净空满足现代有轨电车运行的条件。同时，现代有轨电车的受电弓最大高度大于该值，即接触网下的净空也满足城市道路交通通行的要求；而采用第三轨供电的现代有轨电车由于没有受电弓，限界高度更低，因此城市道路可以很好地满足各类有轨电车的限界高度要求。

5.1.3.2 曲线段限界

由于车体较长，与其他城市轨道交通一样，现代有轨电车的限界在曲线处也有加宽(图 5-6)。

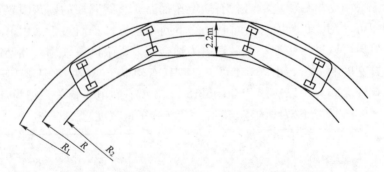

图 5-6 现代有轨电车在曲线段的限界加宽

如表 5-3 所示：在小半径曲线段，单线的现代有轨电车限界加宽值小于 0.45m，双线行车道加宽值由于线间距减小的原因并非为单线加宽的两倍，一般小于 0.82m。由于现代有轨电车的车厢长度短、铰接部位多，因而线路转弯时的限界加宽值并不多，对其他交通的干扰较小。

TranslohrSTE 3 型有轨电车曲线段行车道宽度 表 5-3

内侧线路曲线半径(m)	电杆位置	内侧线路限界宽度(mm)	内侧行车道加宽(mm)	双线行车道宽度(mm)	轨道间距(mm)	双线行车道加宽(mm)
0（直线段）	中间	2684	—	5768	3084	—
	外侧	2684	—	5368	2684	—
20m	中间	3122	438	6575	3475	807
	外侧	3122	438	6182	3080	814
30m	中间	2967	283	6304	3346	536
	外侧	2967	283	5907	2948	539
40m	中间	2893	209	6169	3281	401
	外侧	2893	209	5771	2882	403

研究现代有轨电车曲线段的限界加宽重要的意义在于：交叉口处现代有轨电车的车道不能有标线以外的其他物理隔离措施，因而必须保证在有轨电车有信号通行权时，其他机动车不得侵入有轨电车加宽后的曲线段限界。尤其对于与有轨电车同向行驶的机动车，若由于车道加宽的原因不得不侵入有轨电车行车道时，此方向行驶的机动车必须与有轨电车采用不同的信号相位。

5.1.3.3 纵断面条件

城市道路对于现代有轨电车的影响主要是纵坡的制约。由于钢轮钢轨间的摩阻系数与胶轮和路面间的相比较小，因此钢轮钢轨有轨电车的爬坡能力与汽车相比存在天生的"缺陷"。但其单位自重下较高的牵引功率以及分散的动力（对于较短的 4 轴车，也至少有 2 个动轴），使得有轨电车通过纵坡的能力较传统轮轨系统车辆有较大提升。

表 5-1 中所列的现代有轨电车可通过的最大纵坡大多在 7% 以上，胶轮车辆甚至可以达到 13%。参照城市道路纵断面的设计标准，可以了解现代有轨电车运行的最大纵坡是否满足城市道路的条件。

根据《城市道路设计规范》的要求，城市道路机动车车行道最大纵坡度推荐值与限制值如表 5-4 所示。

城市道路最大纵坡度 表 5-4

计算行车速度(km/h)	80	60	50	40	30	20
最大纵坡推荐值(%)	4	5	5.5	6	7	8
最大纵坡限制值(%)	6	7		8		9

由表 5-4 可见，在城市道路中计算行车速度在 30km/h 以上的道路，其推荐纵坡值均小于 7%。根据此标准，即城市次干路Ⅰ、Ⅱ级，城市支路Ⅰ级以上的道路都可以运行各种现代有轨电车。对于更大纵坡的道路通过合理选择车辆制式即可满足要求。因此可以得出结论，现代有轨电车通过纵坡的能力可以满足城市道路的要求。

但是城市中立交桥、地道等设施在困难地段限制车型行驶、增大道路纵坡，使得部分路段的纵坡超出了现代有轨电车的限制。平面曲线半径条件的制约可以通过翻挖路缘石、交叉口改造来实现，而纵坡的制约性对有轨电车的影响更大，通过对道路改造的方式达到有轨电车通行的目的往往需要增加大量的工程量。因此，在规划现代有轨电车线路的阶段就需要考虑车辆的性能，将明显超出纵坡限制的路段避开或选择爬坡能力强的胶轮制式车辆，避免后期采购车辆、线路设计、施工时的重复调整工作。

5.2 车道布置

除了采用独立路权形式的现代有轨电车外，其他路权形式的现代有轨电车都要与机动车（或非机动车）平行运行于城市道路之上。现代有轨电车车道与机动车道在道路横断面的空间布置方式主要分为3种：中央式布置、两侧对称布置式、单侧布置式。

5.2.1 中央式布置

在四车道或四车道以上的道路上，将现代有轨电车车道布置于中央的两条车道之上，这种布置方式称为中央式，该方式典型的道路横断面如图5-7和图5-8所示。

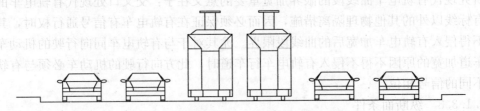

图5-7 中央式车道的典型断面（混行路权）

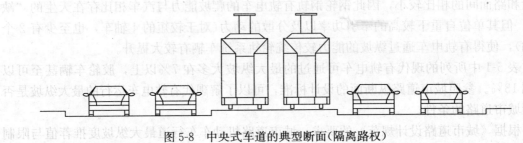

图5-8 中央式车道的典型断面（隔离路权）

5.2.2 单侧式布置

将双线的有轨电车车道布置于道路的一侧，这种布置方式称为单侧式，该方式典型的道路横断面如图5-9和图5-10所示。

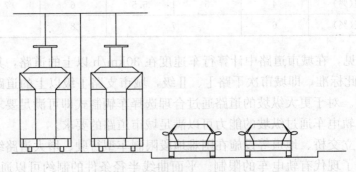

图5-9 单侧式车道的典型断面

需要特别注意的是：当单侧式车道布设于单行线上时，要将与机动车单行方向一致的有轨电车线路靠近机动车道布置，以避免机动车与有轨电车对向行驶的冲突，如图5-10所示。

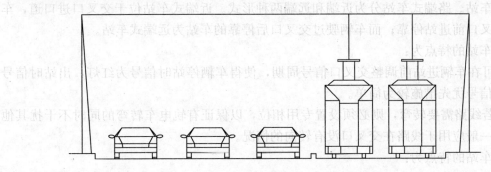

图5-10 单侧式车道布设于单行道上的情况

5.2.3 两侧对称式布置

将双线的有轨电车车道对称地布置于道路两侧，这种布置方式称为双侧对称式，该方式典型的道路横断面如图5-11所示。

图5-11 双侧对称式车道的典型断面

由于这种布设方式的缺点明显多于优点，因此国外较少采用这种方式，成功的案例也比较少。

5.3 车站布设

5.3.1 车站位置

沿道路横向，车站的位置主要由线路的布设方式决定。中央式布置对应的车站一定位于道路当中，单侧式和对称式布置对应的车站位于道路一侧。此处具体分析车站沿道路纵向的位置关系，具体包括路中式车站和路端式车站。

路中式车站位于路段之上，其缺点较为明显：车站处占用的道路资源较多，对机动车流的影响大；乘客到达车站需要特殊的过街设施。由于以上缺点，以及城市道路交叉口间距较短的特点，路中式车站的应用较少。路中式车站一般应用于以下情况：

（1）有轨电车专用路，线路两侧即为人行道，车站位于人行道之上。

（2）较大的客流集散点，有设站的必要性，而恰好该路段长度很长，车站范围内没有交叉口。

现代有轨电车线路中的路端式车站有着广泛的应用，它位于交叉口处。与路中式车站相比，由于交叉口处的道路一般都有增加进口道、交叉口加宽等既有措施，因而路端式车站无需拓宽交叉口即可满足车站的道路用地，同时乘客利用交叉口行人过街设施即可到达、离开车站。路端式车站分为近端和远端两种形式。近端式车站位于交叉口进口道，车辆在过交叉口前进站停靠；而车辆驶过交叉口后停靠的车站为远端式车站。

近端车站的特点为：

（1）可在车辆进站前调整交叉口信号周期，使得车辆停站时信号为红灯，出站时信号为绿灯，信号优先措施较为简单。

（2）若线路需要转弯，则必须设置专用相位，以保证有轨电车转弯的同时不干扰其他车辆。它一般应用于线路在交叉口没有转向的情况。

远端车站的特点为：

（1）较难实现车辆在交叉口处的完全优先，部分车辆在交叉口和车站处各有一次停靠，延误时间。

（2）站台不占用交叉口进口车道，只有有轨电车道占用了一条机动车进口道，车站对交叉口通行能力的影响小。

（3）乘客利用人行横道线出站疏散以及过街换乘都较为方便。

（4）线路转弯无需设置专用的信号相位，可与机动车共用一个转向相位。

它一般应用于线路在交叉口需要转向或两条道路相交角度不足90°的交叉口的情况。近端式与远端式并无优劣之分，只是分别适用于不同的道路情况，如表5-5所示。

不同路端式车站位置适用情况　　　　　　　　　　　　　　　　　表5-5

路端式	信号优先	线路转弯
近端式	信号优先措施简单	需设专用信号相位
远端式	难以实现完全信号优先，易造成延误	线路转往容易，不需专用信号相位

5.3.2 站台类型

车站按照站台形式分类，基本可分为岛式与侧式两种。城市轨道交通的相关文献已将这两种车站的典型布置方式及其优缺点分析的较为透彻，在此不做赘述，仅针对现代有轨电车的特有情况对两种车站形式的适用性进行分析。

对于两侧式布置的线路情况，仅可采用侧式站台的形式，中央式与单侧式布置的线路既可以采用侧式站台也可以采用岛式站台。

现代有轨电车的侧式站台与地铁系统略有区别，分为两种：对称侧式站台和不对称侧式站台（图5-12）。对称侧式站台主要用于在路段中央设站，站台对称位于线路的两侧，因此需要占用大量的道路宽度。在实际应用中，这种站台形式一般仅出现于有轨电车专用路，线路两侧为人行道，站台直接布设于人行道上，对道路的影响较小，而在其他路段应尽量避免使用这种方式。不对称侧式站台一般位于交叉口处，不同方向线路的站台位于交叉口的两侧。不对称式车站在交叉口处只需要多占用一个进口道的宽度，便于交叉口的改造；从车站的位置来看，两个车站同为近端站台或远端站台，便于交叉口信号的控制。

现代有轨电车的岛式站台也分为两种：一种为常规的岛式站台，广泛应用于路段中和交叉口处，其特点与轨道交通中的岛式站台相近；另一种为长岛式站台，主要应用于现代

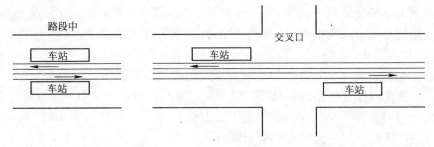

图 5-12 侧式站台的两种形式

有轨电车系统中。长岛式站台的站台长度为前几种站台的两倍，宽度则与侧式站台一样，不同方向的车辆停靠在站台的不同列位之上(图 5-13)。它与不对称式站台的本质都是利用道路的长度换取了道路的宽度，以达到减少车站处占用路幅宽度的目的，而它更有利于不同方向客流的换乘。

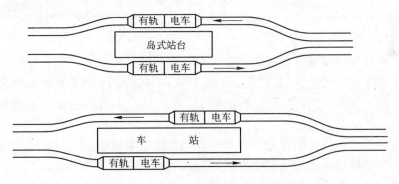

图 5-13 岛式及长岛式站台示意图

各类站台形式的主要特点与适用范围列于表 5-6。

现代有轨电车岛式站台与侧式站台的适用性　　　　　　表 5-6

特征	岛式站台	对称侧式站台	不对称侧式站台
站台宽度	2～3.5m	2～2.5m	2～2.5m
换乘便捷性	异向换乘较方便	异向换乘较不便	异向换乘较不便
适用情况	路面宽度受限	路段中，一般为有轨电车专用道	路宽受限的交叉口处

5.3.3 现代有轨电车车站布设模式

现代有轨电车的限界宽度虽然小于双车道宽度，但是由于车站处除车道外还需要布置站台，因此在站点位置所需的限界宽度要大于行车道宽度。在实际工作中设置车站应充分地利用公路的分车带以及路口处路面加宽设置车站，并根据实际情况合理选择车辆，以尽量减少车站对邻近车道资源的占用，保证相邻车道的通过能力。

5.4 路权信号

5.4.1 路权形式

现代有轨电车不同于无轨电车，为了保证其行驶速度，其路权形式也是多种多样的，参考美国宾州大学教授维坎·维契克(Vukan R. Vuachic)关于路权独立程度的路权划分方式以及美国运输学会的分类方式，现代有轨电车线路主要采取的路权形式可分为以下3种：

A型：完全独立路权，不与任何地面交通或行人共享交叉口。

B型：半独立路权，线路以实体隔离方式（路缘石、栅栏、高低差）与其他交通隔离，在交叉口处与道路交通平交，与其他交通方式混行。

C型：混行路权，与行人及地面交通混行。

5.4.2 路权的适用范围

通过以上分析得到不同的路权形式有其相应的特点及适用范围，如表5-7所示。

现代有轨电车路权类型的适用范围　　　　　表5-7

路权方式	完全独立路权	半独立路权	混行路权
适用范围	郊区线路；城市快速路	大多数的城市道路	城市次干路、支路；商业密集的步行街

5.4.3 信号控制

在交叉口的信号处理方式直接影响现代有轨电车的服务水平。交叉口的优先通行权是现代有轨电车系统的一大特征（表5-8），只有在极少数情况下（例如横向道路为城市主干道且交叉口流量接近饱和），现代有轨电车才与交叉口机动车信号同步，不享有任何的优先通行权。

信号优先并不是指绝对的优先，不是在现代有轨电车到达交叉口时无条件地中断当前信号给予其优先通行权，因为这种优先控制方式对其他相位的机动车造成的延误将大大增加，不利于整个交通系统高效、稳定地运转。

现代有轨电车信号优先方式分类　　　　　表5-8

信号优先	策略	措　施
完全	早断	当检测器检测到现代有轨电车接近交叉口时，当前有轨电车信号若为红灯，则通过调整信号机时相，为有轨电车提前提供绿灯
完全	迟启	对当前信号为绿灯且已经接近交叉口的现代有轨电车延长其绿灯时间，使之能够顺利通过交叉口
部分	保证运行时刻表	现代有轨电车严格按照时刻表运行，只有当到达交叉口的时刻晚于时刻表的要求时才给予信号优先
部分	高峰时刻优先	高峰时期给予信号优先，其他时段不给予信号优先，鼓励市民乘坐公交出行
部分	ITS	权衡现代有轨电车延误与其他机动车的延误，确定是否给予信号优先

信号优先按照控制策略和原则的不同，主要分为以下几种：

（1）完全信号优先：通过调整一个信号周期内不同相位出现的时间来达到使现代有轨电车通行的目的。

（2）部分信号优先措施：不是以现代有轨电车的优先通行为指导原则，而是需要具体地判定是否有优先通行的必要，之后显示给有轨电车驾驶员。

5.4.4 信号控制适用范围

根据前面对现代有轨电车信号控制方式的分析，得到有轨电车不同的信号控制方式的特点及适用范围，如表5-9所示。

不同信号控制方式的特点和适用范围　　　　　　　　　表5-9

适用性	无信号优先措施	部分信号优先	完全信号优先
横向道路上机动车的延误	无特殊影响	有一定延误	延误较大
平均运行速度	15～20km/h	17～25km/h	20～30km/h
实现条件	无	复杂，包括：车辆的检测器或GPS定位系统；交叉口信号机及其与车辆间的通信；控制中心分析车辆状态的处理器及其与信号机、车辆间的通信	较复杂，包括：车辆的检测器或GPS定位系统；交叉口信号机，及其与车辆间的通信
适用范围	线路与城市主干道的交叉口，横向进口道流量接近饱和	线路与部分城市干道以及大多数次干道、支路的交叉口	交叉口流量较小的路口，且横向道路等级较低，车速较慢

5.4.5 效益分析

通过对比，将有轨电车的效益分析，如表5-10所示。

有轨电车的效益分析　　　　　　　　　表5-10

分析项目		分析结果
有形效益（经济效益）	新增运营收入	来源于新建线路诱发的新客流以及从其他交通工具上转移的客流，同时还包括站台以及车厢内部的广告收入等
	出行节约时间效益	由于运营速度高于普通公交，乘客到达相同目的地所用的时间大大减少，节省出来的时间则可用于创造社会价值
	乘车减少疲劳效益	前苏联"固定基金、基本建设投资和新技术经济效果研究会"与前苏联科学院经济研究所的研究表明，运输疲劳使劳动生产率降低的数值：城市轨道交通为1.4%，公交车为7%。即乘客乘坐轨道交通比乘坐公交车可使劳动生产率少降低5.6%
无形效益	舒适性的效益	有轨电车的车站具有良好的集散性，下车的乘客迅速地疏散到城市街道上；沿固定的轨道进出站使得车辆和站台较容易实现"无缝"连接，乘客的舒适感倍增；有轨电车车辆采用新技术，如弹性减振装置、空气弹簧、隔声材料、消声器、电子控制等设施，国际电工委员会IEC标准测试，以40km/h行驶时，有轨电车车厢内噪声为70dB、车厢外7.5m处噪声为75～78dB，比道路上的机动车交通要低5～10dB
	安全性的效益	有轨电车沿轨道运营，因此很少发生运营系统的意外；大部分线路位于地面行驶，出现异常情况，疏散乘客和救援活动比较容易；设备系统及应用技术相当成熟，目前有轨电车车辆及控制设备在正常维护作业程序下故障率很低
	节能效益	有轨电车由于运输能力小，运营设备简单，其主要电能消耗为牵引负荷，占到总用电量的60%以上；而轻轨、地铁主要能耗为运营管理设备的使用，运营初期其牵引负荷仅在总用电量的25%～30%，远期虽有所提高，最高也在50%左右。现代有轨电车系统完全是电力牵引，而公交车使用汽油；现代有轨电车系统的建成将节约大量的燃油消耗；有轨电车每公里平均能量消耗70～80kJ，而公共汽车为200kJ

续表

分析项目		分析结果
无形效益	环保效益	汽车每燃烧一吨燃料产生的有毒物质达 40~70kg。在有 2500 辆汽车行驶的街道上，1h 内 CH_x 的浓度可达 4.5%，汽车每年排放的污染即是电车可以减少的排污量； 有关的数据表明，有 40% 的非自然原因产生的 CO_2 来自于交通，主要来自于内燃机引擎；在英国的交通繁忙街道上，使用电力的电车可以实现比柴油机每公里减少 50%~65% 的排放量； 城市轨道交通噪声污染为地面交通的 1/2，人均 CO_2 排放量是地面交通的 1/5

第6章 现代有轨电车与其他交通方式的对比分析

6.1 运行速度

6.1.1 国外情况

在法国的巴黎、里昂、斯特拉斯堡、南特、卢昂、格勒诺布尔等地以及德国和荷兰的一些城市，有轨电车相继开通。对于不同城市的有轨电车，由于线路站间距、客流量、车门数量、交叉口的优先方式不同，现代有轨电车的平均运行速度也不同，但是基本上世界范围内的现代有轨电车平均运行速度范围在15～30km/h之间，代表性国外城市的速度指标如表6-1所示。

各国具有特色的有轨电车速度指标　　　　表6-1

国家	城市		平均运行速度(km/h)	最高速度(km/h)	市中心平均速度(km/h)	郊区平均速度(km/h)
美国	圣迭戈		—	80	14.4	48
	波特兰		—	88	—	—
	圣克拉拉		—	88	16	—
澳大利亚	墨尔本		16	—	11	—
	悉尼		—	—	20	—
英国	道克兰		—	80	—	—
	克罗伊登		—	80	—	—
法国	巴黎	T1	16	—	—	—
		T2	30.8(采用全封闭)	70	—	—
		T3	18.2	—	—	—
德国	柏林		19.4	—	—	—

表6-2列出的瑞典哥德堡市现代有轨电车不同线路的平均运行速度。

哥德堡市现代有轨电车的平均运行速度　　　　表6-2

线路	里程(km)	站数	站间距(km)	运行速度(km/h)
1	15.59	33	0.472	19.1
3	12.68	30	0.423	16.9
4	19.26	21	0.917	28.2

续表

线路	里程(km)	站数	站间距(km)	运行速度(km/h)
5	13.78	29	0.475	21.2
6	24.55	46	0.534	20.7
7	21.05	35	0.601	23.0
8	21.31	25	0.852	27.2
9	18.98	21	0.904	26.5
10	8.79	17/23	0.382	21.7
11	21.83	38	0.574	22.6
13	7.24	10	0.724	22.9
14	4.24	9	0.471	21.2

6.1.2 国内情况

按大连市的实际情况，有轨电车系统的运营时速应在18～25km之间。18km/h是大连市公交线路的平均运营速度，25km/h是这种地面轨道系统在良好道口优先条件下的理想运行速度。实际上，影响有轨电车运营速度的因素很多，一个真正安全、快速、大运量的轨道系统还是需要封闭的运营条件的。

上海张江有轨电车运行速度介于轨交和公交之间，运营初期的平均间隔时间为8min，高峰时段间隔将控制在6min左右，最高时速可达70km。平均运行速度为20km/h。

6.1.3 适用条件

如果线路的限界能够实现与道路交通良好隔离，且平均站间距保持在800m左右，则其运行速度可以达到20～30km/h。车辆最大速度为70km/h(甚至能达到80km/h)。但一些国家，如法国的道路交通法规规定，在市区有轨电车的限速为50km/h，因此也就导致现代有轨电车的实际运行速度差别较大。

据有关数据统计，从城市周边到达市中心的出行时间一般控制在30～40min内，从各种公共交通车辆适宜的服务覆盖范围来考虑，不同特性的公共交通车辆，适宜的、服务好的距离范围如表6-3所示。

不同交通方式的服务范围　　　　　　　　表6-3

	运送速度(km/h)	乘车适宜时间(min)	可达到的距离(km)
公共汽车无轨电车	12～20	8～30	1～10
现代有轨电车	15～30	10～50	2.5～25
地铁或城市高速铁道	35～40	10～60	5～40

可以看出，对于城市周边到市中心的距离为2.5～25km左右的城市而言，采用有轨电车的服务性比较好；对于城市半径在1～10km内的小城镇，采用公交接运即可满足出行要求；对于半径在5～40km之间甚至更大的城市而言，需要采用地铁或城市高速铁路才能很好地满足出行需求，而此时现代有轨电车更适于作为接驳线或外围加密线。

6.2 运能

运能体现了公交方式运输旅客的系统容量,它对应于线路高峰小时断面的最大客流量,只有系统的运能大于客流时,该种系统才适用于这条线路。

现代有轨电车的运能的计算公式:

$$C=P\times L$$

式中　C——系统单方向最大运能,人/h;
　　　P——单列车载客量,人;
　　　L——线路的列车通过能力,对/h(或单方向列车通过能力,辆/h)。

6.2.1 载客量 P

单列车的载客量主要与车辆的编组形式以及乘客能够接受的最大拥挤度有关,后者决定了计算载客量时所取的单位面积站立乘客数(见表6-4)。

国外有轨电车载客量情况　　　　表6-4

应用线路	长(m)	宽(m)	载客量(人)	座位数(个)
法国里昂	32.4	2.4	200	58
法国巴黎T2线	32.2	2.4	231	48
法国巴黎T3线	43.7	2.65	302	78
美国圣迭戈	27.67	2.65	166	68
荷兰鹿特丹	31.58	2.4	168	63
澳大利亚悉尼	29	2.7	217	74
澳大利亚墨尔本	22.7	2.65	145	40
英国Docklands	28	2.5	250	70
爱尔兰都柏林	29.7	2.4	221	45
西班牙巴塞罗那	32.5	2.65	218	64
德国卡塞尔	37	2.65	220	90

6.2.2 通过能力 L

列车通过能力的单位为对/h,通常以最小发车间隔(最短车头时距)来表示通过能力,显然最小发车间隔的含义为列车通过能力的倒数。

对现代有轨电车而言,影响其最小发车间隔的因素很多,包括车辆控制与信号方式、交叉口的信号处理、列车制动性能、车站的停车时间、列车折返时间等。理论情况下,在设计和运营良好的现代系统中,交叉口和折返不应该成为限制列车最小发车间隔的瓶颈。在平面交叉口,理论上能处理的列车发车间隔接近2min。但是,实际情况中如此小的发车间隔在交叉口处可能会发生延误,系统通常采用立交交叉口。

6.2.3 运能比较

1. 地铁A型车

地铁A型车的运送能力如表6-5所示。

地铁 A 型车(车体宽 3.0m，长 22.0m)的运送能力　　　　表 6-5

列车编组节数（辆）	载客量(人)	1h 单向运送能力(人)				备注
		1.5min	2min	2.5min	3min	
4	1222	48880	36660	29348	24440	6 人/m²
6	1850	74000	55500	44400	37000	
8	2478	99120	74340	59472	49560	

2. 地铁 B 型车

地铁 B 型车的运送能力如表 6-6 所示。

地铁 B 型车(车体宽 2.8m，长 19.0m)的运送能力　　　　表 6-6

列车编组节数（辆）	载客量(人)	1h 单向运送能力(人)				备注
		1.5min	2min	2.5min	3min	
4	956	38240	28680	22944	19120	6 人/m²
6	1450	58000	43500	34800	29000	
8	1944	77760	58320	46656	38880	

3. 铰接公交电汽车运送能力

铰接公交电汽车运送能力如表 6-7 所示。

铰接公交电汽车的运送能力　　　　表 6-7

2.5m 宽车长度(m)	载客量(人)	1h 单向运送能力(人)			备注
		2min	3min	4min	
15.5	135	4050	2700	2025	座位＋立席 8 人/m²
17.0	165	4950	3300	2475	
18.0	180	5400	3600	2700	

4. 有轨电车的运送能力

不同型号的有轨电车的运送能力如表 6-8 所示。

阿尔斯通 Citadis402 型有轨电车(车体宽 2.65m，长 43.7m)的运送能力　　　　表 6-8

载客量(人)		1h 单向运送能力(人)			备注
立席	坐席	2min	2.5min	3min	
302	78	13590	10870	9060	6 人/m²

根据以上表格的数据可知，铰接公共交通工具的客运量最小，加长型的铰接公共汽车，按照发车间隔为 2min 来计算，每小时的客运量只有 5400 人，同时采用了最大荷载按照立席 8 人/m²。地铁的客运量最大，地铁 B 型车采用 6 节编组，2min 的发车间隔每小时的客运量可达 43500 人，若采用 1.5min 的高峰小时发车间隔，每小时的客运量可达 58000 人。国外各种新型有轨电车，2min 的发车间隔下，每小时的客运量在 5000～14000 人不等，运量介于公交车和地铁之间，适用于客流量大于近期公交客运量而远期客流量又达不

到地铁客运量的地区。

系统的客运量与系统个体的载客量以及发车间隔有关。铰接公交车的编组形式不可改变，而过密的发车间隔会占用更多的地面交通资源，因此每小时的客运量基本不能改变。地铁的编组形式灵活可变，但由于列车的长度受到地铁站台的限制，一旦车站站台的长度确定后，列车的编组也就随之确定。若考虑到为远期客流增长而设计预留站台长度，则会大大增加地铁造价，因此从发车间隔和载客量的角度来说，地铁的客运量也相对固定。

新型有轨电车具有模块数量弹性灵活这一优势。现代有轨电车主流厂家都具有较强的设计能力，能够提供订单化服务，车头、车尾、车体尺寸及车体结构的定制灵活性较大，可以满足不同的需求。例如法国阿尔斯通公司的CitadiS系列可以提供长度为22~44m(3~7个车厢模块)、宽度为2.3~2.65m大小的车辆；法国劳尔公司(Lohr)的Translohr系列提供多种长度的车辆选择。

此外，由于现代有轨电车主流产品都采取了模块化设计，车辆维修养护容易，而且能够较快地增加列车长度，客运能力具有较大的弹性空间，考虑到运能效率及国外实际运营客流情况，现代有轨电车单向可满足5000~14000万人次/h的客流需求。因此有轨电车的客运量可以在较大的范围内浮动，从而具有更好的适用性。

6.3 造价分析

6.3.1 造价情况

有轨电车属于城市轨道交通建设的一种，投资大，建设周期长。不仅包括车辆、土建工程与机电设备等建设成本，还包括运营管理、养护维修以及费用。其造价也会因线路的不同情况而有所不同。

(1) 2007年，天津市滨海新区已经建成的有轨电车线路工程全长8.4km，全部采用地面线路，设车辆段一座，包括所有的土建、设备购置及安装，前期征地及施工准备等项费用，投资总计5.6亿元，折合每公里造价6371万元。

(2) 上海市浦东张江开发区开工建设的现代有轨电车线路，一期工程全线长约9km，区间设立15个站点，工程总投资8亿元左右，单位公里的造价为8888万元。

(3) 长春轻轨4号线三期工程起点南四环终于长春北站，全长16.4km，隧道长为2.4km，其余为高架线路，设有车站15座，地下车站2座，高架车站13座，设车场一座，牵引变电所6座，配备电动客车42座，投资19.88亿元，合计每公里造价为1.21亿元。

(4) 卢森堡投资建设的有轨电车轨道建设全长约为17km，投资估约2亿欧元，折合人民币184162万元，每公里造价为10833万元。

(5) 美国对国内的有轨电车进行18组数据的抽样，得到造价范围为5260~50399万元/km，平均每公里造价为14764万元。

(6) 美国曼哈顿区42街快速有轨电车全长3.36km，配备12辆快速有轨电车，使用年限为40年，基本建设总投资共2744万美元，40年总运行费用为23344万美元，全部费用为26088万美元。

(7) 欧洲部分城市的现代有轨电车系统的造价情况如表6-9所示。

欧洲部分城市的现代有轨电车系统的造价   表6-9

城市(线路)	建成年份	线路长度(km)	总造价(万元)	平均造价(万元/km)
巴黎T3线	2006	7.9	110648	14006
瓦朗谢讷	2006	9.5	144982	15261
诺丁汉NET线	2003	14	247372	17669
伦敦West London线	2009	20	224914	11245
朴茨茅斯SHRT线一期	2007	14	212354	15167
勒芒轻轨	2007	15.4	279888	18174

从以上数据可以分析得到，对于不同城市的不同线路，由于线路铺设方式、车型、拆迁费用等的不同，单位造价有所不同，每公里的造价基本在6000~20000万元左右。

6.3.2 改造线及新建线投资概况

大连市有轨电车改造，全长为9.4km，其工程投资估算如表6-10所示。

大连有轨电车工程投资估算   表6-10

项目	费用	估价(万元)	每公里造价(万元/km)
土建费用	线路工程	7079	737.4
	房屋建筑工程	255.9	26.7
	车辆工程	182	19
	建设单位管理费	50.0	5.2
	环评费	10.0	1.0
	拆迁赔偿费	314.0	32.7
	试运转费及职工培训费	45.0	4.7
	电贴费(增容费)	180.0	18.8
	勘察设计费	358.0	37.3
	工程监理费	92.2	9.6
	预留费	1229.5	128.1
	合计	9795.6	1020.5
机电设备费	供电工程	1085.0	113.0
	线网工程	1535.5	159.9
	通信信号工程	1108.7	115.5
	合计	3729.2	388.4
车辆购置费	车辆购置费	6200.0	645.8
	建设期贷款利息	330.0	34.4
	总计	20054.8	2089.1

大连市有轨电车是改造工程，相应的轨道工程、线路工程、供电系统采用原来的既有线路，车辆采用国产的有轨电车，费用相对比较低，总费用为20054.8万元，每公里造价为2089.1万元。其中，每公里土建费用为1020.5万元，机电设备费用每公里为388.4万

元，车辆购置费每公里为645.8万元。

城市公共交通是一个综合性很强的系统工程，对某一系统模式的经济特性的分析需要全面客观地进行，不仅要考虑车辆、土建工程与机电设备等建设成本，还需考虑运营管理、养护维修以及所带动的相关产业发展等综合社会经济效益。不仅要考虑直接的费用和收益，还要考虑间接的费用和收益。由于城市公共交通属于公用事业，经济分析时应从全社会的角度考察项目的费用和效益，考察项目所消耗的有用社会资源和对社会提供的有用产品，即以经济效益为中心，把提高国民经济效益作为项目投资的主要目标。

6.4 运营条件

6.4.1 运营费用

运营成本为线路通车运行至寿命期终所支付的运营性费用，包括运营过程中设备材料、燃料的消耗，从事运营生产活动人员的工资、奖金、津贴，设备的养护维修等。

有轨电车运营费用也比地铁的运营费用低，从法国的运营经验来看，里昂市与南特市有轨电车系统的年运营费用，仅为里昂市地铁的30%～50%，是马赛传统地铁的20%～33%，如表6-11所示。

法国有轨电车系统与地铁系统运营费用比较　　表6-11

地点	系统形式	路线长度(km)	系统年产出(千人/km)	运营年支出(万元)	计算年份
里昂	轻轨运输LRT	19.0	1768	4659.6	1991年
南特	轻轨运输LRT	12.6	1086	2974.0	1991年
里昂	自动化捷运系统	13.2	2953	946.6	1986年
马赛	传统捷运	15.5	1951	14150.7	1986年

对现代有轨电车，运营能耗、生产人员的工资及福利费以及养护维护费用是运营成本最主要的构成部分。

6.4.2 适用条件

从国外的城市来看，一般来说有轨电车的年运营费用比地铁低20%～50%。单位运营费用也比公共汽车和无轨电车低。例如在美国，满足相同客运量的情况下，有轨电车的单位运营费用比公共汽车和无轨电车要低15倍左右。可以分析出有轨电车在我国的运营费用也应比地铁低，与公交等常规交通方式比较，单位运营费用也低得多。

（1）有轨电车的单位能耗和大运量的地铁系统比较接近，而采用橡胶轮胎行走的公交车辆单位能耗是有轨电车的4～5倍。

（2）在人员配置上，产生单向1万人/h的客流量，若采用公共交通，则需要960名工作人员，而现代有轨电车只需要188名。

（3）有轨电车的养护维修比地铁要低，且花费的人力、物力、时间也比公共交通低。

综上可以看出，有轨电车在运营费用方面比其他交通方式有更好的适用性。在节省能源方面有着较大的弹性和优势，采用有轨电车是实施交通可持续发展的战略和建设节约型社会的明智选择。

第7章 北京现代有轨电车适用性及评价

7.1 应用模式分析

7.1.1 巴黎

7.1.1.1 人口规模
巴黎是法国的首都和最大城市,也是法国的政治文化中心。人口217万人,都会区的人口则超过1184万人,面积14518km²。

7.1.1.2 经济概况
2007年巴黎大区的GDP约为5336亿欧元。

7.1.1.3 线路介绍
从1992年开始,在巴黎外围建成第一条有轨电车线以来,目前已发展到4条线(图7-1)。

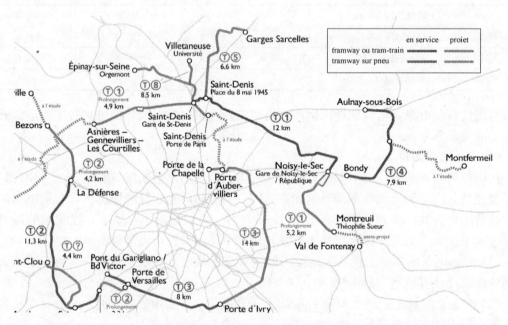

图7-1 巴黎市有轨电车线路图

(资料来源:http://zh.wikipedia.org/zh-cn/File:%C3%8Ele-de-France_-_plan_des_tramways.png)

T1线于1992年建成,总长12km,与区域性快车线RERD线、地铁13号线和7号线相衔接。

(1) T1线计划为平面的建造方式,主要目的是为有效发展各郊区间之公共运输,并减少经过巴黎市中心区换乘次数。因此决定尝试采用全线与机动车辆分隔的设计,并容许公车在部分时段行驶。另外,于圣丹尼区构成行人—有轨电车专用道。

(2) T1线于1992年开始营运,同年12月全线完工营运,全线长12km,设有21个站,每天载运乘客60000人次。

(3) 采用标准轨距1435mm,供电系统是以750V直流电由架空线传入。

(4) 车辆车队有17部有轨电车(每列车有两个车厢),载客量174人(52个座位),发车间隔高峰时段5min、平峰时段8min,首班车及末班车发车时刻分别是05:00及23:59,平均运营速度为19km/h。

(5) T1线配有中央营运控制系统,对道路上交通情况实现监控,尤其在重要交叉路口或平面穿越路段设有摄像头设备,以监控交通状况。

T2线建成于1997年,沿塞纳河通往巴黎新区拉德方斯,大部分利用原有的铁路线,T2线总长11.3km。

(1) T2线主要以废弃的铁路线来建造有轨电车运输系统,于1997年开始运营,全线设有13个车站,10座车站建在已有车站位置,3座车站为新建。

(2) 每日载客数为30000人次,发车间隔高峰为5min、平峰为10min,首班及末班车发车时间为5:30与0:30。

(3) 系统控制主要是用指挥中心的卫星定位系统(GPS)来准确控制发车。

T3线于2006年12月正式通车,总长8km,穿越巴黎南部的13、14和15区,沿林荫大道设17个车站。

T4号线于2006年11月18日通车,不同于以上三条线,4号线由法国国铁运营,连接东北郊的奥奈丛林(Aulnay-sous-Bois)和邦迪。

7.1.1.4 应用模式

巴黎的交通长远发展规划体现了用有轨电车作为外围环线的交通服务来补充大流量的交通走廊,在外围建造环形的轻轨交通线,与放射形的轨道交通走廊相配合。

7.1.1.5 适用特点

在巴黎这样有地铁系统的大型城市,有轨电车作为地铁网的加密线,将多条地铁线在城市近郊串联。实现此种功能的线路一般有以下特点:

(1) 沿线分布着多条地铁线路的车站,各个换乘站间的客流需求适中,适合现代有轨电车的运能发挥。

(2) 线路分散于城市周边,有轨电车线路间的联系甚少,因此可采用不同制式的有轨电车系统(例如法国的T1、T2、T4线分别采用了TFS、CitadiS、Avanto系列的车型)。

(3) 线路与地铁系统的换乘方便,车站一般临近地铁的出口,同时在换乘站可以与地铁系统分享停车换乘设施。

(4) 由于线路位于城市近郊,可以利用既有铁路线改造等方式建成以降低成本,同时线路的路权等级及平均旅行速度都较高。

7.1.2 圣迭戈

7.1.2.1 人口规模

圣迭戈市位于美国西南方太平洋岸,面积约963.6km^2,人口约130万。

7.1.2.2 经济水平

圣迭戈是圣迭戈—卡尔斯巴德—圣马科斯都市圈的经济中心。2006年圣迭戈的 GDP 约为 650 亿美元。

7.1.2.3 线路介绍

圣迭戈有轨电车运输系统定名为 San Diego Trolley，包含四条路线，蓝线、橙线、绿线及大型活动线(图 7-2)。

图 7-2 圣迭戈市有轨电车线路图

(资料来源：http://www.sdcommute.com/)

蓝线自市中心的 Santa Fe Deport 通往美墨边境的 San Ysidro 市，长 12.5km，市中心区部分 1.3km，线路采用平面专用轨道布设于街道中央或路旁。市区至 San Ysidro 间的 11.2km 利用圣迭戈及亚利桑那东部铁路(San Diego and 29 Arizona Eastern Railway，简称 SD & AE 铁路)的路权及设施整建而成。

Euclid 线(橙线)由 Santa Fe 到 Euclid Avenue，全长 4.8km。东线将继续往东延伸，

以服务 Lemon Grove、LaMesa、及 El Cajon 等郊区市镇，全长 10.8km。

绿线南起蓝线起点 Santa Fe Deport 通往 Santee Town Center。

大型活动线在 Qualcomm 体育场和圣迭戈市中心间运营，服务举办于 PETCO 公园和 Qualcomm 体育场的体育赛事活动，以及其他大型传统活动。

7.1.2.4 应用模式

圣迭戈市的有轨电车作为大、中运量快速轨道交通线路在郊区的延伸、接驳线路。

7.1.2.5 适用特点

现代有轨电车线路，其功能与传统的公交接驳于地铁、轻轨等郊区车站相类似，起到将快速公交服务延伸至郊区的作用。目前我国天津现代有轨电车泰达一号线(南起津滨轻轨洞庭路站，北至大学城北部的学院区北站，是一条纵贯天津开发区西部南北方向的轨道交通线)以及上海张江现代有轨电车一期工程(张江有轨电车线路全长约10km，起点为轨道交通2号线的张江高科，终点为张江集电港的金秋路，共设车站15座)就是这种类型，线路的起点接驳于地铁车站，线路向郊区方向延伸。对于线网规划中的第一条线路，接驳大、中运量的快速轨道交通，是有其合理性的。因为地铁系统强大的客流集聚能力往往造成郊区车站大量的客流集散量，而服务能力高于常规公交的现代有轨电车可将更多的乘客以更快的速度接驳、运送至远郊。

7.1.3 伦敦

7.1.3.1 人口规模

伦敦是英国的首都、第一大城及第一大港，也是欧洲最大的都会区之一，面积 1579km^2，2005 年人口达 750 万。

7.1.3.2 经济水平

伦敦是世界最大的国际外汇市场和国际保险中心，也是世界上最大的金融和贸易中心之一，2004 年度伦敦市的 GDP 为 2847 亿美元。

7.1.3.3 线路介绍

(1) Croydon 的有轨电车运输系统名为 Tramlink，于 2000 年 5 月开始营运，第一年营运用 24 辆车，总计 28km 的路线，运输量为 1330 万人。

(2) 一辆 30m 的车可搭载 240 人，在系统上可同时有 21 辆车运行。

(3) 最快速度可达每小时 80km。

(4) 全部路网有 38 个车站，每个车站皆有摄像头连接至控制中心。

(5) 为了争取初期有轨电车运输系统路线通车的速度，有 18km 的线路利用既有铁路，并加强交叉口路缘石设计以增加有轨电车运输系统车速。

7.1.3.4 应用模式

伦敦有轨电车主要服务于城市周边的卫星城(新城)的内部交通。黑框内的范围标识出服务于伦敦市的卫星城 Croydon 的三条有轨电车线路(图 7-3)。

7.1.3.5 适用特点

其中 1 号线线路的起点接驳于市郊铁路 District 线的终点站，实现城内与伦敦中心城区的交通联系；3 条线路分别连接了 7 个市郊铁路车站，并在 2 个车站可与多条郊区公交车接驳，整个有轨电车网络中形成了众多中等规模的公交枢纽。实现此种功能的线路一般有以下特点：

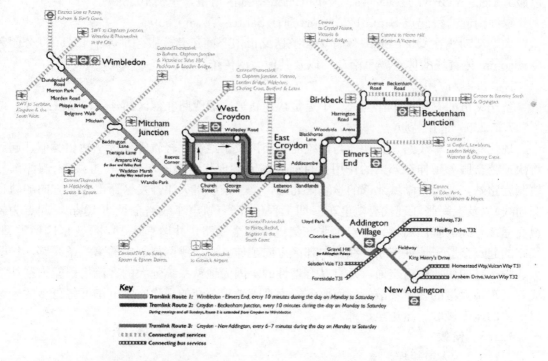

图 7-3　伦敦市的卫星城 Croydon 的三条有轨电车线路
(资料来源：http://www.lrta.org/links-systems-uk.html#LondonTrams)

(1) 现代有轨电车作为卫星组团(新城)内的公共交通骨干，主要解决区内交通问题。对于发展中的卫星组团(新城)，还将产生一定的 TOD 作用。

(2) 现代有轨电车在城内形成一定的网络规模，资源(车辆段、运营组织人员)得到充分利用，比单条或相隔较远的几条线路的效率高。

(3) 城内有轨电车线网中至少有一条线路与中心城区的地铁线路接驳，沟通卫星城与中心城区的联系。

7.1.4　哥德堡

7.1.4.1　人口规模

哥德堡是瑞典西南部海岸著名港口城市，面积 $199km^2$，2006 年统计人口 40 万。

7.1.4.2　经济水平

哥德堡是斯堪的纳维亚地区最大的也是最重要的港口基地。

7.1.4.3　应用模式

对于没有地铁系统的中小城市，现代有轨电车往往成为城市的骨干交通模式，线路几乎全部穿过市中心。

7.1.4.4　适用特点

图 7-4 所示为哥德堡市(Gothenburg)的有轨电车线网，为明显的放射型，线路从市中心向郊区辐射，它所起的作用相当于大城市的地铁系统。此类中小城市的中心城区的客运需求比大城市的中心城区小，一般客流量不超过 5 万人次/日(见表 7-1)，比较适合有轨电车运输能力的发挥。

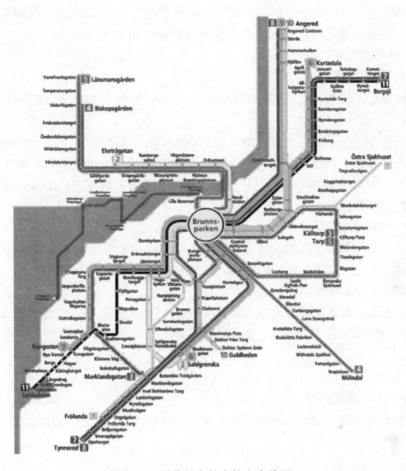

图 7-4 哥德堡市的有轨电车线网

(资料来源：http://www.hicafe.cn/wiki/guide.do?fun=view_pub&sid=100989&cid=100004)

哥德堡市各现代有轨电车线日均客流量　　　　　　　　　　　表 7-1

线路	1	3	4	5	6	7	8	9	11
线路长度(km)	15.59	12.68	19.26	13.78	24.55	21.05	21.31	18.98	21.83
车站数	33	30	21	29	46	35	25	21	38
客流量(人次/日)	32500	32400	27400	25500	43400	35900	19600	25600	38000

注：表中数据采自 2005 年 11 月。

此类现代有轨电车的功能与大城市外围卫星城的现代有轨电车线路有相似之处，一般具有以下特点：

（1）现代有轨电车在城内形成一定的网络规模，成为公共交通骨干，线路一般在市中心密集并向郊区放射，串联城内大型的客流集散点，例如火车站、大型社区等。

（2）现代有轨电车在城内形成一定的网络规模，资源（车辆段、运营组织人员）得到充分利用。

（3）网络中有部分线路共线运营，共线区段虽在一定程度上成为制约系统功能的瓶颈，但也为各线路间提供了最便捷的联系，同时节省了资源。

(4) 线路在进入市中心区的车站可设置"停车换乘"(P+R)设施，利用现代有轨电车快捷、舒适、良好的可达性，吸引小汽车驾驶者换乘电车进入市中心。

7.1.5 萨尔布吕肯

7.1.5.1 人口规模
萨尔布吕肯是德国萨尔州的首府，截至 2006 年人口约为 180515 人，面积 167.07km^2。

7.1.5.2 经济水平
萨尔布吕肯曾经是一个巨大煤层的工业和运输中心。这里的工厂生产铁和钢、糖、啤酒、陶器、光学仪器、机器和建筑材料。但是，在过去的几十年中萨尔州的工业重要地位逐渐下降，因为越来越多的德国公司开始从工资低下的国家直接进口廉价的煤。

7.1.5.3 适用特点
此类现代有轨电车的特点：

(1) 花费较少的基础设施建设费将现代有轨电车的服务范围扩大至郊区。

(2) 增加了郊区火车站与市区的联系，使两地间实现了快速公交接驳。

(3) 增加了不同国铁线路间的联系。

(4) 车辆由于牵引系统较为复杂，此外还需在国铁车站停靠，因此不是 100% 低地板车辆。在市区内的车站若为低站台，则乘客上下车有所不便，车站若为高站台则会影响城市景观。

7.1.6 悉尼

7.1.6.1 人口规模
悉尼是澳大利亚新南威尔士州的首府，面积 12144.6km^2，是全国人口最稠密的城市，2008 年都会区人口为 440 万人。

7.1.6.2 经济水平
悉尼是澳大利亚第一大城市，也是商业、贸易、金融、旅游和文化中心。2004 年度悉尼市的 GDP 为 712 亿美元。

7.1.6.3 系统特性

(1) 中心车站到 Wentworth 公园在 1997 年 8 月 31 日建造完成，其建造成本为 6500 万元，Wentworth 公园到 Lilyfield 在 2000 年 8 月 31 日建造完成，其成本为 2000 万元。

(2) 运营时间为 365d，一天 24h。早上 6:30～0:00 为 10～15min 一班车，0:00～6:30 为 0.5h 一班车。

(3) 路网系统共有 7.4km，1.5km 是在市区街道上，采用标准轨距 1435mm，共有 14 个车站(图 7-5)。

(4) 悉尼的 Metro Light Rail 拥有 7 辆车，每辆车有 5 个车厢，车辆总长 29m，宽 2.7 米，车身高 3.4m，底盘高 29～35m，可载 217 人，座位有 74 个，最高时速达 80km/h，在市区是 20km/h。

(5) 供电是以 750V 直流电由架空线传入。

7.1.6.4 应用模式
悉尼市的有轨电车长度较短，沿线经过悉尼市各主要景点，因此悉尼的有轨电车运输系统发展为观光性质，亦成为当地之特色之一。

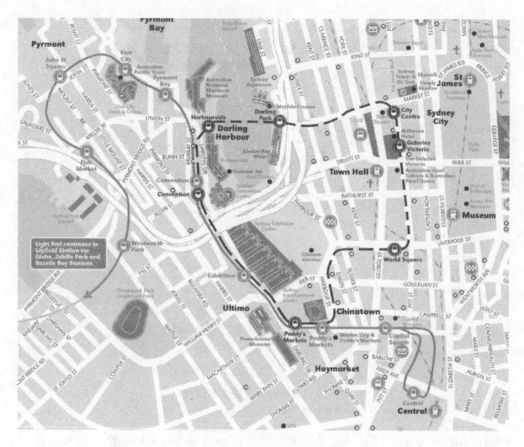

图 7-5　悉尼市的有轨电车线网
注：图中虚线为地铁，实线为有轨电车
（资料来源：http://www.metrolightrail.com.au/）

7.1.7　柏林

7.1.7.1　人口规模
柏林为德国的首都，其人口有 339 万人，面积为 892km^2。

7.1.7.2　经济水平
柏林作为德国主要的工业城市，主要工业部门有电子、机器制造、化工、印刷、纺织和食品加工等。按市区人口计算，2004 年度柏林市的 GDP 为 1017 亿美元。

7.1.7.3　系统特性
(1) 在轨道电车方面，客流量 1993 年达到 15220 万人，全长 173km，拥 25 条路线，730 个车站，共有车 602 辆（图 7-6）。
(2) 轨距是标准轨距 1435mm，供电系统是 600V 直流电由架空线传入。
(3) 高峰时段 3min 一班，可达 715 个班次，24h 营运。
(4) 平均站间距离为 461m，平均行驶速度为 19.4km/h。
(5) 市郊的有轨电车方面，客流量 1993 年达 150 万人，全长 23.8km。

7.1.8　广岛

7.1.8.1　人口规模

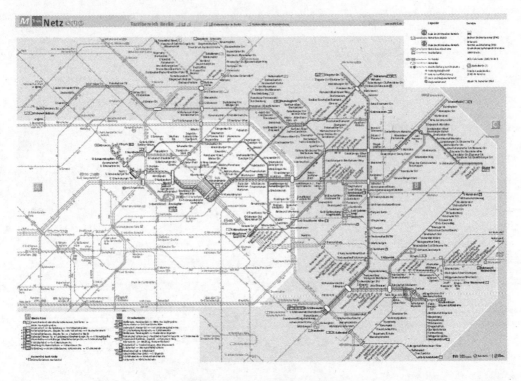

图 7-6 柏林市的有轨电车线网
(资料来源：http://www.bvg.de/)

广岛面积 741.75km²，人口约 110 万人，人口密度为 1518 人/km²，为本州岛西南部的一座城市。

7.1.8.2 出行状况

各种交通工具使用比率：铁路 3.7%，路面电车 2.1%，汽车 38.3%，自行车 20.0%，步行 27.5%。

7.1.8.3 有轨电车概况

广岛电铁株式会社(简称广岛电铁)成立于 1910 年，现已超过 90 年的历史，一直经营轨道事业，在 20 世纪 50、60 年代，小汽车发展快速，轨道运输逐渐减少(现计有 17 个城市、18 家公司、约 235km 左右的营运，且多集中于日本西部)。

依据 2004 年该公司统计资料显示，其总运营里程达 35.1km，包括有轨电车 16.1km(宫岛线)。有轨电车发车间隔为高峰时段 5min 一班，平峰时段 15min 一班，轨距均采用 1435mm，营业收益为 205.968 亿元，铁路及轨道运输事业 65.71 亿元，占公司收入的 32%。

为了克服能源问题、环境问题、交通堵塞问题等问题，有轨电车已逐渐向低底盘车辆发展，而广岛电铁超低底盘车辆自 1999 年从德国引进到 2003 年已有 12 列车，型号为 5001 型。日本为了国产化，由广岛电铁、近畿车辆、三菱重工业、东洋电机共同开发制造之轻轨运输系统 Green Mover Max，于 2005 年 3 月 30 日开始在广岛营运(图 7-7)。

各国有轨电车运输系统指标如表 7-2 所示。

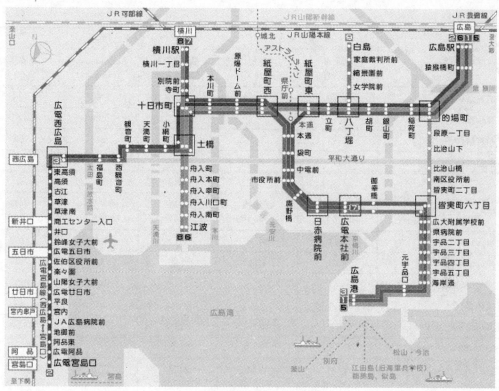

图 7-7 广岛市的轨道交通线网
注：图中颜色加深线路为有轨电车
（资料来源：都市兴建轻轨运输系统优先性评估方法研究）

各国有轨电车运输系统整理　　　　　　　　表 7-2

指标 \ 城市	美国				
	圣迭戈（2009年）	波特兰（2006年）	圣克拉拉（2005年）	布法罗（2005年）	萨克拉门托（2007年）
人口（万）	130	56.3	10	27	46
面积（km²）	963.6	376.5	47.6	105	257
线网长度（km）	74.88	70.88	59.04	10.3	29.5
车站数量（个）	43	74	54	14	27
日客运量（人/次）	74674	83800	17637	22466	—
车厢容量（人）	200	—	171	—	—
运营速度（km/h）	14.4	—	16	—	—
指标 \ 城市	澳大利亚		英国		
	墨尔本（2006年）	悉尼（2008年）	曼彻斯特（2006年）	Docklands（2008年）	克罗伊登（2009年）
人口（万）	389	440	45.2	—	32
面积（km²）	7694	12144	224	—	—
线网长度（km）	245	7.4	37	27	28

53

续表

指标 \ 城市	澳大利亚		英国		
	墨尔本（2006年）	悉尼（2008年）	曼彻斯特（2006年）	Docklands（2008年）	克罗伊登（2009年）
车站数量（个）	1770	14	37	34	38
日客运量（人/次）	383562	—	52000	35000	35616
车厢容量（人）	—	—	—	250	240
运营速度（km/h）	11	20	—	—	—

指标 \ 城市	德国				
	柏林（2007年）	汉诺威（2006年）	波恩（2006年）	德累斯顿（2007年）	科隆（2006年）
人口（万）	339	51.6	31.4	50.6	100
面积（km²）	892	204	141	328	405
线网长度（km）	173	92.6	26.3	135.7	109.9
车站数量（个）	730	144	—	246	26
日客运量（人/次）	416986	10958	83835	269863	342465

指标 \ 城市	法国				
	南特（2005年）	巴黎（2007年）	鲁昂（1999年）	里尔（2004年）	格勒诺布尔（2005年）
人口（万）	28	1184	10.6	22.7	15
面积（km²）	65.19	14518	21.38	—	18.13
线网长度（km）	26.7	36	16.1	19	14.6
车站数量（个）	—	34	23	36	32
日客运量（人/次）	50000	90000	—	20821	61917

指标 \ 城市	日本		
	广岛（2004年）	鹿儿岛（2008年）	熊本（2008年）
人口（万）	117	60.5	67.4
面积（km²）	905.25	546.96	267.23
线网长度（km）	16.1	13.1	12.1
车站数量（个）	18	35	—
日客运量（人/次）	49589	30136	26575

7.1.9 小结

7.1.9.1 应用模式总结

在美国，有轨电车建设的目的是为解决都市的拥挤和空气污染问题，用有轨电车来改善都市交通拥挤所带来的问题。

在澳大利亚，悉尼的有轨电车运输系统为观光性质，亦成为当地的特色之一。其余城市的有轨电车系统，则以较旧的系统来服务大众。

法国的有轨电车运输系统，主要向德国学习有轨电车运输系统成功的经验并进行改进,而在巴黎大都市中,有轨电车运输系统作为周边卫星城的连接,但在次要都市中则为主要运输系统。

德国有轨电车运输系统发达,系统发展最为完备,因此有轨电车系统已成为当地人出行生活的重要组成部分之一。

日本有轨电车运输系统路线较短而且少,大部分系统建设时间比较早,作为城市的辅助交通运输系统。

从上述回顾中,发现以前以公路运输为发展主轴的国家,如美国,最后渐渐调整发展方向至轨道运输,而在日本的大都市中,虽以轨道交通为发展主轴,但小型都市的发展却以公路为主,但近年来也考虑发展轨道运输;而英国与德国对有轨电车系统进行更新,使有轨电车融入了当地居民生活;在我国,虽然目前在大部分城市中都以私人交通工具为主,但在将来最终将面临因私人交通工具没有得到有效管制,导致整个都市交通严重堵塞,虽然目前国内已有大连、上海、天津等城市发展了新型有轨电车,却没有在各城市中进行推广。

7.1.9.2 应用模式分类

由于现代有轨电车是介于常规道路公交与大容量轨道交通之间的一种交通方式,通过对以上国家人口、城市规模、经济状况以及有轨电车的线路介绍、应用模式、适用地区等情况的整理和总结,结合其具有对环境无污染、运力较大、运行成本低、方便、快捷、舒适、安全等特点,得出它的五种应用模式(见表7-3):

世界各国有轨电车应用模式及适用地区总结　　　　　　　　表7-3

适用地区	应用模式	应用城市
中小城市用于承担主城区内部较大的交通需求	运输需求量大的走廊,如市中心与主要副中心之间,适合以有轨电车运输系统提供主线专用路权、快捷、高容量之营运服务	瑞典哥德堡、德国波恩、澳大利亚墨尔本、法国南特
大城市加强市区外围地区与主城区之间的联系	运输需求有限,有轨电车运输系统宜搭配公车系统,共同构成路网作为市郊与市中心的联络路线,提供公共运输服务	美国圣迭戈、波特兰、圣克拉拉、布法罗、萨克拉门托、英国曼彻斯特、日本广岛
大城市外围组团之间	使都市外围地区的乘客,能很快到达都市另一边,减少市中心不必要的穿越交量,这样会在都市外围形成环状线路,因为环状路线客运量较低,而又要求较高的可达性、较低的投资成本,即可采有轨电车运输系统作为都市的外环路线	法国巴黎、比利时布鲁塞尔、德国柏林
大城市主城外围的新城及工业开发区内部	周边新城及工业区类似独立的中小型城市,客运需求量较小,适合以有轨电车运输系统提供主线专用路权、快捷、高容量的运营服务	英国伦敦克罗伊登、Dockland;天津泰达工业开发区
特殊地区特殊功能	供游客观光性质的有轨电车与国铁共线运营的有轨电车	澳大利亚悉尼 德国萨尔布吕肯

(1) 中小城市用于承担主城区内部较大的交通需求。由于中小城市的城市规模比较小,人口密度比较低,同时经济实力有限,难以承担快速轨道交通建设所带来的财政压

力,可以在城市的主城区内建设现代有轨电车。如瑞典哥德堡市现代有轨电车每天可运输63000名旅客,在运营费用相同的情况下,可大幅度提高运输能力。

(2) 大城市加强市区外围地区与主城区之间的联系。城市规模的扩大,使得原有的空间组织模式发生改变,向开敞型、组团式发展。现代有轨电车的优点决定其比较适用于加强主城和新城之间的联系,促进沿线地区的发展。如圣迭戈以有轨电车作为连接城市中心区和外围区的主要公共交通方式。

(3) 大城市外围组团及工业开发区内部。由于城市产业布局的调整,外围新城及工业开发区的快速发展,都将对区内公共交通的发展提出更高的要求。如天津泰达工业开发区内部规划"有轨电车+常规公交"的公共交通模式,以形成多层次、立体化、智能化的交通体系,带动区域发展。

(4) 大城市主城外围的新城及与周边城镇之间。随着主城外围组团的进一步发展,带动周边的城镇开始活跃,相互之间的联系开始加强,传统的道路公交已不能满足需求,需要现代有轨电车来加强联系,进行联合发展,并与其他大容量的轨道交通网络进行有效的衔接。如巴黎将有轨电车作为城市周边地区交通的衔接工具,伦敦应用在周边的卫星城市。

(5) 特殊功能的有轨电车线路。对于一些地区,可能出于达到一定的旅客运输能力或提升城市交通的服务水平等特殊的需求而采用现代有轨电车,例如澳大利亚采用现代有轨电车作为旅游观光交通方式,沿途在各主要景点设站,可以很好地满足旅游客流的需求,提高服务水平;而德国的萨尔布吕肯利用原有的货运铁路设施运行现代有轨电车,大大节约了成本,并很好地满足了市区与郊区间的乘客出行需求。

7.1.9.3 应用城市分类

根据有轨电车的不同适用类型,将有轨电车的适用城市按照人口、面积、经济等因素进行归纳,如表7-4所示。

城市性质与适用类型的关系　　　　　　　表 7-4

适用类型	应用城市
中小城市用于承担主城区内部较大的交通需求	瑞典哥德堡:面积199km^2,人口40万(2006年); 法国南特:面积65.19km^2,人口28.06万(2005年); 法国鲁昂:面积21.38km^2,人口10.6万(1999年)
大城市加强市区外围地区与主城区之间的联系	美国圣迭戈:面积963.6km^2,人口130万(2009年); 美国波特兰:面积376.5km^2,人口56.3万(2006年); 美国布法罗:面积105km^2,人口27万(2005年)
大城市外围组团之间	法国巴黎:面积14518km^2,人口1184万(2007年),GDP 5336亿(2007年); 德国柏林:面积892km^2,人口339万(2007年),GDP1017亿(2004年)
大城市主城外围的新城及周边城镇内部	英国伦敦Dockland、克罗伊登(伦敦周边的两个小城镇,资料暂缺)
观光性质	澳大利亚悉尼:面积12144km^2,人口440万(2008年)

7.1.9.4 适用线路长度建议

有轨电车的单条线路长度受到很多因素影响。不同交通制式有不同的最佳服务长度。

应根据有轨电车的适用特性,确定最佳的线路长度,防止因线路过长所增加的旅行时间。过长的乘坐时间会造成路途疲劳,一般乘客的最佳乘车时间在 10~50min,线路的设计需要考虑到乘客乘坐的舒适性要求。同时,过长的驾车时间也会使驾驶员疲劳,从而降低驾车注意力,造成交通事故的发生率提高。因此,选择合理的线路长度起着至关重要的作用。

根据有轨电车不同的适用特性,总结了世界上几个城市的有轨电车长度(见表 7-5 和图 7-8),以供参考。

线路长度与适用类型的关系　　　　　　　　　表 7-5

适用类型	线路长度
中小城市用于承担主城区内部较大的交通需求	瑞典哥德堡(面积 199km²,2006 年统计人口 40 万):平均线路长度 18.1km; 法国南特(面积 65.19km²,2005 年人口 28.06 万):平均线路长度 13.4km; 法国鲁昂(面积 21.38km²,1999 年人口 10.6 万):1 号线 16.1km
大城市加强市区外围地区与主城区之间的联系	美国圣迭戈(面积 963.6km²,2009 年人口 130 万):蓝线 12.5km,橙线 10.8km; 美国波特兰(面积 376.5km²,2006 年人口 56.3 万):红线(机场线)8.8km; 美国布法罗(面积 105km²,2005 年人口 27 万):纽约州立大学分校 10.5km
大城市外围组团	法国巴黎(面积 14518km²,2007 年人口 1184 万):1 号线 12km,2 号线 11.3km; 德国柏林(面积 892km²,2007 年人口 339 万):25 条线路全长 173km,平均线路长度 7km
大城市主城外围的新城及与周边城镇之间	英国 Dockland 3 条线路全长 27km,平均线路长度 9km; 英国克罗伊登 3 条线路全长 28km,平均线路长度 9.1km
观光性质	澳大利亚悉尼(面积 12144km²,2008 年人口 440 万):线路长度 7.2km

从表 7-5 可以看出,作为交通骨干的有轨电车,线路长度取决于城市覆盖范围,长度一般在 13~20km 左右;连接市区郊区以及城市外围组团之间的线路长度由两地区之间的距离决定,一般在 8~13km 之间;特殊功能线路的长度主要取决于其具体功能。

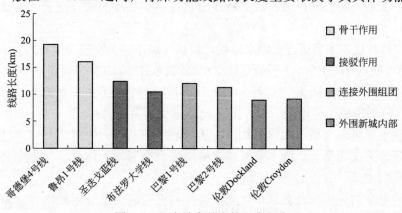

图 7-8　几个城市的有轨电车长度

7.2 北京发展现代有轨电车的必要性分析

7.2.1 北京市交通发展战略

7.2.1.1 "两定、四优先"

北京市政府印发的《关于优先发展公共交通的意见》中确定了优先发展公共交通的总体思路,"两定"即确定发展公共交通在城市可持续发展的重要战略地位,确定公共交通的社会公益性定位;"四优先"即公共交通设施用地优先、投资安排优先、路权分配优先、财税扶持优先。

7.2.1.2 公交优先

《北京交通发展纲要(2004—2020)》提出的两大战略任务——坚定不移地加快城市空间结构与功能布局调整,控制市区建成区的土地开发强度与建设规模;坚定不移地加快城市交通结构优化调整,尽早确立公共客运在城市日常通勤出行中的主导地位。

7.2.1.3 交通发展目标

2009年7月,北京市政府颁布了《北京市建设人文交通科技交通绿色交通行动计划(2009年—2015年)》,作为近期指导北京市城市交通发展的纲领性文件。其中,2015年的总体目标是:基本建成以人文交通、科技交通、绿色交通为特征的新北京交通体系,交通设施承载能力明显提高,公共交通在城市交通中占据主导地位,城市交通拥堵得到缓解,基本满足市民多样化交通需求,为首都经济社会发展提供有力支撑。

7.2.2 构建多层次的城市交通体系

受旧城历史风貌保护和土地空间不足的限制,未来中心城道路及停车场资源紧缺现象难以改变。同时,受人口和机动车增量影响,交通需求仍将迅速增长。预计2015年北京市人口将达到2100万(可能突破2000万),机动车总量可能突破600万辆,小汽车保有量超过500万辆。居民日出行总量达到5500万人次/日(六环内4400万人次/日),平均出行距离由9.8km跃升至11km,出行周转量增加41%。届时,尽管561km轨道线路全部投入运营,运输能力也仅能达到1000万人次/日左右。如不能充分发挥公共交通整体优势,调控小汽车需求膨胀势头,六环路内道路网高峰小时负荷量接近1500万车公里,是2008年的1.5倍,交通形势仍然严峻。因此构建多目标、多层次的综合交通体系是十分必要且迫切的。

需求的多样性决定了客运方式的多样性,根据《城市公共交通分类标准》(CJJ/T 114—2007),现代有轨电车(GJ24)、轻轨(GJ22)、地铁(GJ21)均属于城市轨道交通系统大类(GJ2),单向客运能力分别为0.6万～1.0万人次/h、1.0万～3.0万人次/h、2.5万～7万人次/h,分别构成了城市低、中、高运量轨道交通系统。

现代有轨电车可以与城市大容量轨道交通(地铁、轻轨)、快速公共交通(BRT)等共同构成城市快速公共交通系统,既丰富、增强城市综合交通客运体系,又提高公共交通对国内外旅客的吸引力。

现代有轨电车的应用符合北京市优先发展公共交通的交通发展战略,北京需要建立适合不同服务类别、不同运量等级的运力级配体系。

7.2.3 北京市现代有轨电车适用性分析
7.2.3.1 边缘集团分析

如图7-9所示,北京周围分布着10个边缘集团,北京现有2015年轨道交通规划线路多为边缘集团和中心城的联系,边缘集团内部及各边缘集团之间缺少关联,需要其他交通方式进行补充。而目前北京的部分边缘集团用地以居住用地为主,出行特征呈现明显的向心特性,早高峰进城工作,晚高峰出城回家。

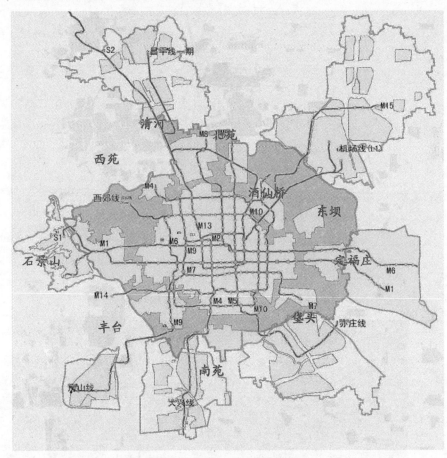

图7-9 北京市边缘组团分布图

以望京地区为例对北京周边边缘集团内部有轨电车适用性进行分析。

望京地区目前涉及公交线路共24条,望京内部交通需求较大。

望京地区公交出行需求分布以中心城区的东部和北部为主,集中在朝阳区、东城区,最大需求为东北三环、四环以及朝阳北部地区(图7-10)。

(1)公交线路站点分析:

图7-11所示为望京地区现状道路分布图。

图7-12为望京地区现有公交线路分布情况,其中,广顺南北大街、花家地街是公交线路最为密集的路段,公交线路达到10~20条。

图7-13所示为公交站点分布图,公交站点的分布特征与公交线路的分布一致,站点比较密集的路段包括广顺北大街、广顺南大街、花家地街等。

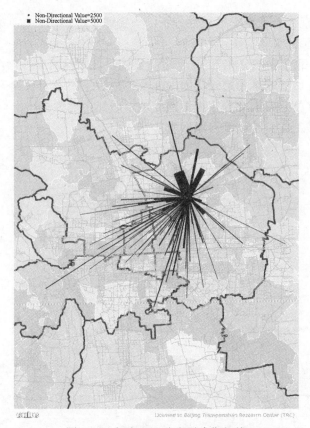

图 7-10 望京地区公交需求期望线

图 7-11 望京区域的道路分布图

60

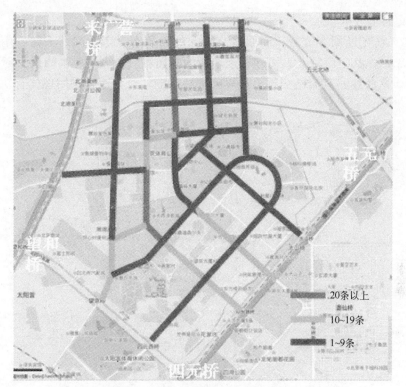

图 7-12 望京区域内公交线分布情况

图 7-13 望京区域内公交站点分布情况

（2）公交需求分析

从 IC 卡系统的断面客流看，断面客流较大的路段有：广顺南北大街、南湖路、花家地街、利泽二路，其中广顺北大街和花家地街的断面客流最大，早高峰最大断面达到 8500 人（图 7-14）。这些线路客流已经超出常规公交的运能，较为适合采用现代有轨电车。

图 7-14　2009 年 9 月 4 日望京地区早高峰断面客流量

7.2.3.2　旅游光线分析

轨道交通西郊线是线网中一条主城区连接香山地区的专用轨道交通线，西起香山，东至 10 号线巴沟站，线路全长 8.916km，全线共设 6 座车站，预留火器营桥西站一座，其中地面站 5 座，高架站 1 座，平均站间距 2.259km。其初近远三期分别为 2014 年、2021 年和 2036 年，查阅《北京轨道交通西郊线客流预测报告》可知，其远期早高峰最大断面客流如表 7-6 所示。

2036 年早高峰最大断面客流　　　　　　　　　　　　　　表 7-6

平日	周末	桃花节	红叶节周平均	红叶节最大
3544	3508	4555	6277	10012

有轨电车模块化设计和灵活的编组方式，使其运能弹性较大，恰好可以与西郊线的客流变化特征相结合，同时又可采取车辆定制服务，作为旅游观光线路成为对外展示的名片。

7.3　评价方法体系

根据上文分析，现代有轨电车的适用性评价主要有三方面内容，分别为地区适用性评价、系统适用性评价以及实施方式评价，分别从宏观、中观及微观三个层面评价现代有轨电车在一个具体的城市的适用情况，具体评价流程如图7-15所示。

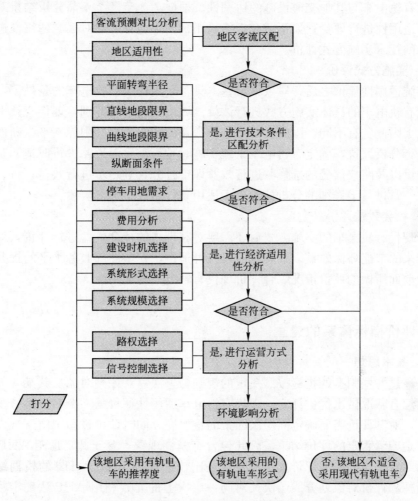

图 7-15　现代有轨电车适用性评价流程图

7.3.1　区域适用性评价

要评价现代有轨电车在一个城市是否适用，适用于哪些区域以及采用何种方式应用现代有轨电车，首先要从宏观角度，通过对该城市人口规模、城市用地及经济水平进行分析，确定是否适用，在组团满足适用模式的情况下，应进一步分析该城市相关数据并结合现代有轨电车的服务范围综合确定该城市应采用何种应用模式，应用于哪些区域以及在这些区域现代有轨电车发挥何种功能。因此，区域适用性评价主要根据适用性分析结果对应用城市的适用性进行宏观评价，判断目标区域是否适合采用现代有轨电车，如不适合则拒绝采用；如果适合采用，对区域适用性进行评价打分，确定现代有轨电车的应用模式并进行下一步的系统适用性评价。

7.3.2　系统适用性评价

在确定了城市的区域应用模式之后，需要对现代有轨电车的系统适用性进行评价。评判该系统的适用性主要考虑有轨电车的综合造价情况是否在该城市的投资承受能力之内、有轨电车的运营效益是否符合城市要求、有轨电车系统所需要的其他运营条件能否得到满足以及现代有轨电车与其他交通设施的协调性。根据 7.3 节及 7.4 节分析结果对现代有轨电车的系统适用性进行评价，如不适合拒绝采用；如果适合采用对区域适用性进行打分并进行下一步的技术实施方式评价。

7.3.3 实施方式评价

完成系统适用性评价之后，对象城市基本具备采用现代有轨电车的条件了，接下来就需要对现代有轨电车的具体实施方式进行评价。城市道路千差万别，现代有轨电车的具体实施方案也会因此各有不同，因此需要对具体道路的转弯半径、限界、平纵断面以及道路拥挤情况进行分析评价，确定有轨电车工程实施时是否需要对道路进行改造、车道布置方式、车站布设以及路权信号的选择并进行效益评价打分，进一步进行效益评价。相关的适用性已在上一章进行了详细的分析并给出了适用条件，这里不再赘述。

7.3.4 社会效益评价

确定了现代有轨电车的实施方式后还需要对其带来的社会效益进行评价，对现代有轨电车修建带来的节能环保效益、景观效益以及舒适性、安全性等服务水平的提升进行评价打分，结合前面所做的评价情况综合评价现代有轨电车的适用性。

7.4 评价指标体系的建立

7.4.1 基本思想

评价是通过一些归类的指标按照一定的规则与方法，对评判对象从其某一方面或多方面或全面的综合状况做出优劣评定。现代有轨电车适用性评价是一个多方案、多目标的综合决策问题，对其评价需要确定同层次因素的重要度，同时评价过程中由于难以对各指标做出完全肯定或者否定的评价结论，因此包含有模糊现象。鉴于此，运用 AHP 与模糊评价相结合的综合评价方法来评价规划道路网是比较适合的。基于 AHP 的模糊综合评价就是将评价指标和评价对象划分成层次，对同一层次上的元素利用 AHP 法确定重要度，同时确定隶属评语集的模糊评判矩阵，先对每一类作模糊综合评判，然后再对评判结果进行 R 类 S 之间的高层次的模糊综合评判。

7.4.2 指标选取原则

评价是通过一些归类的指标按照一定的规则与方法，对评判对象从其某一方面或多方面或全面的综合状况做出优劣评定。目前，已研究出的单项指标有数十种，而多数指标从其性能来说，并不全面，或多或少存在了一些问题，选取的指标不同对评价结果影响很大，指标选取有很多影响因素且有很大的主观性，不同的人可能对同一问题选取不同的指标，得出不同的结论。为了评价结论尽可能的客观、全面和科学，评价指标选取必须遵循一定的原则。

（1）一致性原则。表现为指标必须和目标相一致，目标是人们行动的指南，所有方案所能达到目标程度的信息是决策者评价时关心的主要信息，也是衡量行动好坏的一个主要标准。因此所选取的指标必须能够反映出所能达到目标程度的信息。

（2）实用性原则。表现为指标的选取既要全面又要精炼化，指标数量既要能够反映评价方案，又能实现计算简洁实用，因此在避免遗漏重要的敏感性指标的同时，还要注意不可过多地选取无关紧要的次要指标而使整个指标体系过于复杂、反应不灵敏。

（3）独立性原则。指标体系要层次分明、结构清晰，指标之间要尽量独立，避免相互关联造成冗繁。

（4）可行性原则。被选取的指标要求含义明确，易被理解，定性指标要能够界定评分标准，定量指标所需资料要便于收集，并能够使用现有的方法或者模型进行求解。

7.4.3 评价指标体系的建立

评价的关键是建立合适的指标体系。评价指标的选择是对路网结构进行正确评价的基础，选取的基本原则即要使评价指标尽可能全面反映某地区采用现代有轨电车适用性的实际状况，又要考虑获取方便，计算简单。

在上文现代有轨电车适用性分析的基础上，本着实用性、非重叠性、可行性的原则，初步确定了4个准则14个指标的综合线网选择评价指标体系，如图7-16所示。

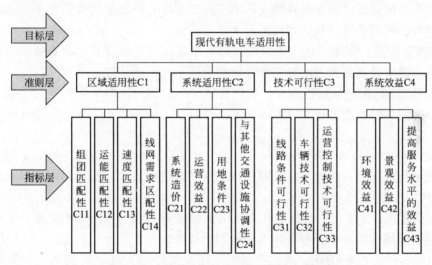

图7-16　现代有轨电车综合评价指标体系

7.4.4 评价指标的含义

7.4.4.1 准则层的构成及意义

准则层主要反映影响总体目标的各个侧面，分为4类，分别从区域视角、系统视角、具体技术视角及社会效益视角进行分析，具体内容和含义如下：

（1）区域适用性——城市视角

区域适用性是指现代有轨电车与目标区域总体发展规划的吻合程度。如果一个区域要采用现代有轨电车，首先要看其是否适合该区域，是否有利于该区域的发展方向，并与该地区的城市空间结构、人口和就业岗位、交通规划战略相吻合，以促进规划目标的实现和增加城市发展机会。

（2）系统适用性——系统视角

系统适用性是指现代有轨电车系统是否适合目标地区，用来反映现代有轨电车系统的造价、效益、用地等需求是否在地区的承受范围内以及有轨电车系统与该地区的其他交通设施兼容程度。系统适用性越好说明现代有轨电车与目标地区的匹配程度越高，越有利于该地区综合交通系统的构建。

（3）技术可行性——具体技术视角

技术可行性主要针对具体应用层面而言，对采用现代有轨电车所需要的技术条件进行分析，反映现代有轨电车在目标地区的应用条件是否成熟

（4）系统效益——社会效益视角

采用现代有轨电车对地区带来的一系列社会效益是无法忽视的，尤其当今社会环境污染、交通拥堵等问题日益严重，更凸显了交通方式的社会效益的重要性。

7.4.4.2 指标层的含义

（1）组团匹配性：定性指标，考察现代有轨电车应用模式与目标区域的匹配程度，以及有轨电车的功能定位是否充分满足区域需求。

（2）运能匹配性：定量指标，虽然现代有轨电车具有较广泛的运能适用范围，但也有其合理的运能范围，目标区域的高峰小时客流量只有处于这个"合理范围"内才适合采用现代有轨电车，过高或过低都会降低有轨电车的适用性，因此现代有轨电车的运能与地区高峰小时客流的匹配是考量其适用性的一个重要指标。

（3）速度匹配性：定量指标，指现代有轨电车速度与区域主要客流走廊的速度需求的匹配度，从速度定位及覆盖范围方面评价现代有轨电车的适用性。

（4）线网需求匹配性：定性指标，现代有轨电车对目标区域交通体系的必要性以及对当地主要交通网络的适合程度，从功能定位交通及线网结构层面评价现代有轨电车的适用性。

（5）系统造价水平：定性指标，现代有轨电车系统造价水平与地区经济承担能力是否匹配，反映了修建现代有轨电车系统对目标地区的经济压力，从投资角度判断现代有轨电车的可行性。

（6）运营效益：定性指标，指现代有轨电车的运营收入与运营成本之差，反映了现代有轨电车运营经济性以及是否符合地方交通发展战略。

（7）用地条件：定量指标，现代有轨电车用地条件是否能够得到满足，其用地规划与总体规划拟定的土地利用吻合程度，是从土地利用方面判断现代有轨电车适用性的指标。

（8）与其他交通设施的协调性：定性指标，考察现代有轨电车与目标区域内其他交通方式、道路条件、既有车站等交通设施之间的衔接、配合程度，评价现代有轨电车系统作为城市综合交通系统的一部分是否能很好地与大系统中其他子系统很好的配合，填补区域交通结构中的空白。

（9）线路条件可行性：定性指标，考量城市用地道路条件是否适合采用现代有轨电车，如道路的红线宽度、限坡、限高以及是否满足站台设置等，主要从工程技术实施角度评价现代有轨电车的适用性。

（10）车辆技术可行性：定性指标，指车辆技术是否足够成熟以及车辆国产化程度是否足够高，从技术水平的角度评价车辆的适用性。

(11) 运营控制技术可行性：定性指标，主要指路权、交通信号控制技术以及交叉口信号优先等技术方面是否可以满足，满足程度越高，现代有轨电车的服务水平将越高。

(12) 环境效益：定性指标，现代有轨电车的节能、清洁、低噪声等特性为城市带来一定的环境效益，这是十分符合现代城市大力发展清洁交通、环保交通战略的，该指标从环保的角度评价现代有轨电车替代其他交通方式所带来的效益。

(13) 景观效益：定性指标，有轨电车采用流线型设计及低地板车辆，能够构成现代都市一道亮丽的风景线，对提升城市景观具有很大帮助。

(14) 提高服务水平的效益：定性指标，采用现代有轨电车可以在提高道路利用率的情况下提升乘客的运送速度以及乘坐舒适度，低地板的车辆更加方便乘降，这些都对提高城市交通的服务水平有很大帮助，该指标主要考察这些方面的效益。

7.5 模糊综合评价方法

模糊综合评价是在考虑多种因素的影响下，运用模糊数学工具对某事物做出综合评价。从几种备选方案中选出最优方案或进行方案优劣排序，大多需要专家事先给出偏好信息，具有模糊的概念，适用性评价指标的优劣属性也没有明显的界限，因此选用模糊综合评价法对现代有轨电车的适用性进行综合评价是较为合适的，其总体模型如图7-17所示。

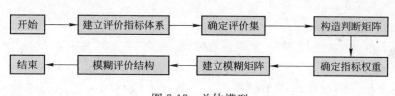

图 7-17 总体模型

7.5.1 确定评价对象集、因素集和评语集

对象集为 $O=\{$现代有轨电车适用性综合评价$\}$。

因素集为 $C=\{C1，C2，C3，C4\}$，$C1$，$C2$，$C3$，$C4$ 分别为与区域适用性、系统适用性、技术可行性、系统效益四个子集。其中 $C_1=\{C11，C12，C13，C14\}$，$C_2=\{C21，C22，C23，C24\}$，$C_3=\{C31，C32，C33\}$，$C_4=\{C41，C42，C43\}$，其中 C_{ij} 表示第 i 个子集第 j 个评价指标。

评语集 $V=\{V1，V2，V3，V4，V5\}$，城市轨道交通线网评语集采用"好、较好、一般、差、很差"五个评价级别。

7.5.2 构造判断矩阵

两两判断矩阵是层次分析法的基础，是定性指标定量化和体现指标间重要程度差异的主要手段。指标体系的指标层既包括定量指标又包括定性指标。定量指标能准确反映各种线网结构相对于各指标的权重值，为了真实反映各种指标间的差异，对于定量指标采用真实值两两比较进行标度，构造判断矩阵。定性指标则依据专家调查结果，用1、3、5、7、9标度法进行两两比较构造判断矩阵，标度法如表7-7所示。

标 度 法 含 义　　　　　　　　　　　　表 7-7

标度	含 义
1	i 指标与指标 j 相比，具有同样的重要性
3	i 指标与 j 指标相比，指标 i 略重要
5	i 指标与 j 指标相比，指标 i 比较重要
7	i 指标与 j 指标相比，指标 i 非常重要
9	i 指标与 j 指标相比，指标 i 绝对重要
2，4，6，8	为以上两两判断之间的中间状态对应的标度值

若指标 i 与指标 j 比较得 a_{ij}，则指标 j 与指标 i 比较判断为 $1/a_{ij}$

设某层有 n 个因素，$X=\{x_1, x_2 \cdots x_n\}$，则

$$A=(a_{ij})_n=\begin{bmatrix} a_{11} & a_{12} & \cdots & a_{1n} \\ a_{21} & a_{22} & \cdots & a_{2n} \\ \cdots & \cdots & \cdots & \cdots \\ a_{n1} & a_{n2} & \cdots & a_{nn} \end{bmatrix}$$

A 称为判断矩阵。由上可知，目标层—准则层的判断矩阵为 4×4 的矩阵；区域适用性准则层—指标层的判断矩阵为 4×4 矩阵；系统适用性准则层—指标层的判断矩阵为 4×4 矩阵；技术可行性准则层—指标层的判断矩阵为 3×3 矩阵；系统效益准则层—指标层的判断矩阵为 3×3 矩阵。

7.5.3 确定指标权重

确定各指标的权重是模糊综合评价法的步骤之一。本书采用层次分析法确定其权重。

在此设各级指标的权重都用小数来表示，且第一级指标各指标的权重为 W_i，$i=1$，2，$\cdots n$，n 为一级指标个数。一级指标权重向量为：$W=(w_1, \cdots w_i \cdots w_n)$

各一级指标所包含的二级指标权重向量为：$W=(w_{i1}, \cdots w_{is} \cdots w_{im})$，$m$ 为各一级指标所包含的二级指标个数，$s=1, 2, \cdots, m$。

各二级指标所包含的三级指标权重向量为：$W=(w_{is1}, w_{is2} \cdots w_{imq})$，$q$ 为各二级指标所包含的三级指标个数。

7.5.4 建立模糊评价矩阵

在上一步构造了模糊子集后，需要对评价目标从每个因素集 X_i 上进行量化，即确定从单因素来看评价目标对各模糊子集的隶属度，进而得到模糊关系矩阵：

$$R_i=\begin{bmatrix} & s_1 & s_2 & \cdots & s_m \\ x_{i1} & r_{11} & r_{12} & \cdots & r_{1m} \\ x_{i2} & r_{21} & r_{22} & \cdots & r_{2m} \\ \cdots & \cdots & \cdots & \cdots & \cdots \\ x_{ik_i} & r_{p1} & r_{p2} & \cdots & r_{pm} \end{bmatrix}$$

其中 $s_i(i=1, 2, \cdots, m)$ 表示第 i 个方案，而矩阵 R 中第 h 行第 j 列元素 r_{hj} 表示指标 X_h 在方案 s_i 下隶属度。对于隶属度的确定可分为两种情况：定量指标和定性指标。

7.5.4.1 定量指标隶属度的确定

对于成本型评价因素可以用下式计算：

$$r=\begin{cases}1 & f(x)\leqslant \inf(f)\\ \dfrac{\sup(f)-f(x)}{\sup(f)-\inf(f)} & \inf(f)<f(x)<\sup(f)\\ 0 & f(x)\geqslant \sup(f)\end{cases}$$

对于效益评价因素可以用下式计算：

$$r=\begin{cases}1 & f(x)\geqslant \sup(f)\\ \dfrac{f(x)-\inf(f)}{\sup(f)-\inf(f)} & \inf(f)<f(x)<\sup(f)\\ 0 & f(x)\leqslant \inf(f)\end{cases}$$

对于区间型评价因素可以用下式计算：

$$r=\begin{cases}1 & f(x)\in[a,b]\\ \dfrac{f(x)-b}{\max\{a-\inf(f),\sup(f)-b\}} & f(x)<a\\ \dfrac{a-f(x)}{\max\{a-\inf(f),\sup(f)-b\}} & f(x)>a\end{cases}$$

上面三个式子中：$f(x)$ 为特征值，$\sup(f)$，$\inf(f)$ 分别为对应于同一个指标的所有特征值的上下界，即是同一指标特征值的最大值和最小值，$[a,b]$ 为区间型指标的适度区间，max 表示选取花括号内两数值中较大的那个数值。

7.5.4.2 定性指标隶属度的确定

经过讨论建立评语集 V，例如可取 $V=(V_1, V_2, V_3, V_4, V_5)=$（好，较好，一般，差，很差）。

对于某一定性评价指标 U，专家可以评价某一方案，构建隶属于 V 的隶属度 r_i。其中 $r_i=\dfrac{d_i}{d}$，d 表示参加评价的专家人数，d_i 指对评价指标 U 做出 V_i 评价的专家人数，由此便可确定出定性指标的模糊矩阵。

7.5.5 模糊评价结果向量 B

模糊评价结果向量是根据最末一级指标的隶属度和权重，逐级向上计算。由层次分析法得到了指标权重 W 与其对应的模糊评价关系矩阵 R，通过模糊矩阵的合并运算，得到上一级评价指标综合评价模糊向量：

$$B_i=W\cdot R(i=1,2,3,4)$$

由 B_i 可得更上一级评价指标的综合模糊评价矩阵：

$$B=(B_1, B_2, \cdots, B_n)^T$$

如果 B 是目标 G 的综合模糊评价矩阵，W 是目标层下一级指标层的权向量，由综合评价目标 G 的综合评价模糊向量：

$$G=W\cdot B$$

7.6 北京地区现代有轨电车适用性评价

7.6.1 北京市基本情况

7.6.1.1 城市人口

2020年,北京市总人口规模规划控制在1800万人左右,年均增长率控制在1.4%以内。其中户籍人口1350万人左右,居住半年以上外来人口450万人左右。2020年,北京市城镇人口规模规划控制在1600万人左右,占全市人口的比例为90%左右。

7.6.1.2 城市面积

2020年,北京市建设用地规模控制在1650km²,人均建设用地控制在105m²。其中中心城城镇建设用地规模约778km²,人均建设用地控制在92m²;新城城镇建设用地规模约640km²,人均建设用地控制在112m²;镇及城镇组团城镇建设用地规模约212km²,人均建设用地控制在120m²以内。

7.6.1.3 经济水平

2020年,人均地区生产总值(GDP)突破10000美元;第三产业比重超过70%,第二产业比重保持在29%左右,第一产业比重降到1%以下。

7.6.1.4 城市发展规划

在北京市域范围内,构建"两轴-两带-多中心"的城市空间结构。

两轴:指沿长安街的东西轴和传统中轴线的南北轴。

两带:指包括通州、顺义、亦庄、怀柔、密云、平谷的"东部发展带"和包括大兴、房山、昌平、延庆、门头沟的"西部发展带"。

多中心:指在市域范围内建设多个服务全国、面向世界的城市职能中心,提高城市的核心功能和综合竞争力,包括中关村高科技园区核心区、奥林匹克中心区、中央商务区(CBD)、海淀山后地区科技创新中心、顺义现代制造业基地、通州综合服务中心、亦庄高新技术产业发展中心和石景山综合服务中心等。

中心城是北京政治、文化等核心职能和重要经济功能集中体现的地区。其范围是上版总体规划市区范围加上回龙观与北苑北地区,面积约1085km²。

新城是在原有卫星城的基础上,承担疏解中心城人口的功能、集聚新的产业、带动区域发展的规模化城市地区,具有相对独立性。规划新城11个,分别为通州、顺义、亦庄、大兴、房山、昌平、怀柔、密云、平谷、延庆、门头沟。通州、顺义、亦庄新城规划人口规模为70万~90万人,同时预留达到百万人口规模的发展空间;大兴、昌平、房山新城规划人口规模约60万人;其他新城规划人口规模在15万~35万人之间。

7.6.2 北京市现代有轨电车适用性指标权重

7.6.2.1 北京市道路系统概况

北京市公路网络由国道(主干线)、市道、县道和乡道组成,公路与城市道路的交接点在五环路上。规划全市公路网总里程约为22000km,公路网密度约为1.34km/km²,其中,由国、市道系统组成的干线公路网总长度约为3000km。

(1)中心城道路系统仍保持方格网与环路、放射线相结合的布局,路网由快速路、主干路、次干路和支路组成。其中,快速路系统由3条环路、17条放射线及2条环路联络线组成。中心城规划道路总长度约为4760km，其中干道网总长度为2610km；支路比例约为45.2%。道路网密度为4.4km/km²，道路用地率为16.4%。中心城道路红线规划宽度（不含旧城）：快速路60～80m，主干路40～80m，次干路30～45m，支路20～30m。道路横断面的布置，要为合理组织行人交通、公共交通、机动车与非机动车交通以及公交乘降等创造条件；要为轨道交通、过街设施等预留合适的空间；应尽量保留道路中间及两旁树木，改善城市景观。

（2）结合城市结构调整和新城发展，加快外围新城干线道路网络建设，增加东部、北部道路网密度，形成以高速公路和快速路为骨架、级配合理的路网系统。建立新城与中心城紧密衔接的复合型交通走廊。重点新城规划快速路系统。规划新城道路网密度为5～7km/km²，道路用地率大于20%。

7.6.2.2 交通管理系统

强化交通管理系统建设，充分利用高新技术提高道路交通管理水平和道路交通安全水平。注重公共交通、步行和自行车交通的路权分配。提高全民现代化交通意识，实现城市道路交通系统的高效、安全、便捷、舒适和文明，降低交通能耗和污染。

7.6.2.3 适用性指标重要度打分及权重

根据北京市交通发展战略结合专家调查意见对各指标进行重要度打分，如表7-8～表7-13所示。

准则层重要度打分　　　　　　　　　　　表7-8

	区域适应性	系统适用性	技术可行性	系统社会效益
区域适用性	1	2	3	1/2
系统适用性	1/2	1	2	1/2
技术可行性	1/3	1/2	1	1/3
系统效益	2	2	3	1

准则层重要度权重 $W=(0.482052, 0.117016, 0.217792, 0.18314)$。

区域适用性重要度打分　　　　　　　　　　表7-9

	组团匹配性	运能匹配性	速度匹配性	线网需求匹配性
组团匹配性	1	1/3	3	2
运能匹配性	3	1	2	3
速度匹配性	1/3	1/2	1	1/2
线网需求匹配性	1/2	1/3	2	1

$W_1=(0.261589, 0.453085, 0.118186, 0.167140)$。

系统适用性重要度打分　　　　　　　　　　表7-10

	系统造价	运营效益	用地条件	与其他交通设施协调性
系统造价	1	1/2	1/2	1/3
运营效益	2	1	2	1/2
用地条件	2	1/2	1	1/2
与其他交通设施协调性	3	2	2	1

$W_2 = (0.121322, 0.268529, 0.189879, 0.420271)$。

技术可行性重要度打分　　　　　　　　　　　　　　　表 7-11

	线路条件可行性	车辆技术可行性	运营控制技术可行性
线路条件可行性	1	2	2
车辆技术可行性	1/2	1	1/2
运营控制技术可行性	1/2	2	1

$W_3 = (0.493386, 0.1958004, 0.3108137)$。

社会效益重要度打分　　　　　　　　　　　　　　　表 7-12

	环境效益	景观效益	提高服务水平的效益
环境效益	1	7	1/3
景观效益	1/7	1	1/9
提高服务水平的效益	3	9	1

$W_4 = (0.2897441, 0.0549004, 0.6553555)$。

指标体系权重分布　　　　　　　　　　　　　　　　表 7-13

系统	子系统权重		指标名称	指标权重
区域适用性	0.46	C1	组团匹配性	0.26
		C2	运能匹配性	0.45
		C3	速度匹配性	0.12
		C4	线网需求匹配性	0.17
系统适用性	0.16	C5	系统造价	0.12
		C6	运营效益	0.27
		C7	用地条件	0.19
		C8	与其他交通设施协调性	0.42
技术可行性	0.10	C9	线路条件可行性	0.49
		C10	车辆技术可行性	0.2
		C11	运营控制技术可行性	0.31
社会效益	0.28	C12	环境效益	0.29
		C13	景观效益	0.05
		C14	提高服务水平的效益	0.66

7.6.3 组团形式评价

北京市 2020 年预计人口规模规划控制在 1800 万人左右，北京市建设用地规模控制在 1650km²，人均地区生产总值（GDP）突破 10000 美元，属于发达的大型城市。根据有轨电车地区适用性分析，有轨电车的应用模式类似于巴黎等城市，主要应该应用方式有：城市周边的边缘组团或新城内部的骨干线路、边缘组团或者新城之间联络线，也可用作连接主城和边缘组团的连接线，在某些旅游线路或者某些工业高新开发区内部亦具有较好的适用性。图 7-18 和图 7-19 所示为北京将要建设的边缘组团，现代有轨电车在这些区域均有较好的适用性。

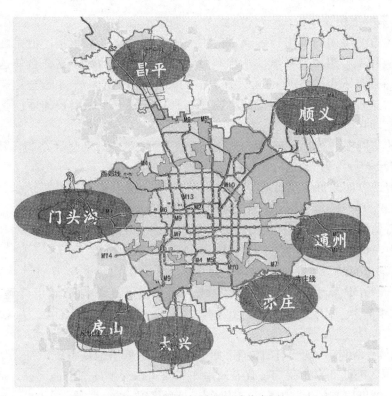

图 7-18 北京市周边新城分布图

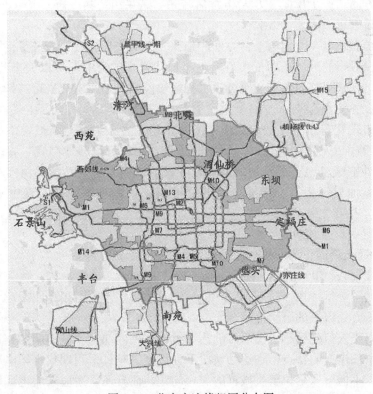

图 7-19 北京市边缘组团分布图

7.6.4 系统适用性评价

北京市各边缘组团内部出行客流目前主要由常规公交系统承担，但是随着中心城区人口的逐渐饱和，各组团及新城要承担起分流城市居民的功能，这样会使这些地区人口迅速上升，出行需求也会相应的大大提高。常规公交逐渐无法满足主要走廊的交通需求，为了应对这种快速增长的客流势必需要一种运能具有不断增长的适应弹性的运输方式，即现代有轨电车。

从国外的实例中，有轨电车的单位公里造价一般在1亿~2亿元之间，其中土建费用大约在2000万~9000万元。

车辆购置费方面，每个模块造价在200万~500万元，以采用三模块编组为例，费用大概在每列600万~1500万元，若采用国产车型，费用可有效降低。

机电设备费用因为线路不同会有所差异，根据国内外有轨电车费用的对比，大体可推知我国有轨电车机电设备费用在1000万~4000万元/km之间。

北京市2009年GDP为11865.9亿元，人均GDP突破1万美元大关。国外资料表明，对于GDP高于1000亿美元的城市，经济已经不再是城市修建轨道交通最大的制约因素，轨道交通的建设主要是为了缓解城市的交通压力、改善交通环境等。

通过以上数据可知，现代有轨电车的平均造价远远低于地铁系统，每公里造价仅为地铁的1/3~1/4，因此北京市采用现代有轨电车不仅可以缓解局部交通问题，适应迅速增长的交通需求，更可以节约大量基础设施投资，一举多得。

人员配置方面：产生单向1万人/h的客流量，若采用公共交通，则需要960名工作人员，而现代有轨电车只需要188名。

可以看出，有轨电车在运营条件方面和地铁及公共交通比较，有较好的适用性。对于北京市而言，在适当的区域采用现代有轨电车取代常规的公交车可以大量节约能源消耗，减少人员占用，有效提高城市交通服务水平与运输能力，是实施交通可持续发展的战略和建设节约型社会的明智选择。

由于北京市现代有轨电车的应用模式主要是用于边缘组团与新城内部，并作为联系中心城和边缘组团以及边缘组团之间交通的纽带，因此可以因地制宜，将车辆段及停车场设置在城市外围区土地资源充足的区域，并采取与周围公交系统共用停车场的方式节约用地，或与其他建筑相结合形成较大的交通枢纽。在车辆段的布置中一定要紧凑布置，合理用地，并要充分考虑利用空间，以达到既用空间又用地面的目的，并根据站场的用途加以确定用地规模。

7.6.5 以顺义新城作为案例分析

顺义新城规划人口90万人，主要产业是现代制造业、空港物流。顺义新城的人口分布及交通发生如图7-20和图7-21所示，由此产生的交通期望路线图如图7-22所示，其中全日交换量在1万人以上的公交需求分布有11条，如图7-23所示。

顺义新城属于人口规模小于100万的边缘组团，其内部主要城镇间的交通走廊具有初期客流较大、增长迅速的特点，在这种情况下在恰当的时机采用现代有轨电车覆盖新城主要的交通走廊，不但可以尽快解决城市的交通问题，而且还能适应新城内部不断增长的客流需要。

图 7-20 顺义新城人口分布图

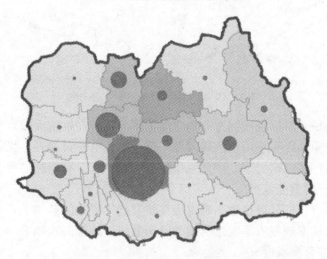

图 7-21 2020年顺义区公交发生量与人口分布图

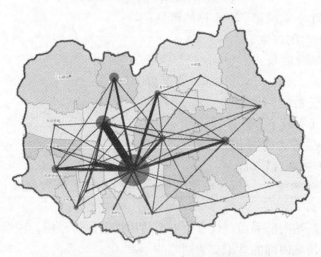

图 7-22 2020年顺义区公交需求分布期望线图

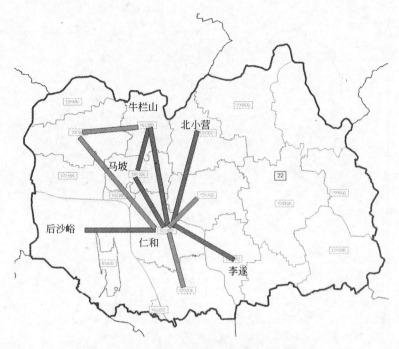

图 7-23 顺义各镇间的主要交通走廊

未来的顺义新城主要以现代制造业和空港物流为主,在解决大量人员出行问题的同时还要考虑城市的能源消耗和环境污染等问题,现代有轨电车低能耗、无污染,能够很好地满足新城的能源与环境战略要求,因此采用现代有轨电车具有较高的社会效益。

7.6.5.1 综合满意度函数

在计算出各评价指标分级指数和确定出系统及指标权重的基础上,运用综合满意度函数法,分别计算各线网规划方案的综合满意度函数值,计算公式如下:

(1)各系统层综合满意度 u_i:

$$u_i = \Sigma W_{ij}(I) f_{ij}$$

式中 f_{ij}——第 i 个子系统第 j 个指标的得分;

W_{ij}——对应 f_{ij} 的权重。

(2)整体综合满意度 U:

$$U = \Sigma W_i(B) \times u_i$$

式中 $W_i(B)$——子系统 i 的权重;

u_i——子系统 i 的得分。

以 U 值的大小,作为线网方案排序和选优的依据。

7.6.5.2 各方案综合评价

通过对评价指标的统计分析,分级计算,其广义效用函数值及评价结果如表 7-14 所示。

通过对北京市新城内部采用现代有轨电车适用性的评价分析,说明现代有轨电车是比较适合作为北京市新城内部的骨干交通网络的。

广义效用函数值及评价结果　　　　　表 7-14

系统	子系统权重		指标名称	指标权重	理论值	指标得分	指标评价	子系统得分	总评价
与城市协调性	0.46	C_1	组团匹配性	0.26		86	较好	84 好	80 好
		C_2	运能匹配性	0.45	6000~15000	82	好		
		C_3	速度匹配性	0.12	20~25	83	好		
		C_4	线网需求匹配性	0.17		85	好		
乘客服务	0.16	C_5	系统造价	0.12	1	71	较好	71 较好	
		C_6	运营效益	0.27		63	差		
		C_7	用地条件	0.19		70	一般		
		C_8	与其他交通设施协调性	0.42		78	较好		
网络效应	0.10	C_9	线路条件可行性	0.49		82	较好	76 较好	
		C_{10}	车辆技术可行性	0.2		73	较好		
		C_{11}	运营控制技术可行性	0.31		72	较好		
建设实施性	0.28	C_{12}	环境效益	0.29		81	好	83 好	
		C_{13}	景观效益	0.05		85	好		
		C_{14}	提高服务水平的效益	0.66		82	好		

总之，现代有轨电车是一种沿固定轨道行驶，运量介于常规公交和地铁之间，客流空间较大，无污染的交通方式，它可以作为大运量轨道交通的延伸和补充，常规公交和大运量轨道交通之间的衔接。现代有轨电车是适宜人口规模在 50 万以上的新城和城市边缘组团、新城内部的一种轨道交通模式，在北京具备道路条件的地区具有很好的适用性。根据有关研究成果对有轨电车的功能分析，预计在未来几年，有轨电车作为大容量公交系统的补充，在北京大致有 500~800km 的需求量。

第3篇 北京现代有轨电车系统技术规定

现代有轨电车系统可以应用于各类规模的城市，大到数百万人口的国际大都市，小到只有十几万人口的小城市。针对北京市，现代有轨电车系统的功能定位，相对于不同区域也不尽相同。国内外的经验表明，在人口众多、市区内地铁系统发达的大城市，现代有轨电车线路一般不进入市中心，往往是在郊区与中心城区接驳或位于卫星城内；在中小城市或卫星城内，现代有轨电车线路多穿过城市的中心区。

为使北京现代有轨电车建设做到安全可靠、经济适用、技术先进、环境友好、符合市情，并有利于可持续发展，需要对现代有轨电车的建设标准进行规定，其主要目标为：

（1）为北京现代有轨电车系统的规划和建设提供基本依据，初步形成地方性标准。

（2）确定基本的运营管理方式，为制定系统管理法律法规提供基本依据。

（3）确定系统基本的系统设置需求和管理水平。

经过研究，北京现代有轨电车将承担以下作用：

（1）起到大容量公共交通干线的作用，最大断面可达到1万人以上。

（2）提高道路资源利用率，改善交通结构，提高服务水平，吸引公交出行。

（3）美化城市景观，降低城市空气污染和噪声污染。

现代有轨电车系统作为城市轨道交通系统的一个分类，以其具备的运量适中、工程简单、投资较低、敷设方式灵活、运营灵活的特点，成为城市公共交通的重要组成部分。本书结合北京市城市特征，系统分析北京市不同区域或新城对现代有轨电车系统的功能需求，研究现代有轨电车适用于北京市的什么地方，系统建设需要什么样的支撑条件，采用运营管理模式的特点，对北京现代有轨电车的技术规定进行研究。

第8章 研究依据和方法

结合西郊线工程设计和调查研究，总结国内外现代有轨电车系统技术特征，基于北京市对公共交通系统和城市轨道交通系统的建设要求，总结、编写北京现代有轨电车系统技术规定体系，明确客流预测、车辆选型、限界、行车组织与运营管理、线路、车辆段、轨道、路基、车站建筑、供电、通信、信号、通风空调、综合监控等专业的参数指标要求和设计技术规定，形成现代有轨电车的基本技术体系。

在研究过程中，主要针对以下特性进行研究：

（1）主要针对系统区别于全封闭的城市轨道交通系统的特殊性进行规定，对于工程建设中的共性问题可参考和使用现行规范。

（2）以采用地面线为主，非全封闭方式运行的钢轮钢轨、低地板铰接车辆、架空接触网或地面三轨授电的有轨电车系统为主要研究对象。

（3）适合北京市具体情况和实施条件，包括气候、交通、工程、管理、维护等。

8.1 车辆

（1）采用钢轮钢轨低地板铰接车辆。
（2）架空接触网或地面三轨授电。
（3）弹性车轮，径向独立轮转向架。

8.2 线路形式

（1）以地面专用道为主，采用路中、路侧、两侧多种布设方式。
（2）随道路行驶，转弯半径小，坡度大。
（3）根据道路情况，采用平交道口。

8.3 运营管理

（1）采用司机人工驾驶。
（2）平交路口按照道路信号行驶。
（3）公交售检票方式。

第9章 北京现代有轨电车系统技术规定

9.1 总则

（1）为使现代有轨电车建设做到安全可靠、经济适用、技术先进、环境友好、符合市情，并有利于可持续发展，特制订该规定。

（2）该规定适用于采用低地板铰接车辆的现代有轨电车工程设计。

（3）工程建设，应符合北京市主管部门批准的有轨电车线网规划。

（4）设计年限应分为近期和远期两个年限。近期为建成通车后第5年，远期为建成通车后第20年。

（5）应采取必要技术措施，使工程符合国家现行城市环境保护的有关规定。

（6）建设规模，在满足不同年限的预测客流的前提下，充分考虑客流特征、沿线土地规划、交通规划和工程条件等因素综合确定。

（7）线路以地面线为主，与城市道路相交时宜以平面交叉为主，局部可采用立体交叉。

（8）设备选型，应采用成熟可靠、经济实用、安全节能、环保的产品，并应考虑标准化、系列化和国产化。

（9）车站应设置无障碍设施。

（10）北京市现代有轨电车工程除应遵循本规定外，还可参考《地铁设计规范》、《城市轨道交通工程项目建设标准》等其他相关规范和标准，并应符合国家现有强制性标准的规定。

9.2 名词术语

9.2.1 现代有轨电车

采用新型低地板多模块铰接钢轮钢轨车辆，弹性车轮，电力牵引，包括电阻、液压、磁轨等多种制动方式，具有美观、环保、适应小曲线半径和大坡度运行、具有较强的起制动能力、以地面专用道为主的城市公共交通系统。

9.2.2 列车

由至少三个模块铰接组成，两端各有驾驶室，能够独立运行的低地板有轨电车。

9.2.3 地面嵌入式三轨供电系统

采用安装在两条走行轨中间，轨面与路面齐平，以分区供电方式保证只有在列车覆盖区域才能带电的有轨电车接触轨供电系统。

9.2.4 路权

路权是指交通参与者根据交通法规的规定，在一定的空间和时间内使用道路，进行交通活动的权利，包含道路的通行权、优先权和占有权。

现代有轨电车的路权是指经交通管理部门确认，在专门的时间和范围内使用专用通道的权利。

9.3 车辆

9.3.1 一般规定

（1）车辆的设计、制造、试验和使用的材料均应符合相关国际标准及中华人民共和国国家标准的相关规定。

（2）车辆所使用的材料、部件或产品满足国家及地方强制性标准和产品认证。

（3）车辆制造应符合北京气候特点。

9.3.2 车辆适用条件

9.3.2.1 自然环境

（1）海拔：不超过1200m。

（2）环境温度：-25～45℃。

（3）相对湿度：最湿月份，平均最大湿度为90%，该月平均温度不大于25℃。

（4）使用环境：车辆可在地面、地下和高架线路上运行，库内检修和停放时温度不低于0℃。

9.3.2.2 线路参数

（1）轨距：1435mm。

（2）最小曲线半径：正线30m，车场线25m。

（3）最大坡度：正线60‰不含曲线折减。

9.3.2.3 供电条件

（1）供电电压：DC 750V。

（2）变化范围：500～900V。

（3）再生制动时不高于1000V。

9.3.3 车辆种类及列车编组

（1）车辆采用钢轮钢轨铰接低地板有轨电车。

（2）列车可根据运能需要，采用多个模块进行编组，并形成适合线路条件的动拖比布置。每列车可独立运行，也可两列或三列连挂运行。

9.3.4 车辆基本参数

9.3.4.1 车辆轮廓尺寸

（1）列车长度：不少于3模块，长度不小于20m；不大于7模块，长度不大于45m。

（2）车体宽度：不大于2650mm。

（3）车体高度：不大于3600mm（轨面至车顶高、新轮、落弓）。

（4）客室地面距走行轨面高度：不大于380mm。

（5）车轮直径：不大于660mm。

9.3.4.2 载客能力
(1) 定员按站立 6 人/m² 计算。
(2) 超员按站立 8 人/m² 计算。

9.3.4.3 车辆轴重
平均轴重不大于 12.5t。

9.3.4.4 列车牵引、制动性能
(1) 列车最高运行速度：不小于 70km/h。
(2) 列车构造速度：不小于 80km/h。
(3) 平均启动加速度：不小于 $1m/s^2$（0~40km/h）。不小于 $0.6m/s^2$（0~70km/h）。
(4) 常用平均制动减速度（70~0km/h）：不小于 $1.1m/s^2$。
(5) 紧急平均制动减速度（70~0km/h）：不小于 $2.5m/s^2$。

9.3.5 主要设备技术标准
(1) 主电路采用 VVVF 主逆变器，一个逆变器单元控制一台或两台牵引电机。
(2) 牵引电机形式：三相四线鼠笼式异步电动机。
(3) 制动系统采用再生制动、电阻制动、液压制动和磁轨制动协调配合。
(4) 辅助电源由蓄电池组、低压电源装置和静止逆变器组成。
(5) 车辆设空调、采暖及通风系统。
(6) 车体材料采用不锈钢或铝合金车体。
(7) 每列车每侧设不少于 4 对电动塞拉门，车门开度 1300mm，车门高度不小于 1800mm。
(8) 客室设贯通通道，贯通道宽度不小于 1300mm，司机室与客室之间设通过门。
(9) 采用独立轮转向架；车轮采用弹性车轮，降低运行噪声。
(10) 车辆具有良好的防火性能。防火要求符合 DIN 5510 的相关标准。
(11) 车辆内部噪声等级应符合 ISO 3095 标准，外部噪声等级应符合 ISO 3381 标准。

9.4 运营组织

9.4.1 一般规定
(1) 根据预测客流、工程建设条件、乘客需求等因素，确定系统的运营规模、运营模式和管理方式，进而确定系统的建设规模。
(2) 在满足乘客运输需求的基础上，做到提高运营效率，降低运营成本。
(3) 运营模式应明确列车运行、调度指挥、运营辅助系统、维修保障系统和人员组织等的管理模式，使系统功能和运营需求紧密结合。
(4) 基本运营状态包含正常运营状态、非正常运营状态和紧急运营状态。系统设计应满足各种运营状态下安全运营的要求。
(5) 地面道路运行路段，宜设置专用道为主，局部可允许地面交通在非高峰时段借道混行，以保证有轨电车最少 3min 的运行间隔。
(6) 列车在正线上按双线右侧运行，人工驾驶，由列车司机通过瞭望监控列车的运营

安全。全线列车运行应采用集中调度。

（7）应设运营控制中心，具备与列车司机即时通话和进行双向通信功能，具备对正线列车和对供电系统进行集中监视的能力。

（8）运营管理机构应满足系统运营管理和运营特点的要求，通过合理安排组织机构，实现安全、高效管理。

9.4.2 设计运输能力

（1）系统设计运输能力，应满足远期预测单向高峰小时最大客流规模的需要。

（2）列车编组宜具备根据客流需求进行不同编组或连挂的条件。列车数量应按照近期运营需要进行配置，远期再根据客运量增长的需要增配。

（3）系统高峰小时的最小列车运行间隔，一般不小于3min，最大列车运行间隔不应大于10min。

9.4.3 路权管理

（1）根据线路条件、运营需求和客流特征，明确沿线各区段的路权及隔离方式。

（2）路权一般可划分为三种：独立路权、半独立路权和共享路权。

1）独立路权：具有独立的通行权、优先权和占有权。线路采用全封闭专用路和专用车道，实现与其他交通方式隔离。地面线段全封闭隔离，与道路相交处，采用立体交叉。

2）半独立路权：与其他交通方式在特殊路段具有优先权，其他路段内拥有独立路权。线路采用全封闭专用路和专用车道。与道路相交处，采用平面交叉，道口享有优先通行权。

3）共享路权：与其他交通方式路权平等，不分高低。与其他交通方式共享相同道路。

9.4.4 行车组织

（1）一列车在正线上至少应配置一名司机驾驶列车。

（2）正常运行状态下，列车在车站停稳后才能开启车门，通过司机目视或技术手段确认车门完全关闭，列车才能启动。

（3）站后折返运行的列车，应在折返站清客后才能进入折返线。在客流量不均匀的线路上，应组织区段运行。列车运行交路应根据各设计年限的客流断面和乘客特点综合确定。

（4）列车在专用道上行驶时，其在曲线上的运行速度应按曲线半径大小进行计算，其未被平衡加速度不宜超过 $0.4m/s^2$。

（5）列车通过路口或在混行道上行驶时，其在曲线上的运行速度，一般情况下未被平衡的加速度不宜大于 $0.6m/s^2$，困难情况下不宜大于 $1.0m/s^2$。

（6）特殊情况下，局部区域可在保证安全的前提下，根据车辆、轨道、维修、环境条件等因素，适当提高列车通过曲线的运行速度。

（7）列车通过道岔的最高速度应根据道岔型号等因素综合确定。

（8）列车通过平交路口时的速度不应大于40km/h，并保证列车通过路口前司机的瞭望距离，大于司机反应时间和施加常用制动所需要距离之和。与地面交通混行的区段应按地面道路的限速规定运行。

9.4.5 辅助配线

(1) 线路的终点站或区段折返站应设置专用折返线或折返渡线。

(2) 当线路长度超过 6km 时，宜在每隔 3~6km 设置供临时折返的渡线。

(3) 车辆段出入线应连通正线。

(4) 车辆段和停车场设置单线或双线出入线，应根据远期线路的通过能力和运营要求经计算确定。

(5) 在有"Y"形支线运行，或与其他线路共线运行的地面线接轨站，其配线应保证进站列车不因进站进路被占用而停止在平交路口。其车站与平交路口之间，应具备暂停一列车的条件。

9.4.6 运营管理

(1) 运营管理包含列车运行管理、客运管理、乘务管理、票务管理、设备运转管理以及车辆和设备系统维护管理。

(2) 应设运营管理中心，具备对列车运行的监视和指挥能力。

(3) 列车运行计划应根据客流需求和沿线交通条件综合确定。

(4) 售检票方式以车下或车上售票，车上检票为主要方式。宜能够使用北京市政一卡通系统统一发行的储值票。

(5) 运营机构和人员数量的安排应本着科技进步、提高管理效率的原则，精简机构和人员。

(6) 运营管理机构应对不同的运营状态制定相应的管理规程和规章制度，包括工作流程和岗位责任，确保在正常、非正常和紧急状态下的安全运营。

(7) 列车乘务制度宜采用单司机、轮乘制。

9.5 线路

9.5.1 一般规定

(1) 线路按其在运营中的作用，分为正线、辅助线和车场线。辅助线包括折返线、渡线、联络线、停车线、出入线、安全线等。

(2) 线路走向应依据北京市有轨电车系统的线网规划，结合客流需求、道路条件、重要建筑、文物保护、环境保护、景观要求、工程筹划等条件综合确定。

(3) 在确定线路走向的基础上，稳定线路起讫点、接轨点和换乘节点。

(4) 车站站位宜充分考虑与城市轨道交通和其他交通枢纽点的衔接换乘。

(5) 根据不同的道路条件和场地条件，线路可采用全封闭、半封闭和混合运营等方式。

(6) 地面线路和高架线路距建筑物的距离，应根据行车安全、消防、减振、降噪、景观和居民隐私等，经综合分析后确定。

(7) 根据防火要求，线路路肩边缘和高架结构外缘与民用建筑间的最小距离应符合《建筑设计防火规范》GB 50016 和《高层民用建筑设计防火规范》GB 50045 的规定。当有轨电车轨与地面建筑合建时，应综合考虑防火、减振、降噪和结构安全等。

(8) 选线设计宜避免高填、深挖、长路堑和高大挡土墙等路基工程，并绕避不良地质条件的地段。对受洪水影响大或河流冲刷严重的地段，或降雨量大、降雨强度高、降雨历时长的区域，宜予以绕避。无法绕避时，应采用桥涵通过或选用其他适宜的工程措施。

（9）软土地基地段，应从经济、养护、病害等方面综合分析，确定合理的线路敷设方式。

9.5.2 线路平面

（1）正线采用双线右侧行车制，轨距为 1435mm。

（2）曲线半径应根据车辆类型、列车设计运行速度和工程难易程度综合确定，最小曲线半径不得小于表 9-1 规定的数值。

最 小 曲 线 半 径　　　　　　　　　表 9-1

线路		一般情况(m)	困难情况(m)
正线	$V \leq 50$km/h	150	30
	50km/h$<V \leq$70km/h	300	150
辅助线		100	25
车场线		25	20

（3）线路正线当 $V \leq 70$km/h，曲线半径 $R > 1500$m 时，可不设缓和曲线，但其超高顺坡应在直线段完成。正线曲线半径 $R \leq 1500$m 时，圆曲线与直线间应设置缓和曲线。缓和曲线的长度应结合曲线半径、超高设置及设计速度等因素综合确定，其长度可按照表 9-2 的规定采用。

缓 和 曲 线 长 度　　　　　　　　　表 9-2

V \ L \ R	70	65	60	55	50	45	40	35	30	25	20
3000	—	—	—	—	—	—	—	—	—	—	—
2500	—	—	—	—	—	—	—	—	—	—	—
2000	15	—	—	—	—	—	—	—	—	—	—
1500	20	15	15	15	—	—	—	—	—	—	—
1200	25	20	20	15	—	—	—	—	—	—	—
1000	30	25	25	20	—	—	—	—	—	—	—
800	40	35	30	25	15	—	—	—	—	—	—
700	45	35	30	25	15	15	—	—	—	—	—
650	45	40	35	30	15	15	—	—	—	—	—
600	50	45	35	30	20	15	—	—	—	—	—

续表

V＼L＼R	70	65	60	55	50	45	40	35	30	25	20
550	55	45	40	35	20	15	15	—	—	—	—
450	60	55	50	40	25	20	15	—	—	—	—
400	60	60	55	45	25	20	20	15	—	—	—
350		60	60	50	30	20	20	15	—	—	—
300		60	60	60	35	25	25	20	15	—	—
250			60	60	60	40	30	30	20	15	—
200				60	40	40	35	25	20	15	—
150					40	40	40	35	25	20	—
100							40	40	35	25	20
50										40	35
30											40

(4) 地面线平交路口专用道或与地面道路混行的曲线地段，可不设超高。列车运行速度可按下式计算：

一般情况 $V \leqslant (0.6R)^{1/2}$ m/s；

困难情况 $V \leqslant R^{1/2}$ m/s。

(5) 正线上的圆曲线最小长度一般不小于 15m，困难情况下不小于一个单元（模块）车的长度，两相邻曲线间的夹直线长度一般不小于 15m，困难情况下不小于一个单元（模块）车的长度。

(6) 车站站台段线路宜设在直线上，困难情况下必须设在曲线上时，曲线半径不得小于 400m，曲线站台与车门的间隙应保证乘客安全。

(7) 道岔应靠近站台设置，其基本轨端部至站台端部不应小于 5m。

(8) 正线和辅助线采用的道岔不得小于 7 号，车场线采用的道岔不得小于 3 号。

(9) 车站端部的安全线有效长度不小于 20m（包括车挡长度）。

9.5.3 线路纵断面

(1) 区间正线最大坡度一般不大于 50‰，困难条件下为 60‰；以上均不考虑平面曲线对坡度折减值。

(2) 区间线路最小坡度的设置应因地制宜，以确保排水的需要。

(3) 采用地面线的平交路口或混行地段，轨面应与道路面齐平。

(4) 道岔宜设在不大于 5‰ 的坡道上，困难地段可设在不大于 10‰ 的坡道上。

(5) 地面车站应该与地面道路的坡度相同，宜设在不大于 10‰ 的坡道上，困难地段不宜大于 20‰。

(6) 两相邻坡段的坡度代数差大于或等于 2‰时，应设竖曲线连接，竖曲线的半径应考虑一定的轻轨运行速度和乘客舒适度，参考表 9-3。

竖曲线半径 表 9-3

线别		一般情况(m)	困难情况(m)
正线	区间	2500	1600
	车站端部	500	300
辅助线		300	
车场线		300	

(7) 线路纵向坡段长度不宜小于远期列车计算长度。
(8) 相邻竖曲线间的夹直线长度不宜小于 30m。
(9) 道岔范围不得设置竖曲线，竖曲线离开道岔端部的距离不应小于 5m。
(10) 高架桥桥下净空应满足相关城市道路设计要求。

9.6 限界及轨旁系统

(1) 限界分为车辆限界、设备限界和建筑限界。接触网限界或地面嵌入式三轨限界是设备限界的组成部分。
(2) 车辆类型为 100% 低地板 4 轴、6 轴或 8 轴铰接车辆，每列车由 3～7 个模块组成，可 2～3 列连挂运行。限界制定应适应铰接车辆的动态包络线特点。
(3) 乘客疏散模式为车厢侧门疏散，建筑限界应包含乘客疏散通道所需空间。
(4) 地面线沿道路敷设的线路，应根据限界要求和道路相关设计规范，设置必要的隔离设施或警示标志。
(5) 平交道口接触网导线安装高度限界应综合考虑各种跨越线路的道路交通高度限界要求。平交道口线路两侧，应设置必要的限高设施。
(6) 区间轨旁电缆及附属设备布置应考虑防盗措施。
(7) 区间轨旁设备的布置应结合景观综合确定。
(8) 区间轨旁电缆布置宜采用电缆沟的敷设方式。
(9) 区间隧道建筑限界与设备限界之间的空间，应考虑设备和管线安装所需的尺寸，并预留安装误差、测量误差和变形等所需的安全间隙 50mm。建筑限界和设备限界之间的最小间隙不宜小于 200mm，困难条件下不小于 100mm。
(10) 隧道、地面及高架车站直线段建筑限界应符合下列规定：
1) 站台面至轨顶面高度在任何情况下，不应低于车门处客室地板面；
2) 站台边缘至线路中心线距离，在站台计算长度范围内应不小于车辆限界+10mm；在站台计算长度范围外应不小于设备限界+50mm；
3) 曲线站台边缘与车辆轮廓线之间的最大间隙不应大于 180mm。
车站范围内其余部位建筑限界，按区间建筑限界的规定执行。

9.7 轨道

9.7.1 一般规定

(1) 轨道系统的设计和选型应符合运营特征,并满足环境景观和道路交通的要求,同时保证易磨损部件的可更换性。

(2) 轨道应具有安全、稳定、耐久,既有刚度又有适量的弹性,以确保列车运行平稳、安全和乘客舒适,并尽量减少养护维修工作量。

(3) 钢轨按年通过总质量选型,同时要从本线运量增长的需要出发,考虑技术经济的综合效益。

(4) 扣件力求简单、弹性好、扣压力适度、造价低,并具有通用性和互换性,安装维修方便,并满足绝缘的要求。

(5) 全线应尽量统一轨道设备类型。

(6) 根据沿线环境的不同要求,宜采取统一轨道减振设计,结合环境防噪减振其他措施,以满足不同地段的减振减噪要求,减少对周围环境的干扰。

9.7.2 主要技术规定

(1) 轨道采用 1435mm 的标准轨距。

(2) 钢轨应优先采用 Ri60/R10 槽型轨。正线区间采用无缝线路,并根据轮轨匹配的要求合理设置轨底坡。

(3) 扣件应能满足轨道电气绝缘的要求。当技术经济综合指标接近时,应优先采用本市地铁系统已定型的扣件及轨枕。

(4) 地面线专用道应根据总体景观设计的要求确定道床结构,并设置必要的排水设施。

(5) 地面线混行道部分采用平过道整体道床,轨行区表面做硬化,能承受地面重型汽车的荷载。

(6) 正线采用不小于 7 号道岔;车场线采用 3 号道岔。

9.8 车站

9.8.1 一般规定

(1) 车站是乘客集散和乘降的场所,车站站位应与城市用地规划和地面交通规划相互协调。站址应选在客流量大、便于乘客乘降的地方。处于轨道交通线网规划中不同线路交点上的车站,应结合周围环境特点布置站位,既要方便轨道交通不同线路车站之间的换乘,又要方便与其他公交系统的换乘。

(2) 车站应以地面站为主,地下和高架站为辅。并根据线路所处的地理位置、周围环境、道路交通等合理选择车站站台型式。

(3) 地下车站应满足《地铁设计规范》GB 50157 的相关规定。地面和高架站满足本规定外,尚应满足《建筑设计防火规范》GB 50016 等国家、北京市的相关规定。

(4) 换乘站应根据远期客流要求,工程分期实施的条件,近远期结合,合理选择车站形式、换乘方式及其规模，为乘客创造良好的换乘条件。

（5）车站规模应满足远期高峰小时预测客流集散量和运营的需要，还应满足事故发生时乘客紧急疏散的需要。

（6）车站建筑设计应妥善处理好与周边建筑、道路和环境等之间的关系，与环境协调。

（7）车站围护结构应综合考虑遮雨雪、遮阳、通风、隔热以及日常的清洁维护。

（8）车站应设无障碍设施。

9.8.2 总平面

（1）应根据车站所在位置周围的环境条件、城市规划部门对车站布局的要求，确定车站总平面。结合地面的主要客流点如公交站点、居民区、风景园林等场所，合理布置车站出入口。

（2）车站及独立设置的出入口与各类民用建筑物的间距，应符合规划、消防、人防、文保和环保等管理部门的要求。

（3）含有混行系统的地面车站，采用侧式车站时，应尽量采用分离侧式车站，将两站台分别位于平交路口的两侧，减少列车停靠次数，提高全线旅行速度。

（4）设置于机动车道中央的车站，当采用站台端部一侧作为乘客主要出入口时，出入口至路口或人行横道边缘的距离不应小于15m。

（5）与轨道交通线路、地面公共交通线路等之间的换乘，可采用非付费区换乘，但应尽量缩短换乘距离，方便乘客换乘。

（6）中间站周边应根据需要在车站周边设置一定数量的自行车停车场。起终点站应结合整个城市交通规划，设置必要的P+R停车，方便乘客乘降。

9.8.3 平、立、剖面布置

（1）地面和高架车站宜为开敞式，不设设备及管理用房，起终点站可根据需要设置少量设备及管理用房。

（2）地面和高架车站主要由站台和站台上的候车设施等组成，高架和地下车站主要由站台、站台上的候车设施和出入口等组成。

（3）站台应设置满足乘客候车所需的扶手、座椅、候车棚、信息指示牌、自动售票机等相关设施。高架和地下车站应设楼梯连接站台和地面，必要时也可采用坡道、自动扶梯等设施连接地面。

（4）车站有效站台长度应不小于远期列车编组长度加停车误差。

（5）车站站台计算总宽度，应以车站高峰小时最大设计客流量为计算依据，具体公式如下：

$$B=(N_1/N_2)\rho/L$$

式中 N_1——高峰小时最大设计客流量；

N_2——行车对数；

ρ——站台上人流密度，0.33～0.75m²/人，一般取0.5m²/人；

L——车站计算长度，m。

注：N_1/N_2的取值经初、近、远综合比较后，取大值。

(6) 当靠近线路一侧的站台设半高栏杆及站台门时,以其围合的长度作为站台计算长度;当靠近线路一侧的站台未设以上设施时,以有效站台长度作为站台计算长度。

(7) 侧式站台最小宽度不宜小于 3.0m,岛式站台最小宽度不宜小于 5m。位于机动车道路中间地面站,站台宽度可适当减少。

(8) 设置于机动车道路中间的地面车站,其相邻机动车道与站台边缘应设置安全防护措施。

(9) 设有少量设备及管理用房的起终点车站,管理用房区和公共区应分区明确、合理组合、互不干扰,并满足相应的功能要求。

(10) 客流较大的换乘站和起终点站,进出站流线应尽量避免交叉,换乘客流与进出站客流应尽量分开,乘客购票及使用公共设施时不应妨碍客流通行。

(11) 地面车站应采用无障碍坡道连接车站站台和城市道路的无障碍系统。高架和地下车站应至少有一处出入口设置无障碍电梯,满足无障碍进出车站的需要。其位置宜选在交通方便、少干扰、并应与周围城市无障碍交通系统衔接,以便于使用和统一管理。

(12) 车站候车棚距站台装修面高度应不小于 3000mm。候车棚边缘距线路中心线的距离应满足限界的要求。候车棚屋面排水应不影响乘客正常上车。

(13) 独立设置的出入口防淹平台高度应比附近规划地面防洪设防标高高出 450mm,如不满足时,应设防淹挡板。

9.8.4 车站装修与导向

(1) 车站装修应采用防火、防潮、防腐、耐久、易清洁、安全的环保材料。并应便于施工与维修,构件宜标准化、模数化。地面材料应防滑。

(2) 车站内和车站外 500m 范围,应有统一的导向标志、标识。

(3) 车站内的各种标识和广告,应有统一规格和造型,且应安装坚固、位置适当,并与车站建筑装修融为一体。标识系统的设置应优先于广告。

(4) 地面及高架车站的灯具应节能、耐久、防尘、抗风,并便于维修更换和清洁保养。

9.9 结构

9.9.1 一般规定

(1) 结构设计应依据可靠完整的资料,针对地形地貌、工程地质、水文地质和周围环境特征,综合考虑运营要求和施工条件,通过技术、经济、工期比较,使选择的施工方法和结构形式符合安全适用、经济合理和环境保护的要求。

(2) 结构的净空尺寸应满足建筑限界和使用及施工工艺的要求,并考虑施工误差、结构变形、位移及后期沉降影响。

(3) 有轨电车车辆轴重应按照车辆厂商提供的标准值采用,并应按其实际轴重和排列计算,并考虑动力作用的影响,同时应按线路通过的重型设备运输车辆荷载进行结构强度与变形验算。

(4)高架结构应结合沿线的城市规划、道路交通、河流分布、周围环境、工程地质、水文地质、市政管及施工作业条件，选择合理的桥跨结构形式。

(5)高架结构跨越铁路、公路、城市道路时，桥下净空应满足铁路、公路、城市道路限界要求。跨越通航河流应满足《内河通航标准》GB 50139—2004 的相关要求，必要时进行通航论证。

(6)地下结构的设计，应减少施工中和建成后对环境造成的不利影响，考虑城市规划引起的周围环境的改变对结构的作用。

(7)区间结构设计首先参照《地铁设计规范》执行。执行过程中，可根据具体情况参照选用与之配套的其他现行国家、北京市地方规范(规程)及其他有关强制性标准的规定。

9.9.2 地面及高架结构

(1)高架区间桥上部结构应考虑供电、通信、信号、轨道等各系统设备及管线的设置，为各专业接口预留条件，同时应考虑结构防迷流和桥面防水、排水措施。特殊地段必要时宜考虑设置声屏障。

(2)地面车站结构设计原则上按照国家现行建筑设计规范执行。

1)地面车站结构设计基准期为 50 年。结构的耐久性按 50 年设计。

2)地面车站抗震设防类别为丙类。抗震设防烈度为 8 度，结构抗震等级根据《建筑抗震设计规范》确定。

(3)高架车站结构设计除按照国家现行建筑设计规范设计外，尚需对行车轨道以下部分的构件采用国家现行铁路桥涵设计规范进行验算。

1)高架车站结构设计基准期为 50 年。行车轨道以下部分结构的耐久性按 100 年设计。

2)高架车站抗震设防类别为丙类。

9.9.3 地下结构

(1)与地面线相接的区间隧道入口处应作防洪设计。

(2)U 形槽设计时应核算动荷载作用下的地基承载力，必要时进行地基处理。

9.9.4 工程防水

地下结构防水设计参照北京市地方标准《轨道交通地下工程防水技术规程》执行。

9.10 供电系统

9.10.1 一般规定

(1)在满足安全性要求的基础上，综合考虑可靠、节能、环保和经济适用。

(2)供电系统包括外部电源、牵引供电系统、动力照明供电系统、电力监控系统、杂散电流腐蚀防护系统。

(3)牵引用电负荷可为一级负荷或二级负荷；动力照明等用电负荷按照其失电对人身安全及运营的影响程度进行分级。

(4)供电电压采用直流 750V，牵引网电压水平为 900～500V 牵引网系统可采用架空接触网或其他牵引网方式。

(5) 供电系统在满足安全性、功能要求的前提下，系统接线应简单。
(6) 交流电气设备的接地应符合现行电力行业标准《交流电气装置的接地》DL/T 621 的规定。

9.10.2 外部电源

(1) 外部电源可采用集中式供电、分散式供电或混合式供电。当城市电网能够满足有轨电车建设的技术要求时，宜采用分散式供电。
(2) 外电源应采用国家标准电压等级。分散式供电应按照城网中压电压等级选择。
(3) 公共连接点处应设置隔离电器。

9.10.3 中压供电网络

(1) 中压网络的电压等级应根据用电容量、供电距离、城市电网现状及发展规划等因素综合确定。
(2) 中压网络宜采用牵引动力照明混合网络形式。
(3) 中压供电网络应按列车运行的远期通过能力，应满足用电设备不同运行方式的要求。不考虑同一供电分区的两路中压网络线路同时故障的情况。

9.10.4 变电所

(1) 变电所可分为主变电所、电源开闭所、牵引变电所和降压变电所。电源开闭所、牵引变电所、降压变电所可合建。有条件时，车站牵引变电所与降压变电所合建。
(2) 牵引负荷应根据线路远期运营高峰小时行车密度、列车编组、车辆型式及特性、线路条件等计算确定。
(3) 牵引变电所根据运营需求可设置一套或两套牵引整流机组。当设置两套牵引整流机组并且同时运行时，一套牵引整流机组退出运行时，另一套牵引整流机组具备运行条件时不应退出运行。
(4) 牵引变电所可根据规划要求，设于地面、地下和高架桥下。当设在地面和高架桥下时，应与城市规划相协调，并预留电缆接入条件。
(5) 直流牵引馈出线可采用上、下行分路或并路馈电，分别设置用于检修的上网隔离开关。

9.10.5 牵引网

(1) 牵引网系统采用接触网时，由接触网和回流网组成。接触网正极送电，走行轨负极回流。
(2) 接触网形式应根据城市发展定位、车辆受电要求、线路条件所涉及的安全性、可靠性、经济性和景观等综合确定。
(3) 隧道内接触线距轨面的最低高度为 4000mm。地面专用线路接触线距轨面的最低高度为 4400mm，非专用线路或平交道口接触线距轨面的最低高度为 4800mm。
(4) 接触网除满足自身强度等要求外，尚应根据牵引供电计算确定导体截面。
(5) 采用架空接触网时，车辆段、停车场及平交路口处宜结合规划条件设置限界门。
(6) 对易受机动车辆损伤的支柱，应采取必要的防护措施。
(7) 牵引网采用其他方式时，均应确保在平交路口与非封闭线路上，行人与其他车辆的安全。

9.10.6 电力监控系统

(1) 供电系统应设置电力监控系统。

(2) 电力监控系统应包括电力调度系统(主站)、变电所综合自动化系统(子站)及联系两者的专用数据传输通道。

(3) 电力监控系统应满足变电所无人值班的要求。

(4) 监控对象宜包括遥控、遥信、遥测和遥调对象四部分。

9.10.7 杂散电流腐蚀防护与接地

(1) 走行轨与相邻结构(或大地)之间的过渡电阻值不小于 2Ω·km,走行轨纵向电阻任意两点间压降不大于 2.5V。

(2) 对整体道床内的钢筋进行电气连接,建立杂散电流排流网。碎石道床宜采取其他杂散电流腐蚀防护措施。

(3) 牵引变电所应设置杂散电流防护监测及排流设施。

(4) 走行轨应焊接成长钢轨,并在上、下行间设置均流线,均流线间距宜不大于 300m。

(5) 应利用结构主体钢筋等自然接地极作为接地装置。若接地电阻不满足要求,可补充人工接地极,自然接地极和人工接地极应能分别测量其电阻值。

(6) 变电所接地装置的接触电压和跨步电压应符合现行电力行业标准《交流电气设备的接地》DL/T 621 的规定。

(7) 除本规定的要求外,杂散电流防护其他要求参考现行行业标准《地铁杂散电流腐蚀防护技术规程》CJJ 49 的规定。

(8) 过电压保护应符合现行电力行业标准《交流电气装置的过电压保护和绝缘配合》DL/T 620 的规定。

9.10.8 动力照明

(1) 应满足安全、可靠、环保节能和经济合理的要求。

(2) 车站动力照明系统的低压配电采用 220/380V TN-S 系统,地面区间宜采用局部 TT 系统。

(3) 动力照明用电设备的负荷分级应根据用电负荷性质、供电可靠性要求及中断供电造成的影响程度并参照《供配电系统设计规范》GB 50052 和《地铁设计规范》GB 50157 的相关规定进行。

(4) 配电设备宜集中布置。配电室内配电设备的布置应符合《低压配电设计规范》GB 50054 的规定。

(5) 照明系统应结合线路周边道路照明条件综合考虑。

9.11 通风空调系统

(1) 地面及高架站公共区应尽可能按满足自然通风的条件进行设计。

(2) 当地下区间隧道的地下段长度大于 500m 时,应设置机械通风排烟系统;并满足《建筑设计防火规范》GB 50016 的相关规定。

(3) 地面变电站宜采用自然通风降温,当自然通风不能达到设备对环境要求时,宜采用机械排风，自然进风的方式。

（4）地面线路的设备及管理用房应根据功能要求设置局部空调系统，发热量大的设备用房空调系统宜与管理用房空调系统分别独立设置。

（5）车站公共区可不设置采暖系统。地面线路的管理用房需设采暖装置，设备用房根据工艺要求设采暖装置。采暖热源宜采用电力或其他无污染热源。地面车站及区间变电所的通风与空调系统可仅设置就地控制。

（6）区间隧道内通风系统的控制可设置中央控制、就地控制两级。

（7）通风空调系统的噪声控制应符合《声环境质量标准》GB 3096 的相关规定。

（8）全封闭声屏障内部应采取有效的自然通风或机械通风措施。

9.12 给水排水及消防

（1）给水水源应优先采用市政自来水，充分利用市政水压。当沿线无市政自来水时，可采取其他可靠的给水水源。

（2）排水系统的污水、废水和雨水的排放应符合当地和国家现行排放标准和排水体制的规定。

（3）全线按同一时间内发生一次火灾设计。火灾延续时间消火栓系统为 2h。

（4）地面及高架车站的消防系统应满足《建筑设计防火规范》GB 50016 的相关规定。

（5）地下车站的消防系统应满足《地铁设计规范》GB 50157 的相关规定。

（6）区间隧道每线设一根消防给水管，管径根据消防流量核算确定，沿线路走向设置 $DN 65$ 的消火栓头，间距不大于 50m。每个消防供水分区引入两路不小于 $DN 150$ 的市政水源。

（7）每个消防供水分区，当市政自来水的供水水量和水压能满足消防要求时，该供水分区可不设置消防加压稳压设备。

（8）生产、生活给水系统的布置，根据《建筑给水排水设计规范》的规定确定。

（9）循环冷却水系统补水、浇洒、绿化等用水，宜优先采用市政再生水作为水源。

（10）应采取必要的措施防止杂散电流对系统的腐蚀。

（11）应按照现行《建筑灭火器配置设计规范》的规定配置灭火器。

9.13 通信系统

9.13.1 一般要求

（1）现代有轨电车通信系统应满足正常运营管理所必需的调度、监控、信息传输、乘客服务等功能，准确传递语音、文字、图像和数据等多种信息。

（2）通信系统应满足专用通信系统的基本功能需求，在地下区间可增设公安通信系统和政务通信系统。

（3）通信系统在紧急情况下应能迅速转变为供防灾救援和事故处理的指挥通信系统。

（4）通信系统应是安全、可靠的，能够连续 24h 长期不间断地运行。

（5）通信系统设备应符合电磁兼容性的要求，并应具有抗电气干扰性能。
（6）通信系统应预留有一定的扩容和升级的能力。
（7）除本规定外，系统设计还可参照《城市轨道交通工程项目建设标准》的相关规定。

9.13.2　专用通信系统

（1）专用通信系统应基本包含传输系统、公务电话系统、专用电话系统、无线通信系统、闭路电视监视系统、时钟系统、电源及接地系统。根据运营及管理需求还可设置乘客信息系统、广播系统及办公自动化系统。
（2）传输系统应为通信系统中的各子系统，以及环境与设备监控系统、电力监控系统、调度系统提供可靠的、冗余的、可重构的、灵活的传输通道。
（3）公务电话系统应提供有轨电车工作人员与内部及外部进行公务联络的需要。
（4）专用电话系统应提供控制中心调度员与相关部门调度联络的需要。
（5）有条件时，宜采用公务和专用电话网合一的方式。
（6）无线通信系统应满足有轨电车控制中心列车调度、车辆段调度与列车司机、防灾、维修等移动人员之间的语音通信的需要。
（7）无线通信系统采用的工作制式应符合国家有关技术标准，所采用的工作频段及频点应由当地无线电管理部门批准。无线通信系统根据业务需求宜采用数字集群移动通信系统。
（8）闭路电视监视系统应与公安视频监控系统资源共享，应在运营控制中心及公交总队设置监控终端，可监视全线运营及安全情况。
（9）闭路电视监视系统应对全线摄像机进行不间断录像，录像保存时间不低于15d。
（10）通信系统应为一级负荷。接地、防雷系统应确保人身和通信设备的安全及正常工作。
（11）根据运营需求，可设置正线及车辆段广播系统，正线宜在客流密集车站及地下隧道区间设置广播设备。
（12）控制中心应设置时钟系统，对各系统提供统一的时间信号。
（13）可根据需要设置乘客信息系统，向旅客提供运营信息和其他多媒体信息服务，应保证列车最高时速为70km/h时播出画面的清晰流畅。
（14）可根据需要设置办公自动化系统，在车辆段办公用房设置办公自动化信息点。

9.13.3　公安、政务通信系统

地下区间的公安、政务无线覆盖宜考虑合建方式。

9.14　调度系统

9.14.1　一般规定

（1）本技术规定针对采用司机驾驶保证行车安全的有轨电车工程制定。
（2）调度系统应具备道岔控制和调度管理两部分功能。

（3）调度系统由道岔控制系统、调度管理系统组成。

（4）调度系统设备按地域可划分为控制中心、正线轨旁、车辆段（场）、车载、维修及培训中心五个部分。

（5）系统采用的设备、器材应适用于北京地区运行环境的要求。

（6）除本规定外，系统设计还可参照《城市轨道交通工程项目建设标准》的相关规定。

9.14.2 道岔控制系统

（1）系统应满足对道岔进行控制的功能，实现道岔的转动、锁闭和解锁，信号机正确反映道岔状态。

（2）道岔控制方式应根据配线及运营需求等选择联锁控制方式或车载遥控方式。

（3）道岔区段应设防护信号机，信号机宜设置在列车运行方向的右侧，特殊情况可设于列车运行方向的左侧或其他位置。

9.14.3 调度管理系统

（1）系统应能够实现对全线列车运行的自动监视，具备列车自动识别、监视、车次号显示功能。

（2）根据运营需求，系统还可具备时刻表编制及管理、运行统计及报表生成处理等其他功能。

（3）同一调度管理系统可监视一条或多条运营线路。监视多条运营线路时，应保证各条线路具有独立运营或混合运营的能力。

（4）运营线路上的列车应纳入调度管理系统监视范围，车辆段（场）可部分或全部纳入系统的监视范围。

9.15 综合信息系统（IMS）

9.15.1 一般规定

（1）现代有轨电车可根据运营模式和管理需求，在线路中心设置综合信息系统（IMS），共享信息资源，满足远程实时监控要求。

（2）IMS可实现对各个相关系统的数据信息接口，实现无缝连接，满足整体性能要求。

（3）IMS宜采用模块化设计，易于扩展，并预留与上一级管理单位的接口。

（4）除本规定外，系统设计还可参照《城市轨道交通工程项目建设标准》的相关规定。

9.15.2 主要技术规定

（1）IMS宜设置中心级IMS、网络管理和设备维护管理系统。

（2）IMS应采用分层、分布式结构，开放的、标准的通信协议，并应采用行之有效的故障隔离和抗干扰措施。

（3）IMS软件宜包括数据接口层、数据处理层、人机接口层三个层面。

（4）系统软件平台应采用成熟产品，并具备进行二次开发能力。

9.16 环境与设备监控系统(BAS)

(1) 现代有轨电车的地面车站不设置环境与设备监控系统(BAS),地下区间宜设置BAS系统,车辆段可结合实际情况考虑设置BAS。

(2) BAS宜纳入综合信息系统。

(3) BAS监控对象宜包括如下系统设备:通风空调系统、给水排水系统、电扶梯系统等。

(4) 防排烟系统与通风系统合用的设备由BAS统一监控,火灾工况由FAS发布火灾模式指令,BAS优先执行相应控制程序。

(5) BAS设计应模块化、标准化,统一接口标准。BAS系统功能及软件应根据实际情况进行配置,并便于扩展。

(6) 除本规定外,系统设计还可参照《城市轨道交通工程项目建设标准》的相关规定。

9.17 火灾自动报警系统(BAS)

9.17.1 一般规定

(1) FAS设计应贯彻"预防为主、防消结合"的消防工作方针,应遵循国家有关的法规和规定,并应符合公安消防部门的有关规定。

(2) 通过控制中心与市防洪指挥部门、地震检测中心、消防局119火警通信。

(3) 地面站及车辆段按照《建筑设计防火规范》设计火灾自动报警系统(FAS),地下区间宜设置FAS。

(4) FAS应具有高可靠性及稳定性,系统所采用的技术应先进,并具备强抗电磁干扰能力,具有组网灵活、容易维护、容易扩展的特点。

(5) FAS所采用的设备必须满足国家对消防产品有关强制性认证和型式认可的相关要求。

(6) 地下区间、地下(地面)变电所的消防设备按就近的原则,纳入就近地面车站或车辆段监控管理。FAS具有最高优先权。当发生火灾时,FAS向BAS发出控制指令,BAS按预定的火灾模式,将相应的机电设备转换为火灾运行模式,若未设置BAS则FAS直接进行消防联动。

(7) 火灾报警控制器应设有自动和手动两种触发模式,系统容量留有一定余量。消防水泵、专用排烟风机、专用正压送风机等重要的消防设备除设FAS自动控制外,应设置手动直接控制装置。

(8) 除本规定外,系统设计还可参照《城市轨道交通工程项目建设标准》的相关规定。

9.17.2 主要技术规定

(1) 地下区间宜设手动火灾报警按钮,隧道入口100~150m处应设置火灾事故发生后提示禁入隧道的报警信号装置。当地下区间隧道长度大于500m时,应考虑设置手动火灾报警按钮及电话分机、火灾自动探测装置。

（2）车辆段未设置广播系统的单体建筑，FAS宜在该区域设置警铃。

（3）FAS采用集中供电方式。系统电源为消防负荷，并自备蓄电池装置，备用时间不小于60min；工作站、打印机等设备由UPS电源供电。

9.18 售检票系统

（1）北京现代有轨电车售检票系统采用独立运营、半封闭方式，系统可采用单一票价或分段计程票价制。

（2）系统宜采用车上检票方式。对于客流量较集中的车站也可将站台封闭，在站台上临时设置移动检票设备进行检票。

（3）系统采用北京市政一卡通系统发行的储值票，在沿线合适的位置设置充值、查询设备对一卡通车票充值、查询。

（4）单程票可采用人工在列车上向乘客发售的方式，也可在站台上设置自动售票机。

（5）系统通过线路中心与一卡通中心间的接口来实现系统的票务清分。

（6）系统设计应可靠、安全，具备可扩展性和可维护性。

（7）系统设备应能适应 7×24h 不间断工作的要求。

（8）系统设备应满足北京市自然环境条件、车站环境条件抗电磁干扰的要求。

（9）系统设计应满足北京市收费系统的其他相关规定。

9.19 车辆基地

9.19.1 一般规定

（1）车辆基地的功能定位应符合北京市有轨电车网络规划的要求。

（2）选址应尽量靠近正线，具备良好的接轨条件。

（3）设置规模应充分考虑与有轨电车网络和城市轨道交通在设备设施上的资源共享及社会化的可能性。

（4）应积极推广新技术、新工艺、新材料和新设备，推行设备国产化。

（5）车辆基地的设计应有完善的消防措施。总平面布置、房屋建筑、设备和材料的选用等均应符合《建筑设计防火规范》GB 50016 的要求。

（6）对基地所产生的废气、废液、废渣和噪声等应进行综合治理。环境保护设施应与主体工程同时设计、同时施工、同时投产。

（7）车辆基地应保证与场外有顺畅的通道，出入口不少于2处。

（8）车辆基地设计应考虑新采购车辆和大型设备的进入条件。

9.19.2 工艺技术规定

（1）车辆段列车运用整备和检修设施的设计应参照《地铁设计规范》GB 50157 和有关技术规范、标准的规定。

（2）车辆检修执行以里程为依据的预防性计划检修制度，车辆检修周期暂时按照表 9-4

规定。

车辆定检周期表　　　　　　　　　　　　　　　表 9-4

序号	检修种类	定检周期(万 km)	停修时间(d)	库修时间(d)
1	厂修	90	45	38
2	架修	45	30	24
3	定修	15	18	14
4	月检	1.25	2	2

（3）车辆段的设备除专用非标设备满足车辆技术要求设置外，其他设备均应尽量采用标准设备。

（4）车辆段的列车运用装备、变电所、救援、防灾和信号楼等生产部门的工作人员均以三班工作制。检修和行政、技术管理等部门的工作人员均以白天工作制。

（5）运用列车的司机由本线运营部门统一负责管理。在车辆段内应设有运用列车司机派班等管理用房和早晚班运用列车司机的公寓。

（6）停车列检库内不低于50%的股道应设检查坑，轨道车库内股道均设检查坑。检查坑应采用宽式检查坑，车顶检查设高平台。

（7）车辆段内不设加油站，所需各类加油任务由社会化解决。

（8）车辆维修所需要的一些特殊的工装设备，应考虑与由车辆制造商配套提供。

9.19.3 站场

车辆基地的线路布置应满足工艺要求，车场线及出入段线平面及纵断面设计应符合下列要求：

1) 出入段线：最小曲线半径25m；最大坡度不大于60‰。

2) 车场线：最小曲线半径不小于25m，困难情况下不小于20m。

3) 车库线应设于平道上，车场咽喉区可设在不大于5‰的坡道上。

4) 车场线库前直线段线间距应根据车库跨度确定。

5) 车场轨顶标高根据洪水水位、内涝水位、毛细强烈上升高度及最小路肩设计高程要求，并结合场区周边既有铁路、道路高程等因素综合考虑确定。

9.20 环境保护

9.20.1 一般规定

（1）应贯彻国家环境保护的方针政策，遵守国家和北京市现行的相关法律、法令、标准、规范的规定。

（2）应从实际出发，坚持"以防为主，防治结合，综合治理，化害为利"的原则，执行污染治理设施与工程同时设计、同时施工、同时投产和使用的"三同时"方针。实现经济效益、社会效益和环境效益的统一。

（3）各污染源排放的污染物及其他污染因子，必须符合国家和北京市发布的排放标准。

(4) 各专业应积极采用不产生或少产生污染的新技术、新工艺、新材料、新设备，力争做到清洁生产。

(5) 对生产装置、污染物处理装置产生的废渣（液）必须妥善处理，不得任意弃置，以防止产生二次污染。

9.20.2 主要技术规定

(1) 正线应采用长钢轨无缝线路，轨道结构应根据不同的减振要求采取适当的减振措施。

(2) 产生振动、噪声的环控制设备、给水排水及电力设备，应选用节能型低噪声设备；风机安装消声器，风道内墙面作吸声处理；排风口朝向背离敏感建筑。

(3) 车辆段内生活污水排入城市污水系统或合流污水系统，生产污水（含油污水）采用隔油沉淀处理，达到排放标准后排入城市污水系统或合流污水系统。

(4) 高架线、车辆基地和临近噪声敏感目标的路段，应设置声屏障。

第4篇 现代有轨电车系统规划实践

本篇选取北京一到两个片区进行现代有轨电车线网的规划尝试，通过规划实践，深入探讨现代有轨电车系统在北京综合交通系统中的功能定位、适用条件、适用范围以及现代有轨电车系统与其他交通方式的关系等适应性问题，并进一步验证现代有轨电车系统在北京市域部分地区使用的必要性和可行性。

通过规划实践总结，摸索出现代有轨电车规划的方法及要点，其中包括现代有轨电车线网规划的一般流程、主要内容、规划要点、系统类型及主要技术标准选择评价标准等。

根据之前章节的结论，现代有轨电车在北京主要应该应用在城市周边的边缘组团或新城内部以及边缘组团或者新城之间，也可运用在连接主城中心和边缘组团的连接线上，在某些旅游线路或者某些工业高新开发区内部亦具有较好的适用性。

按照北京城市总体规划，北京东部发展带中的三个重点新城 2020 年规划城市人口规模在 70 万～100 万之间，将承担和分解大量中心城的功能，交通需求增长巨大。随着建设世界城市远景目标和绿色、人文、科技三大城市发展理念的提出，新城的建设标准和建设起点也相应提高。

新城内部出行原规划主要由常规公交系统承担，一方面常规公交从能力上逐渐无法满足主要走廊的交通需求，另一方面常规公交难以满足新城对于绿色、人文、科技的要求。在新城引入现代有轨电车将有效提高交通系统的能力、效率和品质。

在新城内开展现代有轨电车规划所研究的是一个完整的片区，面临的情况复杂多样，可以更加广泛全面地反映各个角度的问题，得出的研究结论将更加系统，更加有代表性。

本书选取城市东部的顺义、亦庄两个重点新城作为对象开展现代有轨电车的规划实践。

第10章 现代有轨电车线网规划方法

10.1 一般城市公共交通网络规划方法及流程

城市公共交通系统是城市中供公众乘用的、经济方便的各种交通方式组成的有机整体。公共交通系统涵盖种类较多，依据 2007 年建设部发布的《城市公共交通分类标准》CJJ/T 114—2007，根据系统形式、载客工具类型、客运能力，城市公共交通可分为城市道路公共交通、城市轨道交通、城市水上公共交通、城市其他公共交通四大类。其中城市道路公共交通分为常规公共汽车、快速公共汽车系统、无轨电车、出租汽车等；城市轨道交通包括地铁系统、轻轨系统、单轨系统、有轨电车、磁浮系统、自动导向轨道系统和市域快速轨道交通系统等。

一般公共交通网络规划都在综合交通体系下，明确了各个公交子系统的功能定位、分工与协作关系后，针对某个单一类别公交子系统开展网络规划，同时关注与其他公共交通子系统网络的协调。

公共交通网络规划既有共性，又有个性。一般而言，城市公共交通网络规划包括以下内容：

（1）分析城市和交通现状，预测城市客运交通需求。
（2）分析城市公共交通发展目标和要求。
（3）分析城市公共交通系统构成、层次、功能定位及分工。
（4）研究确定各级公共交通线网的规模。
（5）分析确定客运交通需求走廊以及各级走廊的需求规模等级。
（6）研究城市公共交通线网结构，确定城市公共交通线网规划方案；对城市公共交通线网规划方案进行综合评价。
（7）对城市公共交通线网规划方案进行综合评价。
（8）分析提出城市公交场站的规划布局及规模。

10.2 现代有轨电车线网规划方法

10.2.1 现代有轨电车线网规划的特殊性

现代有轨电车是城市轨道交通的一种，对于北京这样的特大城市，将作为城市轨道交通的重要部分，是地铁等高运量系统的重要补充，多存在于运量等级相对较小的客流走廊、城市边缘组团或新城中。现代有轨电车线网多为局域性的，而非全市性的，因此规划可以在城市轨道交通线网规划中同期开展，也可在研究范围内单独开展。

现代有轨电车具有多种路权方式，是与地面交通方式以平交为主的、运量处于地铁和常规公交之间的中低运量的城市轨道交通系统。为提高现代有轨电车的效率和系统稳定性，大多数现代有轨电车系统在道路交叉口采用优先信号的交通组织方式。

现代有轨电车以地面敷设为主，可设置于道路空间或绿地内，亦可独立占用用地空间，不同形式的现代有轨电车对于地面机动车的行驶都有不同程度的影响，尤其是敷设于道路空间内的有轨电车线路。有轨电车将挤占一部分机动车行驶空间，与路段中机动车进出机动车道交叉，在道路交叉口与地面交通方式平交，在一定程度上影响路口的通行权分配。因此，为了更好地协调与道路网的关系，减少对道路交通的影响，在现代有轨电车线网规划时必须对道路网条件进行全面的分析，包括道路网的网络结构、道路红线宽度、断面设计方案等。

现代有轨电车敷设于地面，其乘客交通组织也多通过地面设施实现，因此现代有轨电车车站的设置需充分考虑与人行过街设施之间的位置关系，以利于乘客乘降。

10.2.2 现代有轨电车线网规划方法

由于现代有轨电车具有上述特殊性，因此在现代有轨电车规划中需增加道路规划条件分析、道路交通影响评价等部分内容。现代有轨电车线网规划应包含以下内容：

(1) 分析城市和交通现状，预测城市客运交通需求。
(2) 分析确定客运交通需求走廊以及各级走廊的客运量等级。
(3) 分析现代有轨电车功能定位和发展目标。
(4) 研究确定现代有轨电车线网的规模。
(5) 研究现代有轨电车线网结构。
(6) 分析道路规划条件。
(7) 确定现代有轨电车线网规划方案。
(8) 对现代有轨电车规划方案进行综合评价。
(9) 分析提出现代有轨电车场站的规划布局及规模。

第 11 章　顺义新城现代有轨电车线网规划

11.1　交通需求分析

11.1.1　城市规划背景

11.1.1.1　城市空间结构及布局

《北京城市总体规划(2004—2020年)》中,顺义新城定位为东部发展带重要节点,人口为90万的重点新城,具有疏解中心城人口的职能。

《顺义新城规划(2005—2020年)》中定位为面向国际的首都枢纽空港,带动区域发展的临空产业中心及先进制造业基地。确定了顺义新城未来将构建"公共交通轴线+城市组团+生态绿地"的空间发展模式,形成"两轴、多组团"的"十字形"空间布局结构,如图11-1所示。其中,两轴为沿轨道交通M15线和S6线的两条城市发展轴;多组团为"十字形"结构由大致呈东西和南北走向的两个带形组团式城镇群组合而成,其中东西向城镇组团(沿M15线)有空港城、空港物流基地、新城中心、南彩、北小营;南北向城镇组团(沿S6线)有新城中心、马坡、牛栏山。新城的中心区由沿潮白河的新城中心、马坡、牛栏山三个组团组成。

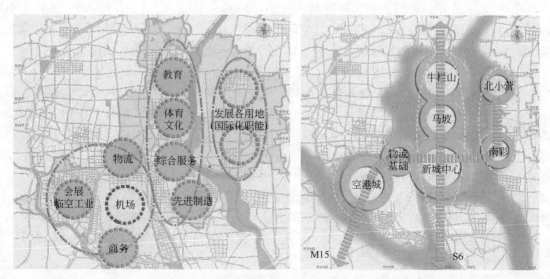

图 11-1　顺义新城空间结构及功能布局图

11.1.1.2　交通系统规划

顺义新城综合交通规划中,顺义交通系统定位北京、国内、国际的联系纽带,北京东北部地区的交通枢纽，东部发展带各种联系的纽带和交流中枢(图 11-2)。

顺义区处于北京东北部地区的枢纽位置和东部发展带的中间位置。作为北京东北部地区(包括顺义、怀柔、密云、平谷在内的区域协作单元)的城市化发展核心和产业链龙头城市，顺义新城将与东部发展带的其他新城协调发展，充分发挥顺义新城产业发展、新城建设和重大基础设施建设对周边密云、怀柔、平谷新城以及河北燕郊等地区的服务、辐射、带动作用，带动周边区域共同发展。

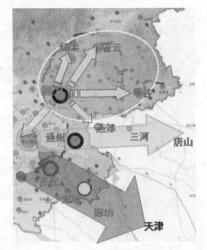

图 11-2 顺义新城交通系统定位分析图

11.1.2 交通系统发展目标与策略

11.1.2.1 交通系统发展目标

顺义区交通系统发展的总原则是：可持续发展、以人为本。

1. 交通系统发展总体目标

建设与新城未来发展和城市各项职能相适应的、可持续发展的、以人为本和动态满足社会各阶层交通需求的、以公共交通为主导的、和谐、开放、高标准现代化的综合交通体系。

(1) 增强辐射力和带动力，促进东部发展带上各新城的协调发展；促进交通与环境、交通与生态、交通与文化等系统的和谐发展。

(2) 到 2020 年，公共交通成为主导客运方式；客运枢纽及场站功能完备、布局合理；道路功能与层次分明、级配和结构合理；步行和自行车系统安全、舒适、便捷；出行方式多样化。

2. 交通系统发展指标

预计到 2020 年，新城的中、长距离出行中，公共交通成为主导出行方式，公共交通出行量占客运出行总量的 50% 以上，其中轨道交通及地面快速公共交通承担的比重占公共交通的 60% 以上。新城的短距离出行倡导以自行车及步行交通为主导的出行方式。

11.1.2.2 交通系统发展策略

交通发展策略的核心是：全面落实公共交通优先发展政策，大力提升公共交通的运营服务水平；改善和营造适合步行和自行车交通的环境条件；引导小汽车合理使用；促进交通结构的合理发展；强化交通与环境、生态、文化等的和谐发展；构建高效便捷、安全舒适、节能环保、公平有序、开放的综合交通系统。

1. 建立以公共交通为纽带的城市布局及土地利用模式。
2. 促进区域统筹和协调发展，实现区域交通与城市交通一体化。
3. 加强枢纽建设，实现不同交通方式之间运营、组织、票制一体化。
4. 全面落实公共交通优先发展政策，建立完善、合理的公共交通体系，大力提升公交运营水平。
5. 实现不同的出行距离依托不同的主导交通方式。
6. 提倡和鼓励步行和自行车交通。

11.1.3 现状交通调查分析

2005 年 3 月，顺义新城进行了居民出行调查。

居民出行调查的基本情况见表11-1。

顺义区居民出行基本情况　　　　　表 11-1

地区	调查总户数	调查总人数			出行总人数
		合计	男性	女性	
全区	3538	9363	4689	4674	7502
老城区	2485	6512	3250	3262	5390
新城各组团	664	1766	884	882	1456
重点镇	389	1085	555	530	656

全区每天的出行总量为453065人次，如表11-2所示，从人均出行次数来看，老城区平均每人每天出行2.67次，规划顺义新城范围内除老城区以外的各组团平均每人每天出行2.28次。重点镇出行率较低，平均每人每天出行1.67次。

各区域居民出行量和人均出行次数　　　　　表 11-2

地区	出行次数	调查人数	平均出行次数
全区	21156	8455	2.50
老城区	16029	6007	2.67
新城各组团	3880	1703	2.28
重点镇	1247	745	1.68

11.1.3.1 全日出行方式分布

步行和自行车居主导，公交比重低，如表11-3和图11-3所示。

各区域居民出行量和人均出行次数　　　　　表 11-3

方式	步行	自行车	公交+地铁	出租车	小客车	摩托车	班车
中心城	33	25.8	17.8	5.9	15.6	1.5	1.5
顺义	39	37.5	4.6	1.1	10.4	2	3.2

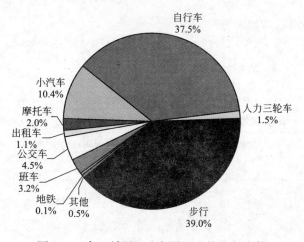

图 11-3　各区域居民出行量和人均出行次数

交通分布相对均衡，出现四个出行高峰，如图11-4和图11-5所示。

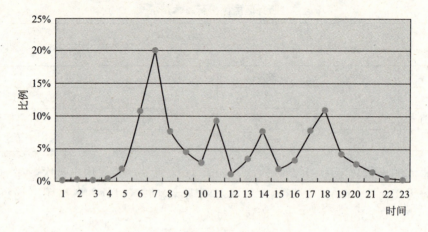

图11-4 顺义新城居民出行时间分布

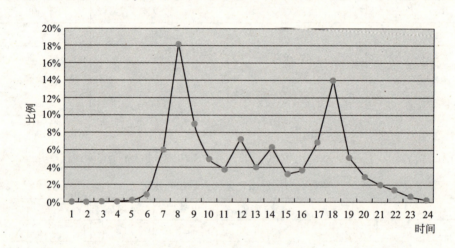

图11-5 北京中心城居民出行时间分布

11.1.3.2 对外出行方向分布

总出行量：50.25万人次/日，区内：47.53万人次/日，比重94.58，对外：2.72万人次/日，比重5.42%，如表11-4和图11-6所示。

对外出行量   表11-4

区域	平均出行次数[次/(人·d)]	区域	平均出行次数[次/(人·d)]
全区	2.5	各组团	2.28
老城区	2.67	重点镇	1.68

11.1.3.3 内部出行方向分布

以组团内部出行为主，部分内部出行方向分布如表11-5和图11-7所示。

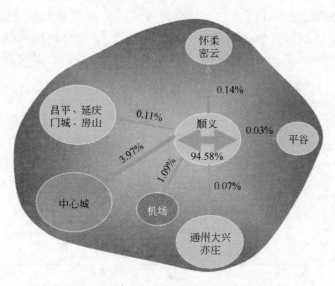

图 11-6 顺义新城对现状对外交通出行分布图

顺义新城现状交通出行分布(内部)　　　　　　　　表 11-5

区域	比重(%)	区域	比重(%)
老城区	75.24	南法信镇	1.15
南彩镇	1.94	马坡镇	0.9
后沙峪镇	1.33	牛栏山镇	0.83
天竺镇	1.28		

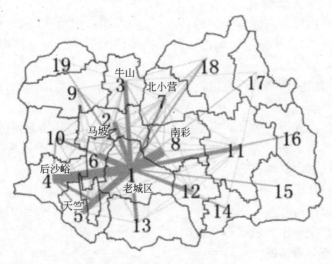

图 11-7 顺义区内部出行图

11.1.4 2020 年交通需求分析

11.1.4.1 交通出行结构

2020 年顺义新城各组团之间、顺义区与北京市中心城以及周围其他区县之间的中、

111

长距离出行中,公共交通预计将成为主导出行方式。公共交通出行总量占客运出行总量的50%以上。其中,顺义区与北京市中心城之间由地面公交快线承担的出行总量占公共交通总出行量的30%左右,由轨道交通承担的出行总量占公共交通总出行量的40%左右。

11.1.4.2 交通出行分布

2020年交通出行总量及相应分布如表11-6所示,顺义区出行方向以区内出行为主,占全区总出行量的90%。在对外出行中,顺义区与北京市中心城之间的日出行总量将达到22.05万人次/日,占全区出行总量的7%,顺义区与周围其他区县之间的日出行总量将达到9.45万人次/日,占全区出行总量的3%。此外,北京市中心城与怀柔、密云、平谷区之间的过境出行量将达到8.6万人次/日。

2020年顺义新城交通出行总量分布　　　　　　　　表11-6

类别	区内出行	对外出行	与中心城	与周围区县	过境出行	全区总量
总量(万人次/日)	283.5	31.5	22.05	9.45	8.6	315
比重(%)	90	10	7	3	2.7	

在顺义区内各组团中,出行方向分布以组团对区内的交通出行为主,对区外交通为辅。例如,老城区组团对顺义区的区内交通出行比重占81.12%,对顺义区外的出行比重为18.88%;又如南法信组团对顺义区的区内交通出行比重占84.16%,对顺义区外的出行比重为15.84%;再如,机场组团对顺义区的区内交通出行比重占64.34%,对外出行也仅为35.66%。

11.1.5 交通需求情况比较(现状与规划)

11.1.5.1 出行方向分布

在区内组团中,出行方向分布包括内部出行(即组团内出行)方向和对外出行(即组团间出行)方向;出行方向比重是指新城内某组团内部的交通出行量与该组团区内出行总量的比值。

现状出行方向以组团内部出行为主,未来出行方向区内以组团间出行为主,内部出行比重占28.3%。

内部出行由组团内部出行为主转变为组团间出行为主,尤其是老城区内部出行,内部出行比例缩小了一半。此外,从图11-8可以看出,随着各组团的发展,牛栏山、天竺、后沙峪的内部出行比例也有所提升。

11.1.5.2 出行结构

现状出行结构以步行和自行车居主导,公交比重低,未来出行结构以公共交通将成为主导出行方式。公共交通出行总量占客运出行总量的50%以上。

11.1.5.3 客流分布情况

现状的总出行量:50.25万人次/日;区内:47.53万人次/日,比重94.58%;对外:2.72万人次/日,比重5.42%。

2020年,顺义区全区日出行总量预计将达到315万人次/日,其中区内出行总量为283.5万人次/日,占全区总出行量的90%,对外出行总量为31.5万人次/日,占全区总出行量的10%(图11-9)。

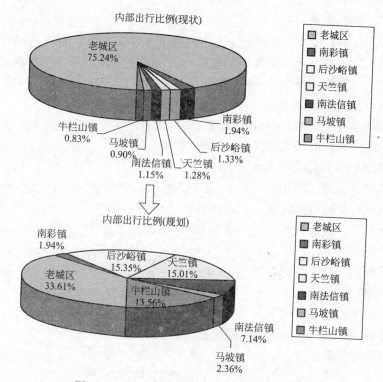

图 11-8　顺义新城内部交通出行分布比较图

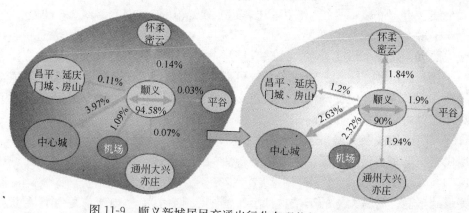

图 11-9　顺义新城居民交通出行分布现状与规划比较图

综上所述，在交通规划中，应加强顺义区内的交通建设，支持和鼓励公共交通的建设。对于顺义区内的交通规划应以加强区内各个组团之间的联系为主，着重组团间的交通规划和建设。

11.2　功能定位

本书所指的现代有轨电车是采用模块化的现代有轨电车车辆，具有多种路权方式，与地面交通方式以平交为主的中低运量的城市轨道交通系统。

11.2.1 功能定位

11.2.1.1 新城主要组团间联系的快速通道，兼顾组团内部交通出行

顺义新城组团式城市空间布局结构的有机形成和发展以及各组团相对独立的城市职能的实现对新城交通系统提出了严峻挑战，作为城市的骨架和命脉，交通系统必须从各个方面为上述目标的实现提供坚实、有效的交通支撑和保障。

现代有轨电车系统可为新城内部跨组团的出行提供快速通道，同时由于其站点相对地铁较密，也可以兼顾沿线短距离出行需求（组团内部）。

11.2.1.2 强化新城与机场间的联系

空港区是"一港、两河、三区、四镇"的顺义区域空间总体布局结构中的"一港"，由空港城组团和机场组团组成，承担国际枢纽机场和临空产业（包括会展、空港商务等在内的现代服务业、高新技术产业、物流产业等）的主要职能，重要功能区包括首都机场、新国际展览中心、国门商务区、空港工业区、空港物流基地、温榆河绿色生态走廊等，是新城发展的枢纽核心。首都机场2009年旅客吞吐量已达6537万人次，成为洲际枢纽港。

如何为空港区的快速发展提供高效、可靠的交通支持与保障，并带动整个新城的发展，是顺义区交通系统所面临的重大挑战。

现代有轨电车系统作为新城内部出行的公共交通系统的骨干，应为新城主要组团与机场间建立快速连接走廊。

11.2.1.3 地铁、市郊铁路等对外轨道交通系统饲喂线

顺义新城规划有5条城市轨道交通线路：地铁15号线（M15线）、L1线（机场专线）、机场联络线、市郊铁路1号线（利用京沈客运专线）和市郊铁路6号线（S6线及其支线）。

这5条轨道交通线路主要服务于顺义新城与中心城及其他新城间的快速联系，其在顺义新城内部以大站快车形式为主，线路直接服务范围有限，需要其他公交系统扩大其服务范围，增强其吸引力。现代有轨电车系统可以为成为地铁、市郊铁路等对外轨道交通系统饲喂线，有效、快速、便捷地为对外轨道交通系统与新城内部交通系统间建立联系，成为新城对外与对内交通系统联系的纽带。

11.2.1.4 形成顺义城市名片

现代有轨电车不仅可以满足相应服务等级的交通需求，同时可与现代化的城市形象相匹配。

美观的车辆、简易大方的车站、社会车辆主动礼让，有轨电车有序穿行在新城的大街小巷，将公交优先的服务撒遍整座新城。有轨电车行驶于路面的亮丽风景线在告知大家"这是一座公交优先、行人优先的现代化新城"，它就是顺义新城的名片。

11.2.2 现代有轨电车的特性（与快速公交系统比较）

11.2.2.1 编组灵活、客流适应性强

快速公交系统不能列车化编组运营，仅能通过减小发车间隔提高系统运输能力，而过密的发车间隔会对沿线地面交通产生更多不利影响，有轨电车系统可根据季节、大型活动等特殊需求调整列车编组，更加有效地适应客流的变化。

11.2.2.2 系统稳定性好

快速公交系统不具有自动导向、制动系统，且受天气等外界因素影响较大，运行安全性、稳定性较有轨电车系统差距较大。

11.2.2.3 环境适应性强

快速公交系统完全依托于道路资源，选线受道路网布局及实施情况的制约较大；有轨电车系统依托于道路，但不完全受道路条件制约，可脱离道路单辟路径。

有轨电车爬坡能力强，曲线通过性能好。因此，有轨电车线路能很好地适应地形和环境。

11.2.3 与其他地面公共交通系统的关系

顺义综合交通规划中地面公交系统采用分区分级的网络模式，将公交线路划分为3个层次：公交快线、公交干线、公交支线。现代有轨电车系统主要服务于新城各组团之间的快速联系，将其引入顺义综合交通体系后，与其他公共交通系统的功能关系如下：

（1）公交快线：与轨道交通系统相互协调和补充，解决顺义新城与中心城、顺义新城与周围其他新城之间的快速公交联系。

（2）现代有轨电车：解决新城各组团之间的联系。

（3）公交干线：新城与重点镇之间的快速公交联系。

（4）公交支线：解决新城各组团内部不同功能区之间的公交联系，并向轨道交通车站、公交快线及干线集散客流。

11.3 顺义区现代有轨电车规划方案规划设计条件

11.3.1 规划道路资源分析

11.3.1.1 交通规划背景

新城的外部交通联系由公路、铁路、轨道交通、航空系统组成。其中，铁路包括京承铁路及京承高速铁路(图 11-10)。

轨道交通系统由地铁 M15 线、市郊铁路 S6 线和 S3 线、机场专线 L1 线组成的快速轨道交通网将构成"十字形"骨架，贯穿新城南北及东西，有机连接新城各组团，并连接北京中心城、通州、平谷、怀柔、昌平等新城(图 11-11)。2020 年建成地铁 M15 线、市郊

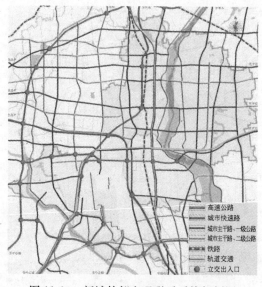

图 11-10 新城外部交通联系系统规划图

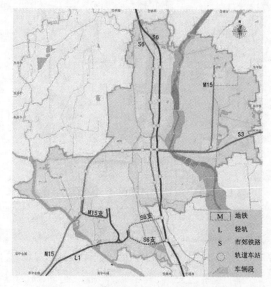

图 11-11 新城轨道交通系统规划图

铁路 S6 线、轻轨 L1 线，运营线路总里程约 57km。规划轨道交通车辆段 2 处，停车场 1 处，总用地规模为 51hm²。

新城道路系统为方格网状布局，路网由快速路、主干路、次干路和支路组成。

新城规划道路总长度约为 916km，其中干道总长度为 632km；支路比例约为 31.59％。道路网密度为 6.03km/km²，道路用地率为 20.16％。

新城道路红线规划宽度：快速路 80m；连接新城不同组团的区域性主干路 50～60m，组团内部的主干路 40m；连接新城不同组团的次干路以及组团内部大的功能区之间的次干路 40m，其他 30m；支路 15～25m，个别交通功能强的支路 30m。道路横断面的布置，要为合理组织行人交通、公共交通、机动车与非机动车交通以及公交乘降等创造条件；要为轨道交通、过街设施等预留合适的空间；应尽量保留道路中间及两侧树木，改善城市景观。

地面公交客运系统按快线、干线、支线三级系统优化和完善地面公交线网结构。根据客运枢纽和轨道交通的发展，动态调整优化公交线网布局和运营模式。在新城和北京中心城之间建设快速公交走廊，近期在轨道交通线路尚未建成时，在走廊上安排大容量地面快速公交线路（图 11-12）。

新城的公共交通系统在 2020 年前将建成公共交通为主体、轨道交通及快速公交为骨干、多种运输方式相协调的综合客运交通体系（图 11-13）。

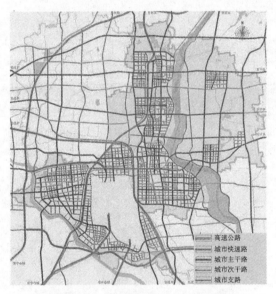

图 11-12 新城地面公交系统规划图

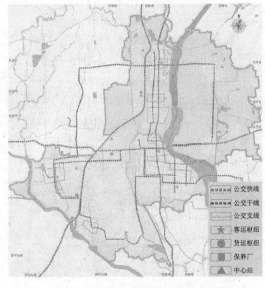

图 11-13 新城道路网系统规划图

11.3.1.2 组团之间干道系统

顺义区内组团之间干道系统如图 11-14 所示，其中高速路 3 条，主干路 14 条，次干路 5 条，跨越 3 个及以上组团的线路 6 条。分析组团之间的干道系统，选取其中红线不小于 35m 的主要组团间的干道资源，可作为现代有轨电车可利用道路的来源和依据。

高速路包括京密、顺平路；主干路为辛樊路、白马路、减河北路、顺于路、岗山北路、李天路、天北路、天柱东路、赵李路、富密路、花园西路、通顺路、通怀路、顺平南

图 11-14 顺义组团之间干道系统图

线等；次干路包括榆阳路、火寺路、南陈路、顺西路、滨河路等。其道路资源如表 11-7 所示。

顺义区内组团之间干道系统道路条件　　　　　　表 11-7

编号	道路名称	等级	红线(m)	所经组团情况
1	顺平路	高速路	60	后沙峪到空港物流园区到老城区到南彩到杨镇
2	京密路	高速路		牛栏山到马坡到空港物流园区
3	辛樊路	主干路	50	赵全营到牛栏山到北小营
4	白马路	主干路	60	马坡到河东
5	减河北路	主干路	50	马坡到河东
6	顺于路	主干路	50	老城区到空港物流园区线路
7	岗山北路	主干路	40	机场西部及南部到李桥
8	李天路	主干路	40	机场西部及南部到李桥
9	天柱东路	次干路	60	后沙峪到机场西部
10	富密路	主干路	50	中心三区
11	花园西路	主干路	40	马坡到老城区
12	通顺路	主干路	50	老城区道李桥
13	通怀路	主干路	60	北小营到南彩
14	赵李路	主干路	50	赵全营到空港物流园区
15	天北路	主干路	50	高丽营到后沙峪
16	顺平南线	主干路	50	老城区到李遂
17	榆阳路	次干路	40	后沙峪到机场西部及南部

117

续表

编号	道路名称	等级	红线(m)	所经组团情况
18	火寺路	次干路		高丽营到后沙峪
19	南陈路	次干路	40	牛栏山以西到空港物流园区
20	顺西路	次干路	50	马坡道老城区
21	滨河路	次干路	40	牛栏山到马坡

11.3.1.3 组团内部次干路系统

顺义区老城区组团次干路系统如图11-15所示，共39条次干路。各条次干路的道路资源如表11-8所示，选取其中红线不小于30m的次干路资源，作为现代有轨电车可利用道路的来源和依据，如仁和三路、林河大街、站前南街、仓上街等。

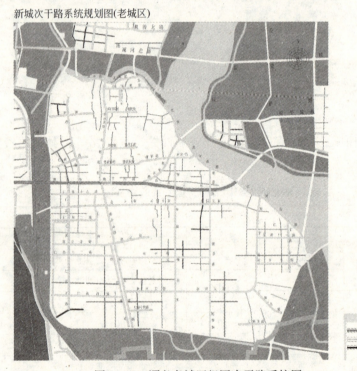

图11-15 顺义老城区组团次干路系统图

顺义老城区次干路系统道路条件 表11-8

编号	道路名称	起点	终点	红线(m)
1	仁和五路	顺福路	东环路	25
2	北环西、东路	西环路	顺通路	30
3	北城根街	站前北街	北环东路	30
4	仁和一路	西环路	小区支路	30
5	便民街+南门西街	站前北街	光明北路	30
6	站前街+站前东街	站前北街	光明南路	30
7	仁和二路	西环路	顺西路	30
8	建新街	站前南街	光明南街	30

续表

编号	道路名称	起点	终点	红线(m)
9	拥军路＋裕龙一街	光明南街	滨河路	30
10	双平街	铁东南路	顺泰路	30
11	双平东街	顺宁路	顺平南线	30
12	仁和四路	西环路	铁西南路	30
13	顺宁路	双河大街	滨河路	30
14	仁和五路	工业区支路	顺福路	30
15	仁和六路	西外街	彩虹大街	30
16	仁和八路	仁和十六路	南环路	30
17	铁西南路	燕京街	南环路	30
18	仁和九路	林河大街	东环路	30
19	中山北大街	北城根街	中山街	30
20	燕京街	铁东南路	顺通路	30
21	仁和十路	滨河路	双河大街	30
22	仁和十一路	顺宁路	滨河路	30
23	仁和十二路	西环路	工业区支路	30
24	铁东南路	顺平西路	南环路	30
25	站前北街	北环路	府前路	30
26	仁和十六路	西环路	新顺南大街	30
27	仁和三路	西环路	仁和八路	40
28	林河大街	铁西南路	双河大街	40
29	顺平东路	顺通路	滨河路	40
30	仁和七路	顺京路	仁和十三路	40
31	顺和路	裕龙一街	南环路	40
32	顺泰路	滨河路	南环路	40
33	滨河路	中山街	东环路	40

顺义区马坡组团次干路系统共16条次干路。选取其中红线不小于30m的次干路资源，作为现代有轨电车可利用道路的来源和依据，如马坡三路、滨河北路、马坡七路、马坡十路等。

顺义区牛栏山组团次干路系统共15条次干路。选取其中红线不小于30m的次干路资源，作为现代有轨电车可利用道路的来源和依据，如牛山五路、牛山十二路、滨河路、京密西路等。

顺义区后沙峪组团次干路系统共19条次干路。选取其中红线不小于30m的次干路资源，作为现代有轨电车可利用道路的来源和依据，如安宁街、火沙路辅线、裕东路、机场北线南路等。

顺义区机场西部及南部(国门商务区)组团次干路系统共19条次干路。选取其中红线不小于37m的次干路资源，作为现代有轨电车可利用道路的来源和依据，如岗山纵八路、天竺路、天柱东路、李桥路等。

顺义区空港城(机场北部物流园区)组团次干路系统共8条次干路。选取其中部分次干路资源，作为现代有轨电车可利用道路的来源和依据，如府前街、府前街南延等。

11.3.1.4 可利用资源分析

根据现代有轨电车的功能定位，可利用通道主要集中于组团间快速路、主干路，组团内部主干路、部分次干路(红线不小于30m)。高速路包括京密、顺平路；主干路为辛樊路、白马路、减河北路、顺于路、岗山北路、李天路、天北路、天柱东路、富密路、花园西路、通顺路、通怀路、顺平南线等；次干路包括府前街、顺西路、滨河路等(图11-16和图11-17)。

图11-16 可利用道路资源图

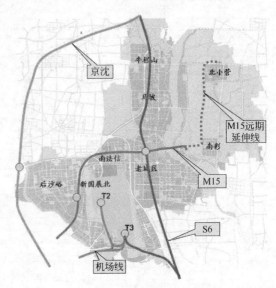

图11-17 背景轨道交通网图

11.3.1.5 立交规划情况

城市快速路与高速公路、快速路、主干路、重要次干路相交时均采用立体交叉形式，其他等级道路相交时一般采用平面交叉形式。城市干道与铁路相交时均采用立体交叉，并且为道路上跨或下穿铁路的方式(表11-9)。

顺义区立交规划一览表   表11-9

序号	立交所在位置	类型	备注
1	顺平路-东六环路相交处	互通式	现状为分离式
2	京密路-东六环路相交处	互通式	现状为分离式
3	顺平路-东六环路相交处	互通式	现状为分离式
4	京密路-机场北线高速公路相交处	互通式	现状为分离式
5	机场北线高速公路-顺平路相交处	互通式	现状为分离式
6	京密路-顺平路相交处	互通式	现状为平交路口
7	京密路-火沙路相交处	互通式	现状为平交路口
8	京密路-李天高速公路相交处	互通式	
9	京密路-白马路相交处	互通式	现状为平交路口
10	京密路-辛樊路相交处	互通式	现状为平交路口
11	六环路-机场东路相交处	互通式	
12	六环路-李天高速公路相交处	互通式	
13	机场北线高速公路-天北路相交处	互通式	现状为分离式
14	机场北线高速公路-火寺路相交处	互通式	现状为分离式
15	顺平路-通顺路相交处	互通式	已实现

续表

序号	立交所在位置	类型	备注
16	顺平路-右堤路相交处	互通式	现状为平交路口
17	李天高速公路-机场高速公路相交处	互通式	
18	李天高速公路-机场第二通道相交处	互通式	
19	李天高速公路-机场东路相交处	互通式	
20	李天高速公路-平沿路相交处	互通式	
21	李天高速公路-京平高速公路相交处	互通式	
22	京平高速公路-东部发展带联络线相交处	互通式	
23	京平高速公路-中干渠路相交处	互通式	
24	京平高速公路-杨燕路相交处	互通式	
25	李天高速公路-规划次干路相交处	互通式	
26	机场高速公路-天竺大街相交处		现状为平交路口
27	机场高速公路-天竺南路相交处		现状为平交路口
28	机场第二通道-纬四路相交处		
29	机场第二通道-规划支路相交处		
30	京承高速公路-通怀路相交处	互通式	

从表11-9中可以看出，现状平交的道路依然存在，规划时应当特别注意这些路口的规划，若如通过这些路口，规划现代有轨电车方案时，需要尤其考虑这些地方的通过能力和可行性。

综上可以看出，现代有轨电车规划应当结合规划道路资源，充分利用组团间的干道系统、组团内主干路以及区内轨道交通规划进行，同时还应当注意结合道路相交情况合理规划道路交叉口、人行过街设施以及配备相应的配套设施。

11.3.1.6 道路断面规划

现代有轨电车线路的横断面布置形式通常有三种：中央布置、两侧布置和单侧布置，适应顺义新城的形式为中央和两侧布置形式。

中央布置形式：现代有轨电车线路集中敷设于道路中央，其他交通模式的通路布置在现代有轨电车通路两侧(图11-18和图11-19)。

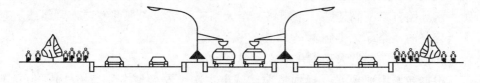

图11-18 侧式站台路中布置断面形式图

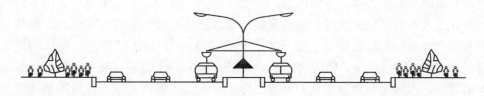

图11-19 岛式站台路中布置断面形式图

两侧布置形式：现代有轨电车的双线分别设置在道路两侧的非机动车道上，站台设置在人行道上，非机动车道设置在现代有轨电车通路外侧（图 11-20 和图 11-21）。

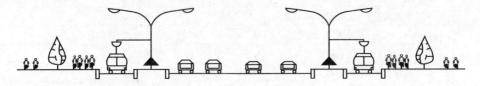

图 11-20　两侧布置形式图（一）

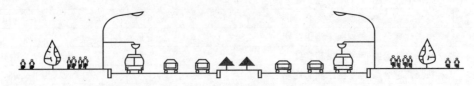

图 11-21　两侧布置形式图（二）

道路横断面要为合理组织行人交通、公共交通、机动车与非机动车交通以及公交乘降等创造条件；要为轨道交通、过街设施等预留合适的空间；应尽量保留道路中间及两侧树木，改善城市景观。

11.3.1.7　道路交叉口规划

为提高现代有轨电车的旅行速度和运行效率，建议给予现代有轨电车信号灯优先通行权，其形式可以是被动优先通行，也可以是主动优先通行，视具体情况而定。

11.3.2　人行过街设施规划

（1）行人过街设施以平面形式为主，立体方式为辅。

（2）注重步行系统的完整性、连续性。

（3）处理好与公共开放空间的联系，促进有轨电车系统与公共空间的融合。

11.3.3　区内景观设置

顺义新城的景观结构可以概括为五河、五廊、八点、多带（图 11-22）。

五河：温榆河、潮白河、减河、小中河、龙道河五条互相连通的水生态绿化走廊。

五廊：六环路、京密高速路、京顺路、李天高速联络线和东部发展带联络线五条主要城市高等级公路的道路绿化走廊。

八点：新城一些主要的大型绿化节点及景观地区。

多带：根据新城用地现状及规划情况，城市主次道路两侧分别留有 10~80m 不等的绿化带。

现代有轨电车景观效果好、无污染，环保、节能、噪声低、运量适中、乘坐舒适，具有其他交通方式不可比拟的优势，是实现城市景观结构的最佳交通方式之一。现代有轨电车可以利用"五廊"的道路资源，充分照顾重点"八点"，利用"多带"预留的绿地带条件，进行相应的规划和建设，既完善了北京新城或区域的交通链，又为新城或区域居民和企业提供环保、人性化和景观优美的城市公共交通系统，促进新城或区域的健康发展，减少能源消耗和环境污染，促进新城经济、社会的发展。

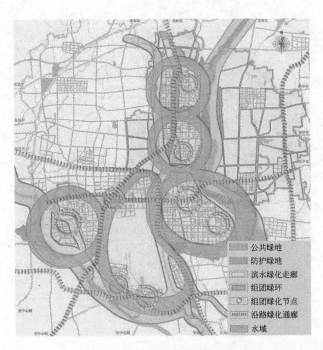

图 11-22　新城绿化结构分析图

现代有轨电车系统强化了新城快速公共交通走廊，有助于建设紧凑型城市，实现城市的"理性增长"。规划过程中应当采取可持续发展政策，突出交通先导政策，建立以公共交通为纽带的城市布局及土地利用模式，提升公共交通的吸引力和综合竞争力。

11.4　现代有轨电车线网规划

11.4.1　顺义有轨电车线网概述

顺义现代有轨电车网络由 3 条线组成，全长 65.2km（图 11-23），其中：

T1 从牛栏山-T3 航站楼，全长 26.0km；

T2 从机场东-后沙峪，全长 21.8km；

T3 从后沙峪-老城区，全长 17.4km。

11.4.2　路由选择、站点设置

11.4.2.1　路由选择

1. T1 线

该线长约 26.0km，北起牛栏山，从北向南南途经马坡、老城区组团，以及李桥镇、国门商务区 D 组团到达机场（图 11-24）。中心区主要以工作、居住为主。国门商务区 D 组团南部为服务机场、依托于机场的航空依赖型企业总部及相关的配套服务产业聚集区；北部为机场服务的航空配件生产及维修等企业用地。T1 线与 S6 线、M15 线在站前街均有换乘。

2. T2 线

该线长约 21.8km，西起后沙峪，东至国门商务区 D 组团。途经后沙峪组团、后沙峪空港

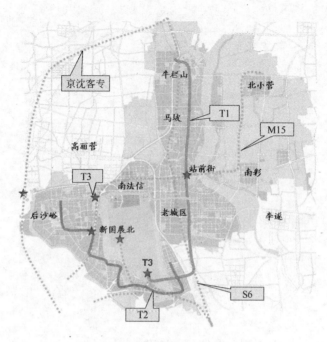

图 11-23 现代有轨电车规划方案

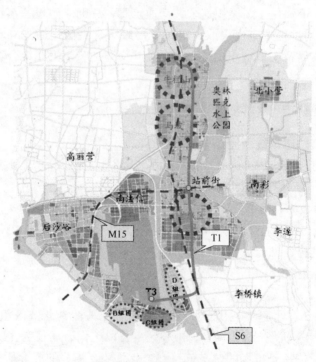

图 11-24 T1 规划方案

工业园区、国门商务区 A、B、C、D 组团（图 11-25）。T2 线与 M15 线在新国展北站有换乘。

国门商务区 A 组团为服务于机场及国际展览中心的办公、商贸、酒店等为主的国际商贸区，B 组团、C 组团为机场配套服务区，以安排机场必需的相关设施为主。D 组团南部为服务机场、依托于机场的航空依赖型企业总部及相关的配套服务产业聚集区。北部为机场服务的航空配件生产及维修等企业用地。

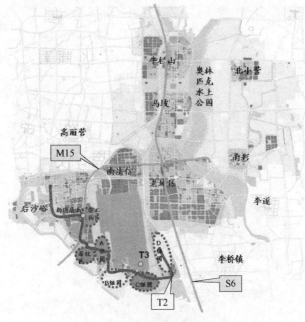

图 11-25　T2 规划方案图

3. T3 线

该线长约 17.4km，由西向东，途经后沙峪组团、南法信组团、老城区组团，其中南法信组团为空港物流园区（图 11-26）。T3 线与 S6 线、M15 线均有换乘。

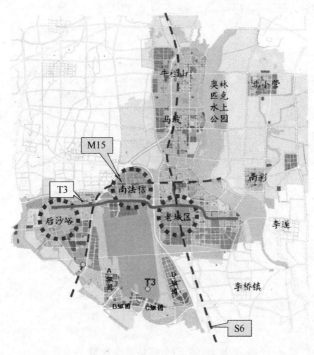

图 11-26　T3 规划方案图

11.4.2.2 站点设置

以 T1 线为例,全长 26.0km,共设站 16 个站,线路走向:T3 航站楼-岗山北路-通顺路-顺安路,站点设置如图 11-27 所示。

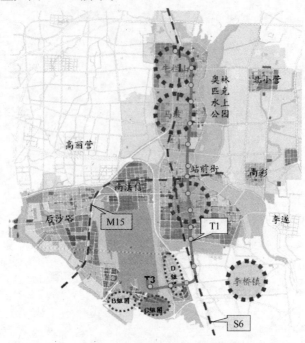

图 11-27 T1 线站点设置图

以 T2 线为例,该线长 21.8km;共设 23 个站点。线路走向:李桥路-李天路-岗山中路-天竺横三街-天竺路-安宁街-裕翔路,站点设置如图 11-28 所示。

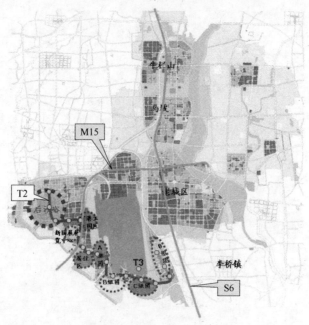

图 11-28 T2 线站点设置图

以 T3 线为例，该线全长 17.4km，共设 20 个站点。线路走向：规划二路-机场北路-顺平西路-顺康路-燕京街，站点设置如图 11-29 所示。

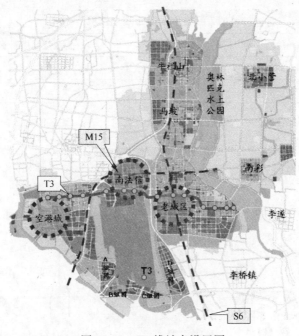

图 11-29　T3 线站点设置图

11.4.3　沿线典型道路横断面设置

选取 T1、T2 沿线有代表性的道路横断面进行分析。

T1 沿线经过 T3 航站楼-岗山中路-通顺路-顺安路，断面条件如表 11-10 和图 11-30 所示。

T1 沿线主要道路规划情况　　　　表 11-10

道路名称	红线(m)	路幅(m)	断面(m)
通顺路	50	3	3、6、2.5、24、2.5、6、3
顺安路	50	2	6.5、2、11.5、10、11.5、2、6.5

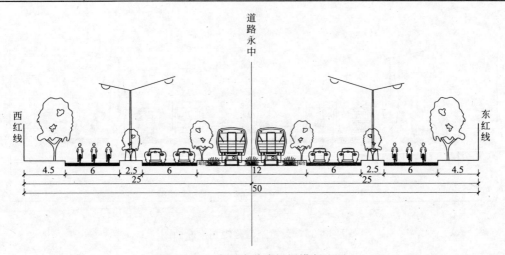

图 11-30　通顺路道路规划横断面图

T2 沿线经过李桥路、李天路、岗山中路、天竺横三街、天竺路、安宁街、裕翔路。道路规划横断面条件如表 11-11 和图 11-31～图 11-33 所示。

T2 沿线主要道路规划情况 表 11-11

道路名称	红线(m)	路幅(m)	道路规划横断面(m)
李天路	40	3	7.5、3、1.5、16、1.5、3、7.5
天竺路	50	4	4、6、2.5、11.5、2、11.5、2.5、6、4
安宁街	35	1	7、21、7
裕翔路	50	4	4.75、5、2、12.25、2、12.25、2、5、4.75

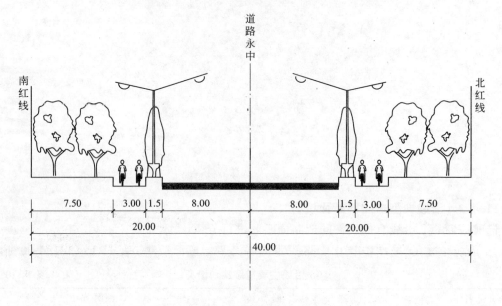

图 11-31 李天路道路规划横断面图

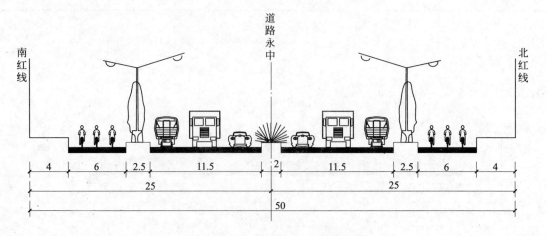

图 11-32 天竺路道路规划横断面图

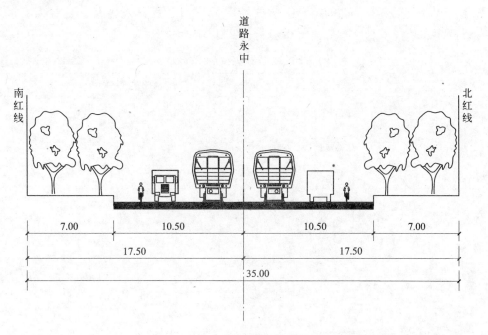

图 11-33　安宁街道路规划横断面图

11.4.4　车辆基地选址规划

11.4.4.1　选址原则

（1）在满足功能需求的基础上，集约化利用土地，减小用地规模。

（2）尽可能实现网络资源共享。

（3）尽可能在新城建设用地范围内选址。

11.4.4.2　初步选址方案

以 T1 线与 T2 线停车场为例，这两处停车场选用现状机场线车辆段北侧的防护绿地，T1 线停车场用地规模约 3hm²，T2 线停车场约 5hm²（图 11-34）。

T1、T2 线停车场可考虑维修设施、管理用房等设施的共用。

图 11-34　T1、T2 线停车场选址规划图

11.5　现代有轨电车线网实施效果评价

11.5.1　与新城对外轨道交通系统的关系

顺义新城规划有 5 条城市轨道交通线路：地铁 15 号线（M15 线）、轻轨 1 号线（L1 线或机场专线）、机场联络线、市郊铁路 1 号线（利用京沈客运专线）和市郊铁路 6 号线（S6 线及其支线）（图 11-35）。

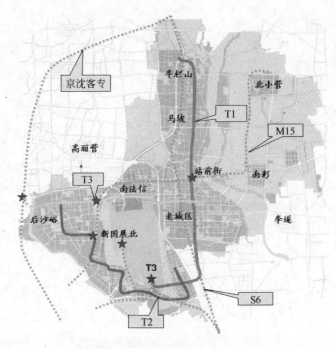

图 11-35 有轨电车与轨道交通线网关系图

从表 11-12 中可见，顺义有轨电车系统有效连接了新城 3 大综合交通枢纽。其与 M15 线主要车站形成换乘关系，形成了除三大综合交通枢纽外的 3 处换乘中心，对于新城综合交通枢纽体系的建设起到关键的支撑作用。

顺义有轨电车系统与对外轨道交通系统关系　　　　表 11-12

	站名	车站分类	轨道交通	小汽车	普通公交		自行车	出租车	有轨电车
					首末站	停靠站			
1	新国展北站	综合交通枢纽	M15	★	★		★	★	T2
2	府前街	综合交通枢纽	M15、S6(京沈客专)		★	★	★	★	T1
3	T3 航站楼	综合交通枢纽	L1、机场联络线、S6 支	★	★		★	★	T1
4	后沙峪	换乘中心站	M15		★		★	★	T3
5	南法信	换乘中心站	M15			★	★		T3
6	新国展	换乘中心站	M15			★	★		T2

11.5.2　对沿线道路交通的影响

T1、T2、T3 三条有轨电车线路分别经过 66 个、55 个、54 个平交道口，详见表 11-13。由于交叉口数量较多，因此应在保证有轨电车系统准点率的前提下，尽可能减小对其他相应地面交通的延误，建议采用以下信号控制原则：

(1) 相交道路为主干路，采用部分信号优先。

(2) 其他等级道路，采用完全信号优先。

顺义有轨电车网络沿线平面交叉口统计　　　　　　　　　表 11-13

线路名称	平交路口数量	相交道路数量			
		主干路	主干路路口平均间距(m)	次干路	支路
T1线	66	18	1250	22	26
T2线	55	12	1940	19	24
T3线	54	14	1339	17	23

第12章 亦庄新城现代有轨电车线网规划

12.1 规划背景

12.1.1 亦庄新城区位

亦庄新城地处北京中心城东南部,是北京城市总体规划中东部发展带上的重要结点,是北京东南地区的重要门户、京津冀北区域的核心地区、北京重点发展新城之一,是辐射并带动京津城镇走廊产业发展的区域产业中心和服务中心。

12.1.2 亦庄新城区位交通优势

亦庄新城具备优越的对外交通条件。京津塘高速公路、京津塘第二高速公路、机场二高速,京哈高速公路,五环路、六环路等多条交通快速干道,以及轨道交通的建设和京津城际高速铁路的建成,构架连接中心城及其他新城的复合交通系统,将亦庄同中心城和周边其他新城紧密联系在一起(图12-1)。

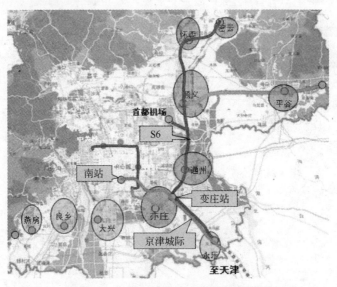

图12-1 亦庄新城区位交通优势示意图

12.1.3 经济产业发展概况

亦庄新城在空间结构上以北京经济技术开发区为基础,以及政策优势、区位优势和空间优势等条件,发展建设非常快,经济效益迅速提高,成为北京市一个新的经济增长点,在完善城市综合配套服务功能的基础上,以研发、生产、营销和物流等城市功能为中心,引导发展电子、汽车、医药、装备等高新技术产业与现代制造业,以及商务、物流等功能，积极推动开发区向综合产业新城转变(图 12-2)。

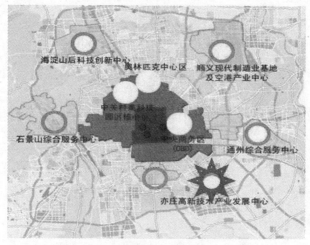

图 12-2　北京市产业发展中心分布图

12.2　交通需求分析

12.2.1　现状人口及就业特征分析

随着亦庄新城经济的快速发展，亦庄新城人口正在迅猛增长，且城市化进程飞速发展。亦庄新城范围就业岗位总计 19.2 万个，其中亦庄新城核心区就业岗位 13.8 万个，占新城就业岗位的 72%，为现状亦庄新城的核心就业区域。此外，新城的主要就业区域还包括：河西区 0.7 万个(占 4%)、路东区 0.9 万个(占 5%)、站前区 0.7(占 4%)万个、路南区 1.7 万个(占 9%)。

12.2.2　人口及就业岗位规模预测

新城规划中预计，2020 年，亦庄新城人口规模规划控制在 76 万人左右，年均增长率控制在 12% 以内。阶段目标到 2010 年达到 30 万人，2015 达到 47 万人。

2020 年亦庄新城就业岗位总量 82 万个。各组团人口分布预测图见 12-3，各交通小区就业岗位分布图见图 12-4，人口及就业岗位预测图见图 12-5。

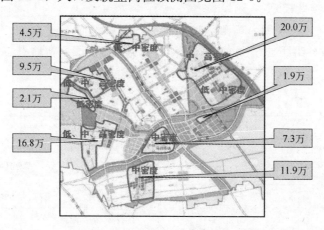

图 12-3　各组团人口分布预测图

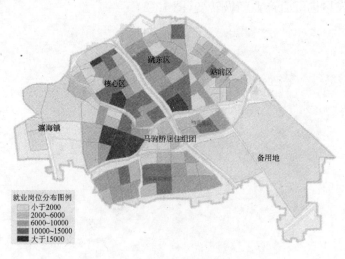

图 12-4　各交通小区就业岗位分布图

图 12-5　人口及就业岗位分布预测图

12.2.3　交通需求预测

《亦庄新城综合交通规划》预测新城相关总出行量 290 万人次/d，其中新城内部出行比例为 65%，新城各组团的组团内出行为 37%（见表 12-1）；新城全日相关出行期望线见图 12-6。

组团内部出行方向分布表　　　　　　　　　　表 12-1

区域	比重(%)	区域	比重(%)
核心区	23%	马驹桥居住组团	9.20%
河西区	12.60%	物流基地	3.90%
路东区	7.70%	瀛海镇	11.90%
站前区	3.70%	六环路路南区	4.20%

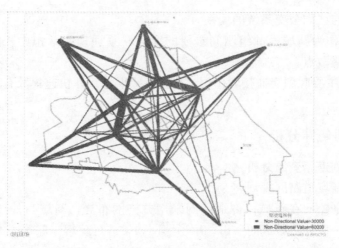

图 12-6　全日亦庄新城出行期望线分布图

12.3　现代有轨电车功能定位

12.3.1　现代有轨电车的功能定位

（1）新城主要组团间联系的快速通道，兼顾组团内部交通出行，加强覆盖范围的中低运量轨道线路。

（2）地铁、市郊铁路等大容量轨道交通系统的饲喂线，扩大轨道交通系统服务和影响范围。

（3）与常规公交、小汽车、自行车等其他交通系统相衔接，实现多种交通方式的衔接换乘，发挥轨道交通功能。

（4）结合源水河及三海子公园的治理和建设，形成绿色景观型交通走廊。

12.3.2　现代有轨电车与其他公交系统的关系

12.3.2.1　与跨区快速公交系统的关系

亦庄新城现代有轨电车是跨区快速公交系统（包括轨道交通）的延伸线与饲喂线，其与跨区快速公交系统的关系如图 12-7 所示。

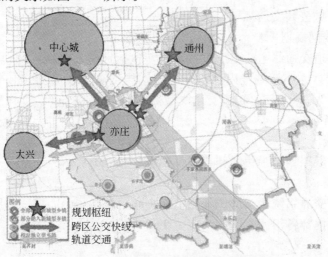

图 12-7　与跨区快速公交系统的关系图

12.3.2.2 与区内公交系统的关系

① 有轨电车作为新城内部组团间重要的客运联系通道,承担中长距离跨组团出行,连接主要的客流集散点;

② 区内公交主要起到交通接驳作用,连接各级枢纽,并快速集散有轨电车客流。

12.4 规划条件分析

12.4.1 规划道路资源分析

12.4.1.1 新城道路网规划

亦庄新城规划路网在新城内部道路网采用方格网布局,新城与外部地区通过由快速路、高速公路和一级公路组成的"田"字形路网骨架进行疏解、联通。亦庄新城综合交通规划路网如图12-8所示。

图12-8 亦庄新城综合交通规划路网图

12.4.1.2 新城公共交通规划

1. 轨道交通线网规划

亦庄新城的轨道交通线主要由五条线组成,包括地铁2号线,轻轨L2、L5线,市郊铁路S6及S6支线。亦庄新城境内轨道交通规划线网总长度为62.8km,规划设置19个站,站点平均间距为3.31km,轨道交通线网密度为0.3km/km^2。亦庄新城的轨道交通线网规划如图12-9所示。

2. 地面公交线网规划

亦庄新城公交线路划分为快线和普线系统。

(1) 公交快线

功能:与轨道交通系统相互协调补充,解决亦庄新城与中心城、周围其他新城的对外客运交通以及新城内部各组团之间的快速公交联系。

(2) 公交普线

功能:解决新城各组团内部不同功能区之间的公交联系,并通过各级枢纽向轨道交通

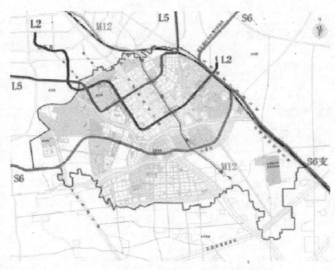

图 12-9 亦庄新城轨道交通线网规划图

车站、公交快线集散客流。

根据客运枢纽和轨道交通的发展,动态调整优化公交线网布局和运营模式。在新城和北京中心城之间建设快速公交走廊,近期在轨道交通线路尚未建成时,在走廊上安排大容量地面快速公交线路。

3. 组团间干道系统

亦庄新城内组团之间干道系统如图 12-10 所示,其中主干路 25 条,次干路 12 条,道路条件如表 12-2 所示。

图 12-10 亦庄新城组团之间干道系统图

亦庄新城组团之间干道系统道路条件　　　　表 12-2

联系组团	道路名称路名	道路等级	红线宽度(m)	是否定线
核心区-路东区	北环东路	主干路	45	是
	光机电中路	主干路	65	是

续表

联系组团	道路名称路名	道路等级	红线宽度(m)	是否定线
核心区-路东区	通马路	主干路	65	是
	亦庄安定营大街	主干路	50	是
	亦庄北堤中路	次干路	45	是
路东区-站前区	站前东环北路	主干路	45	否
	神树路(站前四路)	次干路	35	否
	站前四街	次干路	30	否
	通马路	主干路	50	是
	通站路	次干路	30	否
	亦庄安定营大街(东段不确定路名)	主干路	55	否
	站前八街	主干路	45	否
	亦庄北堤中路	次干路	45	是
路东区-物流基地	京渠路	主干路	60	是
	仓储中路	主干路	60	是
	仓储中二路	次干路	40	是
	通州物流园西路	主干路	35	是
站前区-物流基地	京渠路	主干路	60	是
	站前东环南路	主干路	45	否
物流基地-马驹桥	马桥北街	次干路	30	否
	仓储一街	次干路	40	是
	兴华南街	次干路	40	否
马驹桥-路南区	马桥西路	次干路	30	否
	小白村西路(辛房路)	主干路	40	是
	姚村东路	主干路	40	六环路南侧未定线
	大周易村西路	主干路	40	否
马驹桥-河西区	兴华南街	主干路	40	是
马驹桥-核心区	辛房路	主干路	40	是
	马桥路	次干路	40	否
	马桥东路	主干路	40	是
河西区-路南区	三海子东路	主干路	65	否
	荣昌西街(博兴南路)	主干路	60	六环路南侧未定线
	康定街	主干路	40	是
	环景西二路	次干路	60	是
河西区-核心区	荣京西街	主干路	65	是
	雅秀斜街	次干路	40	是
	荣昌西街	主干路	60	是
	康定街	主干路	40	是

4. 可利用资源分析

根据有轨电车功能定位及技术特征，可利用通道主要集中于组团间快速路、主干路，组团内部红线宽度不小于30m的干路及部分支路。

5. 现状及规划立交情况

亦庄新城为规划互通式立交13个，半互通式立交7个，组合立交3对，菱形立交4个。其中已建成立交6个，需要完善现状立交3个，规划立交20个。

12.5 系统制式选择

亦庄作为一个正在建设发展中的新城，为有轨电车的建设创造良好的道路实施条件。考虑到胶轮＋导轨有轨电车级统具有土建结构简单、施工周期短等特点，并且天津已投入运营，积累了丰富技术经验，便于引用，本规划推荐采用胶轮＋导轨有轨电车。

胶轮＋导轨有轨电车主要性能指标如表12-3所示。

胶轮＋导轨有轨电车主要性能指标　　　　　表12-3

	主要指标	胶轮＋导轨有轨电车（Translohr系列为例）
尺寸	长度(m)	25～46
	宽度(m)	2.2
载客量	32m列车，4人/m² 载客量(人)	160～170
技术性能	最大速度(km/h)	70
	最大坡度	13%
	最小转弯半径(m)	11
	供电电压(V)	750(500～950)
	最大加速度(m/s²)	1.3
	紧急间速度(m/s²)	5
	供电方式选择(钟)	2
噪声	停止车内(dB)	62
	40km/h 车内(dB)	69
	40km/h 车外 7.5m(dB)	78

推荐采用地面敷设方式为主，局部跨高速公路段采用竣方式。

12.6 线网规划方案

12.6.1 规划范围

规划范围为亦庄新城的重要组团及功能区，主要考虑站前综合服务中心、核心区高端产业服务中心、滨河科技文化中心、马驹桥居住组团、路南区公告中心区一级物流基地等功能区及重要组团间的联系，适当考虑路南区的连接。

12.6.2 规划方案

12.6.2.1 线网概况

亦庄现代有轨电车网络由2条线组成,全长约41.05km。其中:

T1线为新城内部环线,全长约28.48km;

T2线从核心区(同济南站)—路南区,全长12.57km。

12.6.2.2 路由选择及站点设置

1. T1线

在站前中街-站前大道-通马路-荣昌东街-荣昌西街-旧头北路(凉水河路)-雅秀斜街-亦庄西六号路-荣昌西街-黄亦路-兴华南街-仓储一街-京渠路-生态公园南路-站前十街-站前大道-站前中街上设置环城有轨电车系统。作为新城内部组团之间重要的客运联系通道,途径开发区的核心区,连接滨河科技文化中心、物流基地及站前综合服务中心,同时服务马驹桥居住组团的客流。

本规划方案在河西区线位略有不同,先提出两个方案:

方案一:

该环线长约28.48km,共设20站,其中4个换乘站,平均站间距为1424m。

经由荣昌西街折向西沿凉水河路(旧头北路)走行,向南沿雅秀斜街折向东,绕行北京奔驰厂区北侧向东。此方案不仅在凉水河段发挥有轨电车景观线路的特点,而且避免穿越北京奔驰厂区(图12-11)。

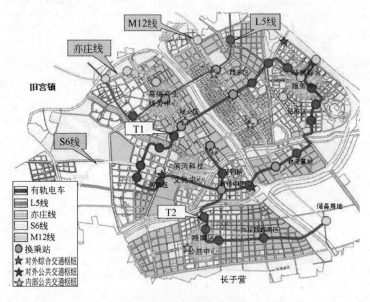

图12-11 现代有轨电车规划图(方案一)

方案二:

该环线长约28.96km,共设21站,其中4个换乘站,平均站间距约为1379m。

经由荣昌西街折向西沿亦庄西一路走行,向南沿雅秀斜街折向东,沿亦庄西七号路(兴海路)横穿北京奔驰厂区(图12-12)。此方案深入河西区密集的居住区,对河西区居民出行的服务性优于方案二,但考虑到横穿北京奔驰具有一定难度,故推荐方案一。

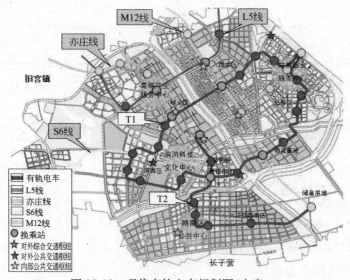

图 12-12 现代有轨电车规划图(方案二)

2. T2 线

该线北起康定街,向南沿永昌北路、辛房路,景盛北三街,环景西二路,折向东沿环景南四街至新城发展储备用地,与亦庄线在康定街形成换乘。途径开发区核心区、路南公共中心以及新城南部发展备用地,是连接马驹桥居住组团与南部地区的重要客流走廊。全长约 12.57km,共设 8 个站,平均站间距约为 1796m。

12.6.3 沿线道路横断面规划

12.6.3.1 沿线及相交道路规划情况

亦庄新城现代有轨电车沿线道路规划情况如表 12-4 所示。

现代有轨电车沿线规划道路情况一览表　　表 12-4

序号	道路名称	起终点	道路等级	红线宽度(m)	定线情况	规划路幅形式	规划横断面(m)
1	站前中街	站前街—站前大道	步行街	55	否		
2	站前大道	站前中街—通马路	主干路	50	否		
3	通马路	站前大道—东环中路	主干路	65	是	三幅路	3.5、5、2、16、2、5、3.5
4	荣昌东街	东环中路—荣华南路	主干路	65	是	二幅路	3.5、5、16、16、16、5、3.5
5	荣昌西街	荣华南路—旧头北路	主干路	60	是		
6	旧头北路	旧头北路—雅秀斜街	次干路	40	是	三幅路	4.5、5、2.5、16、2.5、5、4.5
7	雅秀斜街	旧头北路—亦庄西六号路	次干路	40	是		
8	亦庄西六号路	雅秀斜街—荣昌西街	支路	30	是		
9	荣昌西街	亦庄西六号路—黄亦路	主干路	60	是		
10	黄亦路	荣昌西街—亦庄西十一号路	主干路	60	是	三幅路	8.5、7、2.5、24、2.5、7、8.5
11	兴华南街	亦庄西十一号路—公路二环北辅路	主干路	40	马桥路西定线		
12	仓储一街	公路二环北辅路—京渠路	主干路	40			
13	京渠路	仓储一街—亦庄北堤中路	主干路	60	是	四幅路	4、6、3、12、10、12、3、6、4
14	生态公园南路	京渠路—站前十街	次干路	45	否		

续表

序号	道路名称	起终点	道路等级	红线宽度(m)	定线情况	规划路幅形式	规划横断面(m)
15	站前十街	生态公园南路—站前大道	主干路	50	否		
16	站前大道	站前十街—站前中街	主干路	50	否		
1	康定街	周济南路—永昌北路	主干路	35	是	一幅路	7、21、7
2	永昌北路	康定街—西环南路	主干路	45	是	三幅路	4、6、1.5、22、1.5、6、4
3	辛房路	西环南路—马桥南街	主干路	40	是	四幅路	1.25、6、2、7、7.5、7、2、6、1.25
4	景盛北三街	马桥南街—环景西二路	次干路	30	是	一幅路	4.5、10.5、10.5、4.5
5	环景西二路	景盛北三街—环景南四街	次干路	60、40	是	三幅路	4.5、5、2.5、8、8、2.5、5、4.5
6	环景南四街	环景西二路—环宇东四路	主干路	40	是	三幅路	4.5、5、2.5、8、8、2.5、5、4.5
7	储备地二街	环宇东四路—仓储中路南延	主干路	40	是		

12.6.3.2 沿线横断面布置形式

考虑到目前通马路、荣昌西街、荣昌东街、辛房路上机动车量比较大，并且通马路（科创街）作为货运通道，且是连接通州与亦庄新城的重要通道，交通压力大，需留出足够的道路通行能力。规划通马路红线宽65m，两上两下16m宽机动车道，需要向两侧拓宽改造以满足有轨电车的建设，沿线道路两侧的绿化带具备拓宽条件。

站前中街规划55m宽的步行街，现代有轨电车建议采用中央式车道布设，与行人共享路权的形式。

规划推荐线路的车道布设和道路方案如图12-13～图12-20所示。

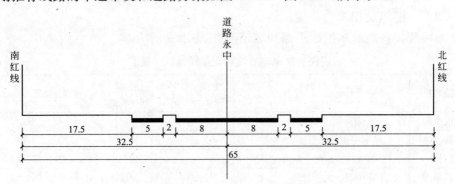

图12-13 通马路（站前大道—东环中路）道路规划横断面

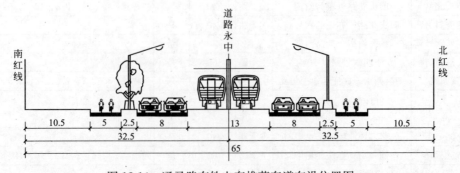

图12-14 通马路有轨电车推荐车道布设位置图

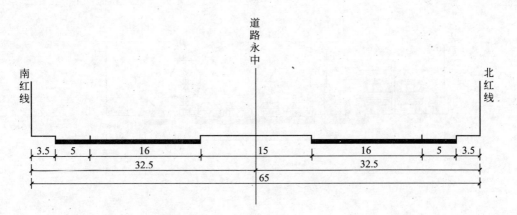

图 12-15 荣昌东街(东环中路—荣华南路)道路规划横断面

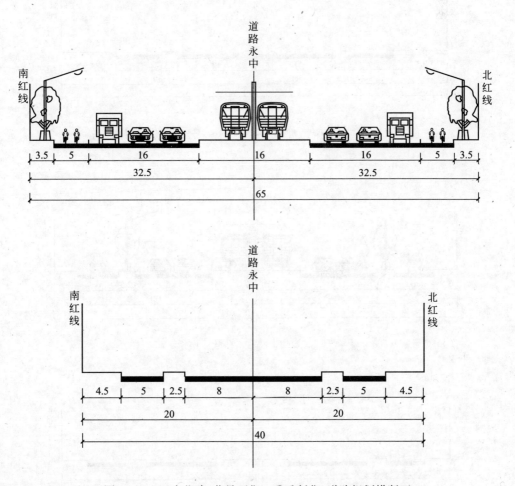

图 12-16 旧头北路(荣昌西街—雅秀斜街)道路规划横断面

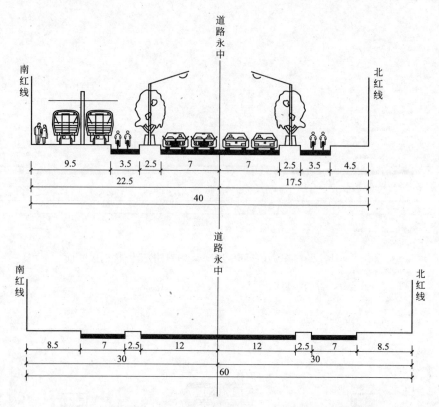

图 12-17　黄亦路（荣昌西街—亦庄西十一号路）道路规划横断面

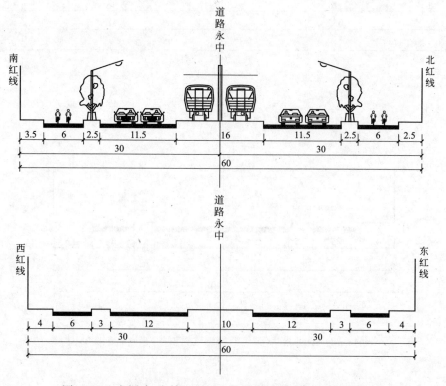

图 12-18　京渠路（仓储一街—亦庄北堤中路）道路规划横断面

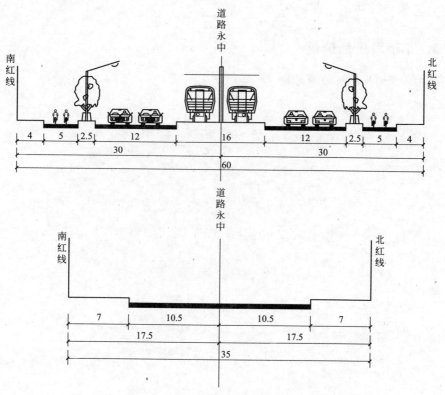

图 12-19 康定街(周济南路—永昌北路)道路规划横断面

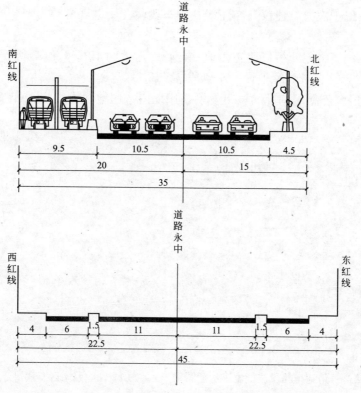

图 12-20 永昌北路(康定街—西环南路)道路规划横断面

12.7 车辆段规划选址

T1 线车辆段初步选址方案如图 12-21 所示。

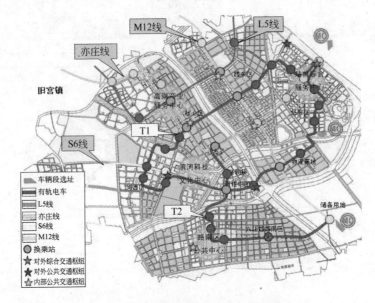

图 12-21 现代有轨电车车辆段建议选址图

(1) 方案一位于次渠，建议与亦庄线共用车辆段，用地规模约为 4hm²，但距离正线约 2km，较远，不经济。

(2) 方案二位于物流四桥以北三角地（绿地），占地约 4hm²，但不利于临河绿地景观本规划推荐方案二，结合景观绿地设计车辆段（图 12-22）。

T2 线车辆段位于新城南部的城市发展备用地内，用地规模约为 6hm²（图 12-23）

图 12-22 物流四桥三角地车辆段选址位置示意图

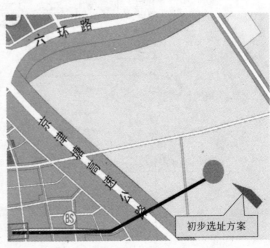

图 12-23 路南区车辆段选址位置示意图

12.8 路权选择及信号控制

本线路沿线的交叉口中,根据交叉口横向道路流量的大小,将沿线信号处理措施分为以下三种情况:

1. 路权选择本规划推荐采用独立路权为主,有轨电平与其他交通方式隔离运行,仅在交叉口与其他交通流交织;局部道路资源条件不允许的路段采取逆行路权。

2. 信号控制通马路,荣昌西街荣昌东街,库房路采用交叉口无优先通行权。因为这种方式对交通量较大的道路交通基本无影响,现代有轨电车与其他机动车信号同步,其他相位的机动车延误小。

12.9 实施效果

12.9.1 与新城对外轨道交通系统的关系

亦庄新城的轨道交通线网主要由 L2、L5、M12、S6 四条主线以及 S6 支一条支线所组成(见图 12-24 和表 12-5)。

图 12-24 有轨电车与轨道交通线网关系图

亦庄新城有轨电车系统与对外轨道交通系统关系　　　　表 12-5

序号	站名	车站分类	轨道交通	小汽车	普通公交 首末站	普通公交 停靠站	自行车	出租车	有轨电车
1	亦庄站前站	综合交通枢纽	L2、S6、S6支	★	★		★	★	T1
2	科创街站	换乘中心站	M12			★	★	★	T1
3	荣昌东街站	换乘中心站	L2(亦庄线)			★	★	★	T1

续表

序号	站名	车站分类	轨道交通	小汽车	普通公交 首末站	普通公交 停靠站	自行车	出租车	有轨电车
4	仓储中路站	换乘中心站	M12	★			★	★	T1
5	同济南路站	换乘中心站	L2(亦庄线)			★	★		T2
6	兴华南街站	换乘中心站	S6			★	★		T2

亦庄有轨电车系统有效连接了新城对外综合交通枢纽和对外公共交通枢纽。其与L2线、M12线、S6线主要车站形成换乘关系，形成了除对外综合交通枢纽外的5处换乘中心，对于新城综合交通枢纽体系的建设起到关键的支撑作用。

12.9.2 运行速度及最佳服务长度

亦庄有轨电车系统在沿线组团内部平均站间距可保持在800m以上，其运行速度可以达到25km/h。通过旅客适宜乘坐时间计算可得，对于服务距离为6~22km左右的地区而言，有轨电车系统的服务水平较高，其整体吸引力较高。

12.10 近期实施建议

综合考虑近期亦庄新城交通枢纽等重点建设项目，土地开发以及利用现有道路断面和改造计划等各方面因素，近期建议修建"站前区-河西区"段半环线，长约14.65km，共设13个站，平均站间距约为1.2km(图12-25)。

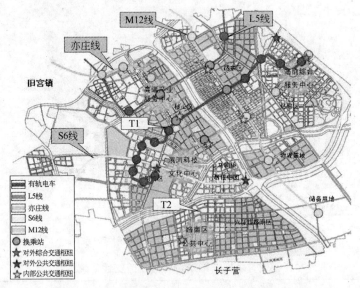

图12-25 亦庄新城现代有轨电车近期建设规划图

第 13 章　现代有轨电车规划总结

13.1　关于现代有轨电车系统适应性

本书结合新城的交通出行需求特征，通过对有轨电车系统运行速度、线路长度、运能、路权、信号控制、运营费用等适应性的分析，认为有轨电车系统在顺义新城范围内有较好适应性，具备应用条件。

13.2　关于居民交通出行特征

居民交通出行特征是有轨电车网络规划的基础，影响着有轨电车系统的功能定位，尤其是出行分布特征，更是有轨电车线路的选线起决定性作用。

以顺义新城为例，规划年度出行方向以区内出行为主，约占全区总出行量的90%。区内出行以老城区为核心，且以组团间出行为主，因此顺义有轨电车系统定位为服务新城主要组团间的快速交通出行。顺义有轨电车网络规划的3条线路共串联了新城的7个组团，其中有2条线路经过老城区。有轨电车网络与交通需求吻合度较高。

13.3　关于现代有轨电车系统与地面快速公交系统的比较

本书主要通过对客流适应性、系统稳定性、环境适应性、车辆购置费用等方面对有轨电车与地面快速公交系统进行比较，经综合比较认为，在新城范围内有轨电车系统有更优的性能及良好的适应性。

13.4　关于现代有轨电车线路路由的选择

现代有轨电车基本采用地面形式，主要沿道路敷设，其在路由选择方面主要取决于两个因素：一是系统的功能定位；二是有轨电车乘客进出站的便捷性。当两者对于路由选择的要求不一致时，应优先考虑系统功能定位，在此基础上最大限度地实现有轨电车乘客进出站的便捷性。

以顺义新城为例，根据顺义有轨电车系统功能定位，其主要服务于新城主要组团间的交通出行，连接新城主要组团间的道路以城市主干路为主。因此，顺义有轨电车线路沿线道路中城市主干路的比例较高；从方便乘客使用的角度来看，乘客进出站采用平面过街方式更能体现有轨电车系统相对于大中运量轨道交通系统的优势，若采用平面过街进出站形式,为减小过街乘客对沿线交通的影响,有轨电车适宜选择交通流量相对较小的城市次干路。

顺义有轨电车线路路由选择即是以符合功能定位为前提,在组团间选择满足通行条件的城市主干路,在组团内尽可能选择尺度相对较小的城市次干路,最大限度地方便乘客进出站。

13.5 关于现代有轨电车沿线道路横断面设置

现代有轨电车道路平面布局方式主要有三种形式,即中央布局、两侧布局、道路一侧布局。道路一侧布局方式适用于道路沿线土地开发建设集中于一侧情况,应用范围相对较小。中央布局、两侧布局为广泛应用布局方式,

表 13-1 即是对这两种布局方式的特点进行的总结。

现代有轨电车沿线道路平面布局方式比较　　　　表 13-1

	中央布局	两侧布局
对道路交叉口交通的影响	影响沿线左转交通	影响沿线右转交通
与路口其他交通方式的衔接	不便	较为便捷
对沿线单位出入口交通影响	影响沿线出入口左转交通	影响沿线出入口左、右转交通
行人影响	影响小	有一定影响

有轨电车沿线道路横断面设置方式需要根据对交叉口交通的影响程度、与其他交通方式衔接的便捷度、对沿线单位出入口交通影响及对行人影响的大小等因素进行综合判断,因地制宜地设置。

第 5 篇　现代有轨电车系统示范工程

第14章 示范工程概述

14.1 内容

现代有轨电车示范工程以北京市现代有轨电车西郊线为素材，进行整理和提炼后，供北京市其他现代有轨电车工程参考使用。

本示范工程包括运营组织、线路、限界、轨旁、轨道、建筑、结构、供电、通信、乘客信息、调度、售检票、综合监控和火灾自动报警等12个专业。

14.2 工程概况

北京市现代有轨电车西郊线是一条服务于北京西郊风景区的公共交通线路，线路穿行于北京第一道绿化隔离区，经过香山公园、北京植物园、玉泉郊野公园、颐和园、南水北调纪念园等自然和文化风景区。线路以地面为主，全长9.064 km，起于香山公园4号停车场，终止于地铁10号线一期巴沟站，主要功能定位为市民提供一条休闲、观光、旅游的专用线(图14-1)。

图14-1 西郊线线路示意图

西郊线线路全长9064m，其中地下线1367m，U形槽550m，高架线702.74m，地面线6444.26m。全线设7座地面站和1座巴沟车辆段。

第 15 章　行车组织与运营管理

15.1　设计原则

(1) 有轨电车行车为双向右侧行车制。
(2) 系统输送能力应满足预测远期高峰小时最大断面客流量的需要，并留有一定的余量。
(3) 根据有轨电车的运营特性，建立合理的票务管理模式。

15.2　主要技术标准

(1) 按供电模式不同，列车最高设计速度分为两个部分：接触网供电区段最高速度为 70km/h，地面嵌入式接触轨供电区段最高速度为 50km/h。
(2) 100%的低地板车。
(3) 列车定员标准：6 人/m^2。

15.3　运营特征

(1) 低运量轨道交通制式系统。
(2) 适合对运行速度和运行密度要求不高的客运线路。
(3) 线路敷设方式是以地面线敷设方式为主，线路允许与地面道路平交。
(4) 主要道路和路口按照需要可采用地下或高架线。
(5) 路权应以专用路权为主。
(6) 车辆灵活编组，可多列连挂编组。
(7) 平交道口按道路信号行车。
(8) 采取"公交化"的运行组织方式。
(9) 驾驶模式：人工驾驶。
(10) 调度模式：人工调度管理模式。
(11) 列车定位：GPS 定位。
(12) 折返方式：站前折返。
(13) 售检票方式：站下售票与车上售票相结合。
(14) 站务管理：车站仅设置站台。
(15) 车辆：100%低地板的现代化有轨电车。

(16) 在平交道口运行方式：平交道口限速 40km/h 速度行驶。

15.4 配线设计原则

(1) 车站配线应根据客流特点统一规划，合理安排，保证线路的灵活性。
(2) 车站配线的数量和形式，应满足正常情况和故障情况下的运营需要。
(3) 依据客流特点和运营灵活组织的需要，应设置故障车停放线或渡线。
(4) 车站配线的设置地点和形式，应考虑线路的敷设方式、工程地质条件及工程造价等因素。

15.5 列车运行管理

15.5.1 乘务制度
(1) 乘务员由车辆段运转车间管理，实行责任共担。
(2) 司机采用轮乘制，每列车配备 3 名司机。
(3) 每列车在运行时，在车头司机室设一名司机。
(4) 除配备司机外，每辆车每班配备若干售票员。

15.5.2 运营调度模式
实行人工调度管理模式。

15.5.3 列车驾驶模式
人工驾驶模式。按路权专用、视线可见距离运行。除在平面交叉口设置道路公共交通信号灯(红绿灯)控制运行外，其余正线路段按可视距离间隔运行，在起终点折返时亦采用人工驾驶模式。

电车的折返方式优先采用站前折返，折返进路的办理由控制中心控制完成。

车辆段内道岔控制采用计算机联锁系统。

15.5.4 客运管理、票务管理

15.5.4.1 客运管理
(1) 客运管理的模式

全线设一个运营总部，所有车站统一划归运营总部管理，运营总部实行部长负责制。运营总部下设车务部、车辆部、票务部、安技部、综合部、调度中心、维修部等，负责管辖下属各站的行车组织、票务及客运服务等工作。

(2) 车站种类

车站可分为终点站与中间站两种。

(3) 车站的服务设施

包括指示标示、站牌及乘客信息导向系统、雨棚和候车椅等候车设施、自动售票机、垃圾桶等附属设施和自动监控系统设备。

15.5.4.2 票务管理
(1) 票制：单一票制、分段计价票制。
(2) 车票种类：单程票、储值票等。

(3) 车票类型：纸制车票、IC 卡车票。

15.6　组织管理模式及组织机构

15.6.1　组织管理模式原则

(1) 建立符合实际的运营管理模式及现代企业管理机制。

(2) 在完成企业任务目标的前提下，尽可能地减少管理层次，力求机构精、人员少、效率高。

(3) 生产经营系统在强调专业分工协作的同时，要加强专业间横向联系，以发挥管理的整体效率。

(4) 按当地的职工工作时间规定，职工平均每周工作时间为 40h。

(5) 充分利用当地的既有资源和社会力量，降低运营成本。

(6) 公司机关工作人员和检修车间人员上日勤，其他生产岗位采用倒班制。

有轨电车运营企业采用管理模式有三种：垂直管理模式、横向管理模式和混合管理模式。西郊线采用混合管理模式。

15.6.2　组织机构方案

应以国有资产为主，可吸收部分外资和社会资金组建股份制公司。

股份制公司设立董事会，由国家股代表任董事长和法人代表。由董事会任命公司总经理，总经理负责公司的经营工作，设副总经理和三名总工程师。

公司组成部门包括：车务部、车辆部、维修工程部、综合部、行政企划部、技术部、计划财务部、物资部、物业开发部、人力资源部、安技部、法律事务部、党群部等。

第16章 线　　路

16.1 线路平面设计

有轨电车主要以地面线为主，除部分平交路口外，全部采用专用道。因此，设计时应处理好线路与主要道路及其道路交叉路口的关系。该工程线路包括位于道路路中和道路路侧两种平面位置，与交叉路口分为立交和平交两种。

16.1.1 线路与道路红线的关系

（1）协调线路和现有地面交通时，主要考虑如下方面：

1）通过道路改造对现有道路资源进行优化整合，道路资源总量不减少。简单地说，就是"占一还一"。

2）优先考虑采用大容量快速公交的交通组织模式，将线路设在道路路中，并采取有效的隔离手段。

3）通过设置路缘石、防护栏、道旁树带等措施，进行有轨电车和道路间的隔离。

（2）线路布置方式可分为路中、路侧和双向同侧式。布置方式会直接影响线路的运营速度，不同布置方式适用于不同情况，具体设计时要根据实际情况灵活选用。

1）路中式：线路设置于道路红线之中，如图 16-1 所示。路中式布置对沿线单位机动车辆的出入（右进右出）无干扰，同时不影响外侧机动车道的使用。在有条件的路段，还可以对线路两侧的绿化带进行适当加宽，以实现与机动车的有效隔离，同时便于临时设站。但这种布置形式需引导乘客沿十字路口的地面人行过街系统完成进出。

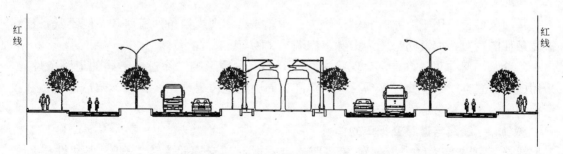

图 16-1　路中式横断面示意图

适用条件：路中式车道布设方式适用条件较广泛，一般道路条件皆适用。路中式布置如下图所示。

2）路侧式：线路设置于道路红线之中，机动车道与非机动车道之间，如图 16-2 所示。路侧式使得有轨电车与沿线单位车辆的出入会有一定冲突，同时会减少道路拓宽的灵活性。道路上的常规公交线路也会与线路发生冲突，特别是设置港湾式公交站台的路段，一般来说需要对常规公交线路进行调整，并将公交站台和线路合并。但路侧式布设方式对于乘客上下站台非常方便。

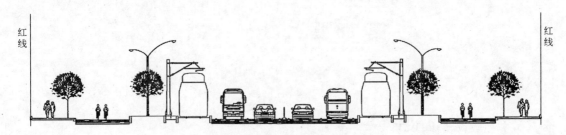

图 16-2　路侧式布置示意图

适用条件：适用于城市快速路，三块板形式的道路。对于三块板形式的道路，在隔离带较宽的条件下，可以考虑将电车车道置于主路外侧，辅路同时满足周边单位车辆的进出。

由于该工程道路两侧沿线单位进出口较多，若线路选择路侧式，则与沿线单位进出车辆冲突较多，因此并未采用该种布置方式。

3）双向同侧式：线路置于道路红线之外，如图 16-3 所示。该种布置方式对沿线单位车辆的出入有一定影响，但通过对沿线单位出入口的整合，可以将这种影响降到最低。且由于线路设于道路一侧，对道路拓宽具有一定灵活性，且土建施工对现状道路影响较小。

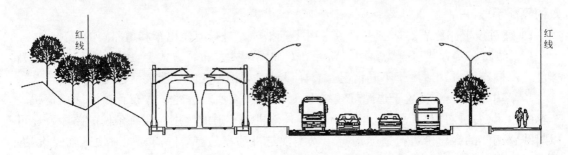

图 16-3　双向同侧式布置示意图

适用条件：适用于道路一侧单位较少、新建或已实现规划条件道路和一侧不具备道路拓宽条件的情况，如道路一侧为山脉、围墙、文物等。

不论采用何种布置方式，对现状道路交通都有一定影响。除考虑不同的道路条件外，采用何种布置方式，还要根据项目技术标准、周边用地情况、建设工期、改造工程量和投资等多个因素综合考虑。

16.1.2　线路与道路交叉口的关系

线路与道路交叉口采取何种交叉形式，应根据相交道路交通量的大小和性质进行选择。

(1) 该工程线路与道路交叉口分为立交和平交两种类型，具体情况如下：

1) 四环主路是快速路，北坞村路是勤务路，具有无可争议的优先权，采取立交方式。香泉环岛、昆明湖东路虽然不是快速路，但与快速路有直接的交通联系，这样的交通节点通过仿真模拟后，采用立交方式。

2) 交通量较小的主干路、次干路及支路，采用平交方式，具体如下：

① 交叉口的交通量大于 480pcu/h 时，设置常规灯控方式组织交通。通过"分相位组织的流线分析"，做到引入有轨电车时，路口产生的冲突点最少。

② 交叉口的交通量大于 120pcu/h 且小于 480pcu/h 时，设置有条件信号优先组织交通。

③ 交叉口的交通量小于 120pcu/h 时，设置绝对信号优先组织交通。即双向电车相继通过道口的 30s，即最不利情况下平均阻挡 1 辆机动车的通行。

(2) 现代有轨电车与道路交叉口采用立交方式组织交通时，对道路交叉口的交通组织不产生影响。采用平交方式，对交叉口的交通组织会产生一定影响，具体来讲可分为两种：

1）线路在该路口处直行通过，例如香山南路-香泉路路口，如图 16-4 所示。

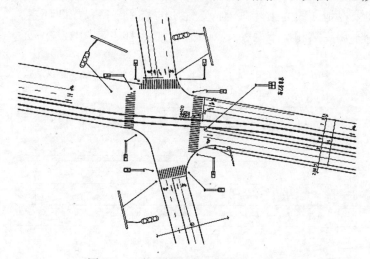

图 16-4　香山南路-香泉路路口示意图

在这种情况下，有轨电车相位可以与机动车的直行相位合并，与机动车、非机动车和行人之间不会产生新的冲突，交通组织相对简单。

2）线路在该路口处转向通过，例如旱河-金河路口，如图 16-5 所示。

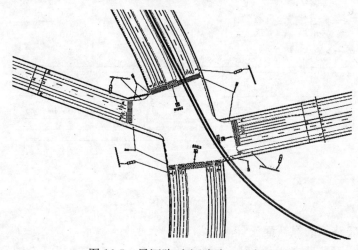

图 16-5　旱河路-金河路路口示意图

在该路口线路、由旱河路转向东，沿金河路南侧绿地敷设，并没有遵循路中对路中的转向方式。这种情况下，有轨电车相位很难与机动车的左转相位合并，只能为其设置单独的相位。在现代有轨电车与交叉口平交位置关系设计时应该尽量避免该种交叉方式的出现，减少交叉口交通组织的难度。

16.2 线路纵断面设计

16.2.1 与道路平交路口纵断面设计

有轨电车与道路，平交路口地或混行地段，轨面设计标高与道路面相同。

16.2.2 与道路立交路口纵断面设计

有轨电车主要以地面线为主，对于特殊性质的交叉路口，如四环主路、香泉环岛及北坞村路口，分别采用高架和地下两种交叉方式，如图 16-6 和图 16-7 所示。

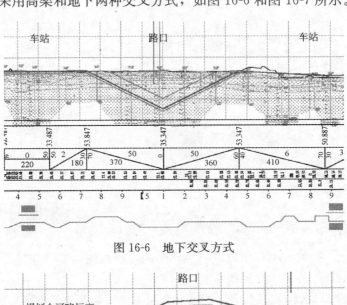

图 16-6 地下交叉方式

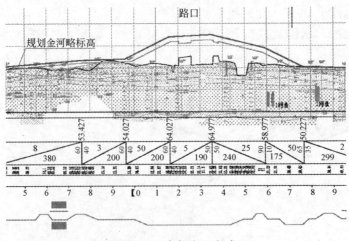

图 16-7 高架交叉方式

16.2.3 一般路段的纵断面设计

一般路段纵断面设计考虑轨面标高与道路面相同，在线路两侧设置高出路面的路缘石,保证道路与有轨电车的隔离。

16.3 车站设置

有轨电车车站形式简单,一般情况下,中间站根据道路形式设置为错开侧式站,终点站结合客流集散及用地条件设置成单侧站台,并设置站前集散广场,站前广场考虑行人疏散及接驳换乘设施。

16.4 辅助线设置

辅助线包括折返线、渡线、联络线、停车线、出入线、安全线等(图16-8),其设置原则参照《地铁设计规范》(GB 50157—2003)。

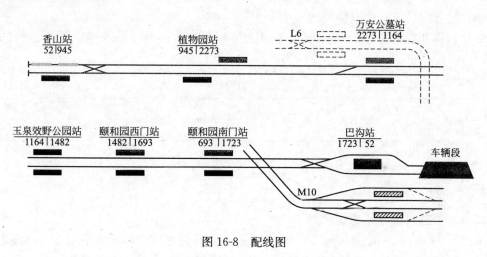

图16-8 配线图

第17章 限　界

17.1 线间距

参照《地铁设计规范》，相邻的双线；当两线间无墙、柱及其他设备时，两设备限界之间的安全间隙不得小于100mm，线路一侧设置接触网支柱或声屏障时，接触网系统或声屏障与设备限界之间的安全间隙不小于100mm。

结合铰接车动态限界的特点以及考虑线路的平顺性、不同曲线半径下最小线间距如表17-1所示。

最小线间距　　　　　　　　　表17-1

曲线半径(m)	50～250	≥250
最小线间距(mm)	3700	3600

17.2 限界方案

17.2.1 直线段车站建筑限界

全线车站均为地面侧式车站，有效站台范围内线路中心线至站台边缘距离为1425mm，轨顶面至站台面高度为330mm，顶部构筑物至轨面高度限界为5800mm。侧式站台线间距与车站两端线间距一致，最小为3600mm。

17.2.2 区间直、曲线段地面线建筑限界

地面线接触网设置在线路两侧或单侧，线路中心线至接触网立柱距离为2100mm，线路中心线至隔离带边缘为1850mm，区间电缆采用电缆管槽敷设，埋置在地面以下。

17.2.3 区间高架桥面建筑限界

区间高架桥电缆采用电缆支架敷设，电缆支架放在疏散平台下。电缆支架宽度为300mm，疏散平台有效宽度为1450mm。

17.2.4 矩形隧道建筑限界

矩形隧道接触网采用线路吊柱悬挂，接触网导线工作高度为4300mm，线路两侧分别设电缆槽，两线之间不设置任何设备及电缆槽。弱电电缆槽布置在线路右线侧，电力电缆槽布置在线路左线侧。

区间电缆采用电缆槽敷设，地下隧道区间电缆槽宽度为600mm，电缆槽边缘至线路中心线距离为1700mm。因此，区间矩形隧道限界，墙壁建筑限界至线路中心线距离为2300mm。轨面至顶面建筑限界高度为4900mm，建筑限界宽度为8200mm，轨道结构高度

为 560mm。

17.2.5 区间单洞双线马蹄形隧道建筑限界

单洞双线马蹄形隧道建筑限界制定时,电缆槽以及顶部接触网设备为控制因素。

马蹄形隧道内接触网采用两线之间吊柱悬挂,按接触网安装空间要求为:隧道内轨面以上 4670mm 高度处(接触网导线工作高度 4300mm+370mm=4670mm),隧道壁至线路中心线水平距离应大于 1500mm。

由于车辆肩部设备限界与建筑限界有较大的间隙,因此该工程直、曲线隧道采用同一断面,且结构中心不需相对线路中心线偏移。

第18章 轨　　旁

18.1 区间疏散通道设计

轨旁系统专业对区间事故情况下乘客的疏散通道进行设计，保证乘客在紧急条件下有最合理、最有效的逃生路径和通道。隧道内道床面做平，作为乘客疏散通道；高架桥面，电缆槽顶部兼作疏散通道；地面线，乘客直接下到道床面疏散。

18.2 轨旁系统设备布置原则

各专业设备和管线均应布置在结构内廓线和设备限界之间的有限空间范围内，在宽度方向上设备、管线与设备限界之间应留出50mm的安全间隙，以确保行车安全。

区间管线的路径应连续，保证各专业的使用要求，并且尽量减少过轨数量。

结合区间结构断面不同形式（明挖矩形断面、暗挖马蹄型断面、路基、桥面等）综合布置各种管线设备位置，在满足限界设计的基础上，根据各专业要求确定管线间距，同时要满足消火栓、阀门、信号机等各专业区间设备的安装和今后运营检修的需要。

设备管线布置应考虑乘客区间疏散的需求。

轨旁系统设备的布置需充分考虑景观及防盗要求。

线路大部分为双线地面线，为防止强、弱电相互干扰，强、弱电电缆分别敷设在线路两侧，即强电电缆（含接触网、供电、动照等）敷设在左线侧，通信及调度系统等弱电电缆敷设在右线侧。为保证路径的连续，地下隧道及高架区间也采用此敷设方式。

18.3 轨旁系统设备的布置

(1) 线路地面线为主，为保证良好的景观，地面线电缆采用电缆管槽敷设，埋置地面以下。设备箱盒放置于检修坑道内，以避免被盗。

(2) 采用无端头门的低地板车辆，为使疏散时乘客能方便下车，高架桥设置疏散平台，疏散平台下设置电缆支架，为了保证良好的景观，电缆支架两边设置遮阳板，疏散平台顶面到轨面高度为330mm，高架区间在两线间设置了供电直流配电箱。

(3) 各种设备的布置，原则上不得妨碍应急情况下乘客的疏散空间要求。

(4) 地下区间设有给水排水及消防系统，消火栓栓头位置应满足消防规范，栓头中心至轨面1100mm。

(5) 区间过轨管线采用预埋管过轨。

第19章 轨 道

19.1 主要几何技术参数

轨距：采用1435mm标准轨距，轨距的测量基线为轨顶以下9mm。

轨底坡：正线采用Ri60/R10槽型轨，不设轨底坡。库内线采用CHN50轨，轨底坡为1∶40。

轨距加宽：正线最小曲线半径为50m，车辆段最小曲线半径为25m，曲线轨距不需要加宽。

超高：正线最大超高值为120mm，允许未被平衡加速度为$0.4m/s^2$。其他曲线不设超高。

轨枕铺设数量：正线为1600对/km，车辆段库外线、库内线为1400对/km。

轨道结构高度：地下线560mm；高架线480mm；地面线500mm；库内线一般为500mm。

19.2 轨道设备选型及结构设计

19.2.1 钢轨

正线、辅助线、库外线采用Ri60/R10槽型轨，库内线采用CHN50轨。

钢轨标准长度推荐采用25m长钢轨。

19.2.2 道床及轨枕

全线采用短枕式整体道床结构。

1. 地下线整体道床

地下线采用现浇混凝土铺面，两侧水沟上加沟盖板，水沟外侧用混凝土填筑至盖板面，从而实现救援车的通行条件。整体道床采用C30钢筋混凝土，道床中设双层构造钢筋。道床钢筋与排流筋相结合布置，并满足杂散电流专业的钢筋联结要求。

2. 高架线整体道床

高架线采用两条带状纵向承轨台道床块，每道床块长约6.25m，宽800mm。道床块采用C40钢筋混凝土，道床设双层构造钢筋，道床钢筋兼作杂散电流排流筋。

3. 地面线一般地段道床

采用高覆盖绿色整体道床方案。该方案整体道床分左右股做成条状矮墙式，矮墙式道床内配筋，并兼作排流钢筋。条状矮墙间、矮墙两侧填土绿化，绿化表面与道床面平齐。

4. 混行道整体道床

在正线混行道需硬化铺面的地段，采用沥青混凝土铺面。这种沥青混凝土与公路用沥青混凝土材质相同，可满足过车的要求。车辆段混行道需硬化铺面的地段，采用混凝土填筑。

5. 地面线平交道口类型

地面线平交道口推荐采用橡胶道口。

6. 车辆段整体道床

车辆段库外线为便于社会车辆行走，按平过道设计采用整体道床。库内线根据检修工艺要求铺设不同形式的整体道床，包括立柱式检查坑整体道床、墙式检查坑整体道床、一般地段整体道床和洗车库整体道床，道床结构类型需与工艺、结构等进行匹配设计。道床混凝土强度等级为C30。

19.2.3 扣件

全线采用无螺栓DTⅥ4型扣件。

车辆段库外线采用与正线一致的DTⅥ4型扣件，库内线采用DJK5-2型扣件。

19.3 道岔

19.3.1 正线道岔

正线推荐采用50kg/m钢轨7号系列道岔，轨枕采用预应力混凝土岔枕。道岔道床采用与相邻区间道床形式基本一致的整体道床。

19.3.2 车辆段道岔

有轨电车进段速度小于10km/h，采用50kg/m钢轨3号道岔，轨枕采用混凝土短枕。

19.4 无缝线路

无缝线路的优点在于消除钢轨接头，避免钢轨接头引起的振动和噪声，提高轨道平顺性，从而改善行车条件，延长轨道结构及车轮设备的使用寿命，减少养护维修量。

19.4.1 地下线无缝线路

地下线采用整体道床，轨温一般处在0～40℃范围，铺设温度应力式无缝线路。

19.4.2 高架线无缝线路

高架线采用整体道床，北京地区室外轨温范围为－22.8～62.6℃，高架线直线及曲线半径$R \geqslant 200$m地段采用温度应力式无缝线路，其中对于$R \leqslant 300$m的曲线，两端设高强冻结接头实现无缝化。

19.4.3 地面线无缝线路

地面线采用整体道床，并绿化或铺面，铺设温度应力式无缝线路，其中$R \leqslant 300$m的曲线两端采用普通冻结接头(月牙垫片)实现无缝化。

19.5 轨道减振措施

19.5.1 基础减振措施

(1) 全线均铺设跨区间无缝线路，道岔内钢轨接头、道岔与两端无缝线路全部焊接或冻接。

（2）全线采用弹性扣件。

（3）对轨顶进行打磨，使轨面平顺，轮轨接触良好，减少振动和噪声。

（4）严格控制轨道设备的制造公差。

（5）制订并执行严格的施工技术标准。

19.5.2 中等减振措施

采用剪切型减振器扣件。

19.5.3 高等减振地段

采用道床垫质量弹簧系统。减振。

19.6 轨道附属设备

19.6.1 车挡

正线采用液压缓冲滑动式车挡。车辆段库外线采用固定式车挡，库内线采用摩擦式车挡。

19.6.2 线路标志

线路标志有公里标、百米标、坡度标、曲线要素标、圆曲线及缓和曲线起终点标、控制基标、道岔编号标等，与工务有关的调度系统标志有限速标、警冲标等。所有标志均采用二级反光膜制作。

第20章 建　　筑

20.1 内容

建筑专业分为两部分，一部分为车站，另一部分为车辆段。车辆段内的单体建筑是在满足工艺、站场的前提下设计的，与其他轨道交通的地面单体建筑的设计标准和要求一致，因此本次示范标准图以车站为例重点说明。

20.2 车站概况

全线设车站7座，分别是香山站、植物园站、万安公墓站、颐和园西门、颐和园南门站和巴沟站。全线车站均为侧式车站，又可简单概括为单侧式、分离侧式和侧式车站三种类型。其中植物园站采用分离侧式；万安公墓站、玉泉郊野公园站、颐和园西门站和颐和园南门站采用侧式；香山站和巴沟站采用了单侧式。由于分离侧式为侧式是侧式车站的一种衍生，因此本示范标准图对单侧式和侧式两种类型的车站进行了详细设计。

20.3 车站方案

车站采用铺地连接站台和地面道路的步行系统，满足乘客安全、便捷的进出站。

20.3.1 单侧式车站

单侧式车站适用于首末站。受运营组织的影响，站台除设置少量设备及管理用房外还设有站亭、导向和相关设施等满足乘客上下车及候车要求。

20.3.2 侧式车站

侧式车站适用于中间站。受运营组织的影响，站台上不设置任何设备及管理用房，仅设置站亭、导向和相关设施等满足乘客上下车及候车要求。

第21章 结 构

线路敷设以地面线为主，车站均采用地面站形式，区间以地面区间为主，部分困难地段采用高架和地下区间。

21.1 车站结构

车站均为地面站，结构形式尽量简单。

21.1.1 结构选型

侧式站台地面站，站台长64m，宽3m，站台高0.33m。
端头侧式站台地面站，站台长64m，宽10m，站台高0.33m。
结构形式如下：
(1) 站台采用钢筋混凝土结构。
(2) 站棚采用钢结构梁柱体系，基础采用柱下钢筋混凝土独立柱基。

21.1.2 结构材料

(1) 站台混凝土：C30。
(2) 站棚梁、柱：Q235。
(3) 站棚基础混凝土：C30。
(4) 垫层混凝土：C15。

21.2 地面区间——路基工程

全线区间以地面区间为主。

21.2.1 路基工程概况

有轨电车路基工程其轨顶一般与地面平齐，局部路基与桥梁过渡范围内为减少占地，采用挡土墙形式路基断面，因此路基工程一般包括：一般路基断面、挡墙路基断面，另外结合不同的地基处理及轨道对沉降的要求，采用不同的地基处理形式。
路基工程一般为全开放线路，不设防护栏，其雨水系统均引入沿线道路雨水系统。

21.2.2 一般路基设计

21.2.2.1 路基宽度及曲线加宽

双线路基面标准宽度＝2.5m＋线间距＋2.5m，直线地段双线线间距为3.6m时，整体道床段路基面基本宽度为8.6m，地面车站路基宽度为8.6m，部分曲线段线间距为3.7m，路基面宽度为8.7m。挡土墙段路基宽度应满足附属设施等需求，路基面标准宽度＝2.8m＋线间距＋2.8m。

21.2.2.2 断面形式

根据地面线工程的特点，线路轨顶标高与现状(或规划)地面标高一致，因此大部分路基位于现状地面0.5m以下。

轨道结构全线采用整体道床形式，整体道床路基顶面做成平面。无绿化段顶部采用钢筋混凝土板或沥青混凝土路面做硬化处理；需绿化段顶部设置可植草的纵向凹槽，凹槽填土植草，凹槽底为路基纵向排水沟，通过排水管与市政雨水沟相连。

21.2.2.3 路基构造及材料要求

(1) 路基填筑应根据轨道结构的强度和变形要求来确定。

(2) 轨道结构采用整体道床，路基基床表层分三层填筑，下层填筑厚度为400mm的半刚性材料二灰砂砾基层；中层填筑厚度为150mm的C15素混凝土，上层填筑厚度为250mm的C25钢筋混凝土板(板的配筋为上下各一层$\Phi14@0.2m\times0.2m$钢筋网)。

(3) 考虑到路基施工后沉降的要求，地表的杂填土应挖除，换以级配碎石，换填深度根据地质勘查报告实际情况进行调整。

(4) 二灰砂砾为石灰、粉煤灰、砂砾的混合料，其最佳配合比通过试验确定。

二灰砂砾中砂砾的最大粒径不得大于40mm，其他石灰、粉煤灰、砂砾等要求详见《北京市城市道路工程施工技术规范》。厂拌二灰砂砾应具有产品合格证及石灰活性氧化物含量、粒料级配、混合料配合比以及7d、28d龄期强度标准值。7d、28d无侧限抗压强度$R_7 \geq 0.70MPa$，$R_{28} \geq 2.0MPa$。

21.2.2.4 车站路基工点

车站采用整体道床，路基的工程措施与区间整体道床路基一致。

21.2.3 路基地基处理工程

一般地段，可采用换填法进行处理，建议采用级配碎石垫层。

个别地段基底存在淤泥质土层，为满足承载力以及工后沉降的要求，推荐采用CFG桩等复合地基加固措施。

21.2.4 路桥过渡段路基处理

21.2.4.1 路桥过渡段的变形控制

整体道床要求的路基工后沉降量为20mm。

21.2.4.2 合理设置缓和过渡段

从桥台刚度大的混凝土结构逐步过渡到柔性的填土路基结构，其强度不一致。因此，路桥过渡路堤段也需要设置强度过渡段。设计采用桥台搭板方案，即桥台设牛腿，路基表层钢筋混凝土板直接坐落在牛腿的方式，并对该板按梁进行补充设计，以确保能抵抗不均匀的上部荷载。

21.2.4.3 路桥过渡段的路基填料要求

为确保有轨电车运行的平顺性、稳定性，控制其工后沉降，在高架桥头处设置路桥过渡段两处路基作特殊填筑处理。过渡段路基设计通常有以下几种方法：加筋土法、砂砾碎石类优质填料处理法及刚性板法等。一般过渡段路基可采用级配碎石＋5％水泥填筑的方法进行处理。即在路基过渡段采用级配碎石加5％的水泥作为填料结构，以控制路基的变形，提高路基的稳定性，增强路基刚变的均匀性。采用地基系数及孔隙率作为控制指标。

21.3 地下区间结构

地下区间结构形式，根据线路及周边条件，可采用矿山法、明挖法施工。

有轨电车车辆荷载应按其实际轴重和排列计算，并考虑动力作用的影响，同时应按线路通过的重型设备运输车辆荷载进行验算。列车荷载可根据图 21-1 计算（列车荷载目前桥梁采用轴重 125kN）。

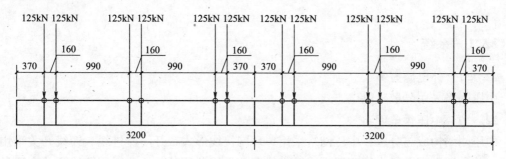

图 21-1 车辆荷载示意图

21.4 高架区间

21.4.1 技术标准

（1）高架区间结构跨越排洪河流时，应按 1/100 洪水频率标准进行设计。
（2）桥梁主体结构设计使用年限为 100 年。
（3）抗震设施：8 度抗震。

21.4.2 结构设计

标准梁设计：标准梁采用直腹板单箱单室截面，梁高 1.8m，桥面宽 9.5m，腹板厚 500mm，在支点处逐渐加宽到 800mm，悬臂 2300mm。桥墩采用矩形截面，标准墩横桥向墩底宽 2.4m，距墩顶 3.8m 高度处以 68°斜角变宽，墩顶宽 4.5m；顺桥向墩宽 1.8m。

第22章 供 电 系 统

22.1 系统

22.1.1 外电源方案
中压网络采用分散式供电方式。

22.1.2 中压供电网络
中压网络构成与分区：中压网络采用单环网接线形式，开闭所进线、馈线开关采用断路器，其余混合变电所中压环网进线及出线开关采用负荷开关，开闭所馈线开关配置过流保护、零序电流保护并预留零序电压保护。

中压供电网络统一设置为一个供电分区。

中压供电网络运行方式分为两种：正常运行方式与非正常运行方式，其中非正常运行方式包括故障运行方式、合环选跳方式。

(1) 正常运行方式

全线7座变电所进线开关与环网馈线开关处于合闸位置，开闭所的母线分段开关与末端变电所母线分段开关处于分闸位置。

(2) 非正常运行方式

1) 故障运行方式

因外部因素导致开闭所一路进线电源退出运行时，由该开闭所的另一路电源承担本供电分区范围内全部供电负荷。当由于非外部因素导致开闭所一路进线电源退出运行时，母线分段开关闭锁不自投。环网末端母线分段开关合闸。

当开闭所一路馈出回路退出运行时，该路馈线断路器跳闸后，在确认并隔离故障线路后，闭合该供电分区内末端变电所的母线分段开关，由另一回路，承担故障回路部分牵引负荷。

2) 合环选跳方式

中压供电网络系统合环选跳方式，即开闭所的两路电源回路和母线分段开关，特殊情况下（如检修进线开关设备等），在进线开关和母线分段开关的倒闸切换过程中，为了不影响供电的连续性，允许短暂的合环运行。

在开闭所的母线分段开关柜内设合环保护装置。正常运行时，合环转换开关置于退出位。在合环工作状态时，合环转换开关置于合环选跳位，合环选跳进线开关或母线分段开关。采用合环选跳方式时，可以合环选跳开闭所的任意一路电源进线或母线分段开关。

22.1.3 牵引变电所布点

全线共设置牵引降压混合变电所 7 座，车辆段设置跟随变电所 1 座，全线变电所平均间距约 1.5km，最大间距 1.9km，最小间距 1.2km。

两段地下隧道，通过调整牵引降压变电所间距，将降压变电所设置于线路一端，靠近隧道动力负荷，减少线路损耗。

因变电所均单独设置，故在设置变电所位置时，考虑区间变电所实际位置，尽量减少变电所用地规模，根据周边情况因地制宜，变电所与线路尽量保持适当距离。

22.1.4 牵引变电所运行方式

在正常运行方式下，牵引变电所设置两套牵引整流机组，与相邻牵引变电所整流机组构成双边供电方式，上下行并联馈电。根据牵引负荷选择牵引整流机组运行数量。

当香山变电所或车辆段变电所退出运行后，由相邻变电所牵引整流机组单边供电。

当其余变电所任一牵引整流机组退出运行后，由相邻的两个变电所牵引整流机组构成大双边供电。

22.1.5 牵引变压器容量选择

单台牵引变压器容量满足平日高峰客流。两台牵引整流机组同时投入运行时，能够满足香山红叶节高峰客流。

中压网络中，当一座牵引变电所退出运行时，由相邻的牵引变电所构成大双边供电，牵引整流机组的 150% 过载能力应能满足高峰小时运量要求。

中压网络供电系统，正常运行方式下，牵引变压器的容量满足高峰小时运量要求，且牵引机组的负荷率不大于 100%。

全线牵引变压器容量除车辆段 I 段为 800kVA 外，其余牵引变压器容量均为 500kVA。

22.1.6 系统谐波计算与分析

供电系统中的主要谐波源为牵引整流装置、区间照明照明灯具、排雨排水泵等低压动力照明负荷。由于线路多为地面线路，车站形式简单，低压负荷数量较少，谐波主要来自于牵引整流器，其他设备产生的谐波相比之下要小得多，可以忽略不计。

22.2 变电所

22.2.1 变电所主接线

主接线分为 10kV、750 kV 和 0.4kV 三部分。

1. 10kV 主接线

(1) 开闭所

开闭所 10kV 侧采用单母线分段接线方式，两段母线通过母线分段断路器连接，母线分段断路器可手动和远动操作。每段母线分别通过进线柜引入外电源，向该开闭所供电。

每段母线设置一组避雷器和电压互感器(PT)，用于母线电压的测量以及过电压保护。

(2) 混合变电所

混合变电所 10kV 侧，采用单母线分段接线方式，在环网末端混合变电设置母线分段开关。

每段母线设置一组避雷器、电压互感器(PT)，用于母线电压电流的测量以及过电压保护。

每座混合变电所设置两套牵引整流机组，均接在同一段母线上，次边电压相差15°相角，构成等效24脉波整流。

混合变电所两段母线均设置一台10/0.4kV配电变压器。

(3) 跟随式降压变电所

在巴沟车辆段及区间下穿隧道洞口处，设置跟随式降压变电所。

每座跟随式降压变电所设置两台箱式变电站，两台变压器分列运行。

2. 750V主接线

750V主接线为单母线系统，两路进线采用直流断路器，设置两路直流馈出线，分别向牵引变电所的两侧线路供电，同侧牵引网上下行并联馈电。牵引整流机组负极设置一路隔离开关与整流器相连，两侧馈出线之间设置纵向电动隔离开关，走行轨与直流负母线直接通过电缆连接。

3. 0.4kV主接线

变电所0.4kV低压侧为单母线分段，设母线分段开关。

降压变电所两段母线上各设置一台配电变压器，两台变压器分列运行。

22.2.2 变电所运行方式

22.2.2.1 牵引变电所运行方式

1. 双边供电运行方式

牵引变电所正常运行方式下为双边供电，除香山变电所与巴沟变电所外，当一座牵引变电所一路直流馈出开关退出运行时，闭合纵向隔离开关，系统继续运行在双边供电方式下。

2. 大双边供电运行方式

除香山变电所、车辆段变电所外，任意一座牵引变电所解列退出运行时，由相邻两座牵引变电所构成大双边供电运行方式，以满足高峰小时用电负荷。

3. 单边供电运行方式

车辆段供电采用单边供电运行方式，满足车辆段牵引负荷需求。在正线与车辆段绝缘节处设置双极电动隔离开关，当车辆段Ⅱ段母线退出运行时，闭合双极电动隔离开关，由车辆段Ⅰ段母线，通过双极电动隔离开关向车辆段供电，以满足车辆段运营需求。

当端头变电所解列退出运行时，由相邻环岛混合变电所单边供电，以满足高峰小时用电负荷。

当车辆段Ⅰ段母线退出运行时，由相邻火器混合变电所单边供电，以满足高峰小时用电负荷。

22.2.2.2 牵引整流机组运行方式

正线每座牵引变电所设置两套牵引整流机组，在平日采用单机组运行方式，以满足平日大双边运行方式下高峰小时供电负荷及国家标准对谐波含量的要求。

在香山红叶节时，两套牵引整流机组同时投入运行，以满足节日大双边运行方式下，高峰小时供电负荷。

车辆段中压系统Ⅰ、Ⅱ段母线上分别设置一套牵引整流机组，与之对应分别设置一套直流馈线系统。均采用单机组运行方式，分别向正线及车辆段牵引负荷供电。

22.3 牵引网

牵引网分为两种，一种为接触网，另一种为地面嵌入式接触轨。

22.3.1 接触网悬挂方式

22.3.1.1 正线地下区段接触网悬挂

接触网采用带补偿简单悬挂方式。

地下线路长度较短，接触网采用柔性架空接触网方式。

地下线路采用马蹄形隧道形式，接触网采用柔性简单悬挂（2根接触线），利用吊柱及弓型腕臂方式悬挂。

22.3.1.2 正线地面段接触网悬挂

地面接触网立柱采用两侧立柱。

22.3.1.3 车辆段接触网悬挂

车辆段出入段线及试车线采用绝缘旋转腕臂的单支柱接触网悬挂方式。

车辆段露天范围停车线、检修线等采用带横索的门型架接触网悬挂方式。

车辆段库房内采用软横跨接触网悬挂方式。

22.4 杂散电流腐蚀防护

22.4.1 腐蚀防护方案

正线道床采用整体道床，走行轨安装采取绝缘措施，走行轨对地过渡电阻不小于 $2\Omega \cdot km$。整体道床的钢筋与路基底板钢筋、隧道内结构钢筋以及桥梁钢筋均无任何电气连通。走行轨底部与整体道床面间隙宜大于 50mm。

22.4.2 腐蚀排流方案

利用整体道床内的钢筋进行电气连接，形成电气通路，建立起杂散电流的排流网，使杂散电流从走行轨流向道床后，通过排流网并经走行轨流回牵引变电所。通过合理地选择杂散电流排流网钢筋截面，使杂散电流流过钢筋时引起收集网的纵向压降小于 0.1V。

22.5 地面嵌入式接触轨

22.5.1 主要设计技术标准

地面嵌入式接触轨系统（以下简称接触轨系统）应能在自然条件、环境条件与线路条件下运行时，满足安全性、可靠性与易维护性的要求。

直流供电电压为 750V，允许电压波动范围为 500～900V。

接触轨系统应持续向列车提供电能且能良好授流。

接触轨系统最高运行时速为 50km/h。

接触轨系统能承受在线路平交道口机动车辆荷载。

针对平交道口规格不同，采取不同的措施，确保任何状况下不会对行人及车辆构成危险。

接触轨系统应在满足技术要求的前提下,尽可能采用国产设备。

22.5.2 系统组成

地面嵌入式接触轨系统主要由以下几部分组成:接触轨、支架、直流配电单元、直流配电柜、电缆(上轨供电电缆、低压供电电缆、安全电缆、控制电缆、感应天线)。

22.5.2.1 接触轨

接触轨位于支架上方,固定于支架导槽内部,高出地面约4~6mm。接触轨分为导电轨与绝缘轨两类,其中导电轨长8m,绝缘轨长3m,导电轨与绝缘轨在线路中心依次间隔布置。导电轨为钢质导体,用于向车辆可靠授流,绝缘轨为绝缘材质用于轨条绝缘分段(图22-1)。

图22-1中阴影部分为接触轨,尺寸约为100mm×10mm(宽×高)。

22.5.2.2 支架

支架布置于线路中心,支架安装后应保证其表面与路面齐平(图22-2),其功能如下:

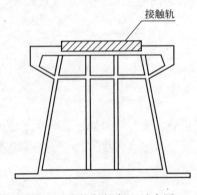

图22-1 接触轨断面示意图

图22-2 支架示意图

(1)固定支撑接触轨。

(2)干燥环境条件下,将导电轨与道路绝缘。

(3)内部分隔成6~8个区域,用于接触轨系统内部直流供电电缆、低压供电电缆、安全电缆、控制电缆、感应天线的敷设。

22.5.2.3 直流配电单元

直流配电单元向单向线路两段相邻导电轨供电,内部配置接触开关、隔离开关、监控单元(图22-3和图22-4)。当直流配电单元检测到车辆位于导电轨上方时,导通供电回路,向车辆可靠供电;当车辆离开时,直流配电单元未检测到车辆位于其上方后,分断供电回路,将导电轨与安全电缆连接。当某一直流配电单元需退出运行时,可就地手动/远方自动分断隔离开关。

直流配电单元延线路方向22m间隔布置。

22.5.2.4 直流配电柜

直流配电柜负责向区间地面牵引供电系统内的直流配电单元供电,同时监控供电区间范围内的直流配电单元。

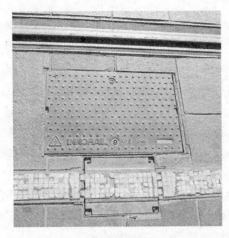 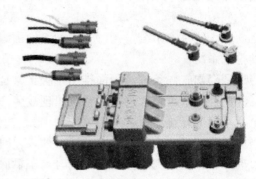

图 22-3　直流配电单元　　　　图 22-4　直流配电单元示意图

直流配电柜内设置电动隔离开关,用于检修人员检修维护接触轨时,分断直流供电回路。该配电柜位于区间变电所内,设置对外独立房间。

柜内监控单元,可对其供电回路范围内的所有直流配电单元进行状态监视与自动控制。当检测到直流配电单元出现故障时,如:接受车辆位置信号未供电、失去车辆信号仍带电、无法获得车辆信号等非正常状态后,分断直流配电单元内部隔离开关,自动快速隔离故障直流配电单元。

22.5.2.5　电缆

地面嵌入式供电系统包括以下电缆类型:直流供电电缆、低压供电电缆、安全电缆、控制电缆。

22.5.2.6　运行方案

牵引变电所向地面嵌入式供电系统馈电,两侧变电所馈线构成双边供电方式,直流配电单元T接于沿线路敷设的正极馈线上。变电所自负极母线引出回流电缆与安全电缆。

1. 在正常运行方式下

导电轨上方无列车时,导电轨通过直流配电单元与安全电缆连接。

当列车行驶至导电轨上方时,敷设于支架中的感应天线接收到车辆发出的编码信号,将信号传递给直流配电单元,直流配电单元导通该段导电轨,向车辆供电,此时,带电导电轨被车辆完全覆盖,确保行人与车辆安全。

当列车将要离开本段导电轨,驶入下一段导电轨时,直流配电单元向下段导电轨供电,此时相邻两段导电轨均带电,位于中间单元模块的两组集电靴同时取流向车辆供电。

当列车授流器完全离开导电轨时,直流配电单元分断直流供电,将导电轨与安全电缆连接。

2. 在故障运行方式下

当某一处直流配电单元出现非正常状态时(车辆位置信号与导电轨带电信号不匹配),直流配电柜自动将该故障直流配电单元隔离。车辆行驶此段无电区域时,通过车载蓄电池向车辆供电,通过22m不带电区域。

3. 授电方式切换

考虑到车辆在两种牵引网制式切换时，需要停车降弓/升弓，因此将架空接触网与接触轨转换点设置在车站，车辆停车上下乘客时，完成降弓/升弓在两种牵引网制式之间的切换。

地面嵌入式供电系统，接触轨顶面与地面近似齐平，因此要求路面、道床与路基设置良好的排水系统。

当遇到降雨气候条件、路面排水系统正常运行、线路范围内不存有积水时，系统可以正常运营；当降水量较大或排水系统出现故障、线路范围内出现积水或漫流时，为确保行人安全，系统应停止运营。

当遇到降雪与沙尘气候线路清洁条件较差时，线路运营前由工程车对线路进行清扫作业，每辆运营车辆在配制清障器的同时，车辆底部两端均配置清扫器，在车辆运营期间对接触轨范围内积雪与砂砾进行清理，降低由于接触轨轨面污秽带来的危害。

第23章 通　信　系　统

　　全线车站规模小，站型简单，站务用房仅设在首末站，与公交车站较为相似。线路除2个地下段以外，均为地面或高架线路。车辆段面积较小，控制中心设置在车辆段综合楼内，机房、调度室均与车辆段合用。通信系统应满足调度、监视、车辆段广播、时间统一等功能。

　　传输子系统、电话子系统、闭路电视子系统、无线调度子系统作为运营必备的系统，必须配备。但传输仅在香山站、环岛变电所、玉泉变电所、巴沟站、控制中心设置核心节点，公务、专用电话采用公专合一方案，仅在控制中心设置小容量交换机，无线调度采用TETRA 800M数字集群系统组网。考虑到全线隧道口、站台、变电所以及公安的监视需要，设置闭路电视监视系统。

　　设置车辆段广播系统。

　　为控制中心调度员、车辆段值班员或与行车相关的各部门工作人员及乘客提供统一标准时间信息的设备。同时，它还可对该工程的其他系统设备提供统一的时间信号，使各系统设备同步运行。仅设置控制中心(含车辆段)时钟系统。

　　为满足地面市公安局调度指挥系统和政务无线系统往地下区段的延伸，该工程仅考虑地下区间公安、政务信号的覆盖。

第24章 乘客信息系统

乘客信息系统由控制中心子系统、车站子系统、车辆段子系统、车载子系统和传输网络子系统构成。

24.1 控制中心子系统

控制中心子系统主要有：中心服务器、咨讯应用服务器、视频流服务器、接口服务器、视音频切换矩阵、直播数字电视编码器，中心操作员工作站、网管及监控工作站、多媒体素材管理工作站、播出控制工作站、直播工作站、打印机、有线电视传输制式转换设备、外部信号源和中心集成化软件系统等构成。整个控制中心设备构成了一个完整的播出、集中控制、集中监控系统，同时中心子系统还将提供多种与其他系统的接口。

24.2 车站子系统

车站子系统由 LCD/LED 屏、媒体控制器、网络系统和集成化软件系统等组成。
所有这些设备分为控制和现场显示两部分。
控制部分包括显示控制器、网络设备。LCD 显示控制器及网络设备设置在车站通信设备室内。
现场显示部分包括所有的 LCD/LED 屏以及相应的媒体控制器，显示屏。
巴沟站、香山站每侧站台设置 4 台高清晰度 LCD 显示屏。
巴沟站、香山站站厅两端各设置 1 个触摸屏查询终端。
中间站每侧站台各 2 个 LED 显示屏（含控制器）。

24.3 车载子系统

车载子系统主要由车载控制器、车载无线单元、播放控制器、分屏器、显示屏、交换机、摄像机、存储设备等设备组成。为了确保车载信息的传送、车载视频监控系统的完整性以及车辆安装要求，建议除车载控制器、车载无线单元外，其余设备均由车辆制造商配套提供。

24.4 网络子系统

网络子系统分为有线网络和无线网络两部分。

有线网络子系统为 PIS 系统，提供控制中心至各车站和无线接入点间的视频和数据信号传输的通道。控制中心和所有车站的设备连接到传输网络提供的 1000M 的传输通道上，PIS 系统在每个车站利用 CCTV 系统车站交换机，从而构成一个完整的 PIS 系统的信息有线传输路径。

有线网络设备主要包括控制中心以太网核心交换机(与 CCTV 系统合用)、车站以太网交换机(与 CCTV 系统合用)、中心的防火墙设备、路由器等。

无线网络作为有线网络的延伸，提供地面与列车的通信。设备包括设置在控制中心的无线管理服务器、沿途隧道内的光缆、无线接入点设备、车载的无线单元和天线以及在车辆段设置的必要设备，中心无线管理服务器通过 CCTV 交换机与车站 PIS 以太网交换机(与 CCTV 合用)相连，车站 PIS 以太网交换机和轨旁的无线接入点之间通过单模光纤连接。

AP 的安装方式为安装在线路两侧的灯杆上。

沿区间线路两侧各敷设一条 36 芯光缆，用于区间 AP 与车站交换机的连接。

第25章 调 度 系 统

25.1 系统方案

25.1.1 正线道岔控制系统

有轨电车由司机人工驾驶,以保证安全,因此信号系统定位为简易的信号系统,正线仅对道岔进行控制,采用联锁集中控制方案。

通过列车检测设备检查轨道占用情况,仅在道岔区段设计算机联锁系统对道岔进行联锁集中控制。中心自动办理进路,可转为人工办理;在联锁站设单操控制盘,中心设备或通道故障以及运行需要时转为车站人工控制。

25.1.2 车辆段联锁系统

车辆段采用双机热备型计算机联锁系统。

采用人工办理进路方式,即列车进、出段及在段内的转线作业均由车辆段值班员办理相应的进路,进路建立并锁闭后开放信号。司机根据地面信号机显示驾驶列车运行停在相应股道。车辆段采用本地控制方式,控制中心对车辆段不具备控制功能。

25.1.3 运营管理系统

为实现控制中心对列车的自动监视功能,需对全线列车进行实时定位。采用GPS+无线通信方案,无线通信首选利用该工程通信系统方案,将租用公网方式(GPRS无线通信方式)作为备选方案,地下段定位采用GPS结合航位推算方案。

25.2 系统功能

25.2.1 正线道岔控制系统

(1)正常情况下中心自动或人工办理进路;中心设备或通道故障以及运行需要时,转为车站人工对道岔进行操作。

(2)按正确的联锁关系及列车位置自动排列进路。

(3)实现列车进路锁闭、解锁和取消、轨道区段故障恢复、信号机关闭、道岔单操及锁闭。

(4)对道岔实现以下功能:进路锁闭、人工锁闭;对控制范围内的道岔实行单独操作和单独锁闭、对列车开放引导进路、对轨道区段、道岔、信号机等实施封锁、禁止通过其排列进路。

(5)对进路实现接近锁闭,锁闭的进路随列车的运行自动分段解锁。

(6)具有自诊断功能,对联锁设备、列车占用检测设备(如计轴)、信号机、转辙机等设备工作状况检测报警，并在控制中心实施远程故障诊断。

25.2.2 车辆段联锁系统

（1）根据车辆位置设定、建立、锁闭、解锁进路。

（2）能对正常的进路进行防护。

（3）对其控制范围内的元素实行单独控制。如对道岔可实行单独操作和单独锁闭。

（4）系统应具有较完善的自诊断功能。

（5）能实现对车辆的位置检测，检测设备可向车辆段联锁系统提供车辆占用/出清轨道区段位置信息。

25.2.3 运营管理系统

（1）列车自动识别、监视、车次号显示。

（2）时刻表编制及管理。

（3）道岔区段列车进路的控制。

（4）列车运行和设备状态的自动监视及故障报警。

（5）运行统计及报表生成处理，各种操作信息的记录及回放功能。

（6）列车运用计划及车辆管理。

（7）向乘客信息系统提供信息。

（8）培训。

（9）与其他系统交换信息。

（10）操作员身份识别及记录管理功能，防止非法登录操作功能。

25.3 系统构成

调度系统设备按地域可划分为控制中心设备、车站及轨旁设备、车载设备及车辆段设备（含维修设备）。

25.3.1 控制中心设备

控制中心设备主要包括系统主机、调度员工作站、运行图工作站、培训工作站、与其他系统的接口设备、电源分配柜及打印机等。

25.3.2 车站及轨旁设备

车站及轨旁设备包括道岔联锁设备、调度分机、计轴设备、道岔转辙机、信号机、单操控制盘、电缆、接口设备、电源及防雷设备等。

25.3.3 车载设备

车载设备包括GPS终端和天线，其中GPS终端由GPS模块、速度方向传感器、无线通信模块、电源模块及接口设备等构成。列车两端驾驶室各设一套车载设备。

25.3.4 车辆段设备

车辆段设备包括调度分机、计算机联锁设备、微机监测设备、操作终端、维修终端、信号机、转辙机、计轴、电源设备等。

25.3.5 维修设备

在控制中心设一套维修监测服务器、监测终端、调度监视终端，在修配车间配备必要的维修、检修设备、专用维修工具及交通运输工具。

第26章 售检票系统

26.1 系统构成

该系统由线路中心系统、车站终端设备(检票机、充值机、查询机、数据采集设备)等构成，相关的外部系统是清算中心系统。

26.2 线路中心系统

线路中心系统实现本系统的基本信息维护、交易数据处理、账务处理。功能点包括：维护基本信息(消费设备、车站等)、接收车站终端设备的消费数据、交易数据处理、分类统计、交易传送给清算中心、接收清算中心的对账数据并处理、接收黑名单数据、统计数据和黑名单下发给车站计算机系统。

26.3 车站终端设备

26.3.1 移动检票机

在红叶节、桃花节等高峰客流时期，移动式简易检票机设置于站台付费区和非付费区交界处。其能实现从乘客进站刷卡检票，到交易数据生成、交易数据传送到采集设备、黑名单接收等功能。

移动式简易检票机通过数据采集设备进行数据的采集、下载，通过数据采集设备将数据输入充值机，由充值机经通信网络传至线路中心。

26.3.2 车载检票机

车载检票机是公共汽车IC卡收费机的简称，它负责对乘客卡的合法性进行检验，并对合法的乘客卡进行扣款收费，对非法的卡进行报警。

26.3.3 充值机

充值机设在巴沟站、香山站售票亭内，能实现对一卡通车票的充值功能。能实现交易数据生成、交易数据传送到线路中心系统、黑名单接收等功能。

26.3.4 自动查询机

自动查询机设在巴沟站、香山站的非付费区，能实现车票的查询功能。每笔交易信息可逐条显示。自动查询机的操作方式采用触摸屏。

自动查询机可显示乘客服务信息，包括售检票系统介绍、售检票系统使用指南和其他公告信息等，该信息由LC下载。

26.3.5 便携式检票机

便携式检票机是管理人员对乘客使用车票进行检票和验票的设备，能够读写市政交通一卡通车票的数据。该设备可在不同的车站及不同的区域(付费区、非付费区)之间移动操作，可人工选择操作的车站及不同的区域。

26.3.6 数据采集设备

数据采集设备安全可靠、易于操作、功能强大、简便智能，其作为车载检票机与线路中心之间的数据交换工具，对数据进行简单的复制和存储，具备完善的系统备份和系统回复的功能，在执行此操作时不能对数据造成任何影响。

数据采集设备能保证数据传输的安全快捷，数据的传输能在短短的几秒钟内完成，和其他传输方式相比无需长时间的等待。

数据采集设备通过程序化的设计可实现数据的备份采集，并可根据需要备份采集不同的采集批次，保证数据完整、安全和可靠。

数据采集设备易于操作，完善的操作界面，宽大的显示屏支持手写功能和键盘录入。

26.4 网络方案

系统总体网络结构从层次上分，由以下两部分组成：
(1) 线路中心系统与市政一卡通中心系统间通过采用"E1 专网"连接。
(2) 车站终端设备与线路中心系统间通过通信系统提供的网络连接。

第 27 章 综合监控系统

全线车站规模小，站型简单，没有站务用房，与公交车站较为相似。线路除 3 个地下段以外，均为地面或高架线路。车辆段面积较小，控制中心设置在车辆段综合楼内，机房、调度室均与车辆段合用。

27.1 现场级方案

地下区间内最低点设有排水泵、洞口雨水泵、区间隧道设有射流风机等机电设备需要监控；车辆段内设有水泵、风机等机电设备。

车站不设置 BAS。

在地下区间段设置环境与设备监控系统远程模块箱，经过通信提供的光缆或通信接口纳入车辆段监控。

车辆段设置一套冗余 PLC，PLC 与远程模块之间采用冗余现场总线通信。车辆段 PLC 通过冗余以太网接口，接入综合监控系统中心级。

27.2 中心级方案

综合监控系统中心级与调度系统共同考虑设置在综合办公楼的运营管理室内，设置调度工作站。在网管室设置综合监控系统网管工作站，系统服务器等设置在系统设备主机房内。

综合监控系统通过与大屏幕的接口，可以将电力监控系统投至大屏幕，供调度人员查看。

综合监控系统通过与 UPS 电源整合系统的电源主机接口，监测 UPS 电源状态。

通过与时钟接口，统一内部时钟。

第28章 火灾自动报警系统

地面车站没有参与消防联动的设备，车站规模小，不设置 FAS。地下区间、主变电所、车辆段设置 FAS，在车辆段办公楼设置 FAS 控制中心，兼作车辆段 FAS 调度中心。

FAS 全线系统主要由中心级设备、现场各类探测器、输入输出模块、手动火灾报警按钮、消防专用电话系统等组成。

火灾报警控制器、区域控制器均为网络中一个节点，在环网中某个节点出现短路、开路等故障时，网络通信不会中断，同时网络故障信息上报控制中心。

28.1 系统组网方式

火灾报警控制器、区域控制器利用通信传输系统提供的光纤和 FAS 在车辆段自行敷设的光缆组建全线网络。

28.2 中心级系统构成

车辆段综合办公楼运营管理室：一套图形工作站。
机房：设置一套火灾报警控制器、交换机、打印机、与相关系统接口设备等。
中心级设有控制台、防灾广播与电视监视切换装置以及防灾调度电话总机、与市消防、防汛、地震预报中心联系的外部电话等，电源装置、接地设备由其他专业配置，以上设备统一考虑配置。

28.3 车辆段系统构成

车辆段系统由火灾报警控制器（即中心级火灾报警控制器）、区域报警控制器、火灾探测器、手动火灾报警按钮、电话插孔、输入输出模块、UPS、接地设备、与相关系统接口等设备构成。

28.4 地下区间系统构成

在地下区间附近主变电所内设置区域报警控制器，通过通信系统提供的光纤接入全线网络。主要由设置在地下区间的输入输出模块、手动火灾报警按钮、电话插孔等设备构成。在地下区间洞口能够实现地下区间段消防水泵的手动控制。

28.5 区间主变电所系统构成

在主变电所内设置区域报警控制器,通过通信系统提供的光纤接入全线网络,主要由输入输出模块、手动火灾报警按钮、探测器等设备构成。

28.6 系统信息传输要求

车辆段内信息传输信道:由 FAS 设备配套提供,在环路上任意点均可引出支路,在环路上出现一点故障的情况下,其他所有的火灾探测器仍然保持正常的通信。传输介质应适合地铁强电磁干扰环境,配置简单,维护管理方便。传输距离:不小于 10km,采用标准的传输速率。

全线线路距离不小于 10km,为单环网,保证系统在网络一点故障的情况下仍有可靠的数据通信能力;连接火灾自动报警控制器、区域火灾报警控制器不少于 15 个。要求网络配置简单,造价低廉,接口协议开放,维修管理方便。

第6篇　北京现代有轨电车系统规划、建设和运营管理政策建议

第29章 发展思路和定位

明确有轨电车在北京城市交通系统中的定位和发展思路是北京市发展有轨电车、发挥有轨电车在城市交通中的积极作用的基本前提。其中北京市有轨电车是否是公共交通系统的有机组成部分,是否属于北京市目前一系列优先发展公共交通政策文件所辖范畴之内,又是明确其定位和发展思路的重要环节。根据北京目前的交通状况和发展特点,结合国际大城市有轨电车的发展经验,应该将有轨电车纳入公共交通体系。

29.1 北京公共交通系统的基本构成

目前,北京市公共交通系统主要由公共汽电车(含BRT)和轨道交通系统构成。2009年底,全市公共汽(电)车运营线路692条,运营线路长度为18270km,全年行驶里程140570万km,运营车辆21716辆,日均营运车次为163144次。随着公交改革、线网调整等一系列措施的不断完善,2009年公共汽(电)车的客运量达到51.65亿人次,2009年4月份日均客运量达到1565万人次,高峰日客运量达到1650万人次/日。

轨道交通方面,随着地铁4号线的开通,2009年底,全市轨道交通运营线路达到9条,分别是地铁1号线、2号线、4号线、5号线、13号线、10号线一期、8号线一期、八通线和机场线,轨道全长228km,车辆共计2014辆,全年行驶里程18500万km,日均开行列次达到3305列。2009年轨道交通完成客运量14.23亿人次,全年日均客运量390万人次;随着2009年10月份地铁4号线的开通,北京市轨道交通日均客运量达到450万人次(表29-1)。

北京市公共交通年客运量变化(亿人次)　　表29-1

指标	2005年	2006年	2007年	2008年	2009年
轨道交通	6.8	7	6.6	12.2	14.2
公共电汽车	45	39.8	42.3	47.1	51.7
合计	51.8	46.8	48.9	59.3	65.9

29.2 北京公共交通发展战略

2004年6月,温家宝总理做出重要批示:"优先发展城市公共交通是符合中国实际的城市发展和交通发展的正确战略思想"。

国务院办公厅、建设部等部委先后印发了《国务院办公厅转发建设部等部门关于优先发展城市公共交通意见的通知》(国办发〔2005〕46号)、《关于优先发展城市公共交通若干经济政策的意见》(建城〔2006〕288号)等一系列文件，制定了关于优先发展城市公共交通的意见，明确了"优先发展城市公共交通是提高交通资源利用效率，缓解交通拥堵的重要手段"，之后又发布了关于优先发展城市公共交通若干经济政策的意见，首次以国家行政法规的形式将城市公共交通界定为公益性事业，指出必须将公共交通纳入公共财政体系。

北京市优先发展公共交通的总体思路概括地说就是"两定四优先"。"两定"即确定发展公共交通在城市可持续发展中的重要战略地位，确定公共交通的社会公益性定位；"四优先"即公共交通设施用地优先、投资安排优先、路权分配优先、财税扶持优先。

29.2.1 《北京交通发展纲要(2004—2020)》

北京市委、市政府高度重视交通工作，2005年颁布了《北京交通发展纲要(2004—2020)》(以下简称《纲要》)。该文件作为北京中长期的交通发展的纲领性文件，第一次将优先发展公共交通战略作为缓解城市交通拥堵的治本之策，并将坚定不移的优化调整交通结构，提高公共交通出行比例列入北京市两大战略任务之一。

《纲要》中还提出了交通先导政策、公共交通优先政策、区域差别化交通政策、小汽车交通需求引导政策、政府主导的交通产业市场化经营政策五大基本交通政策。其中，公共交通优先政策从城市可持续发展的要求出发，按照公平和效率的原则，合理分配和使用交通设施资源，在规划、投资、建设、运营和服务等各个环节，为公共交通发展提供优先条件。具体包括：

(1) 设施用地优先。优先安排公共交通设施建设用地，确保公交场站设施与土地开发项目同步建设。各阶段城市土地使用规划中均须为公共汽(电)车场站、地铁车站、换乘枢纽和车辆维修保养设施留足建设用地。不得随意挤占或挪用公共客运设施用地。

(2) 投资安排优先。2010年以前，公共客运交通在交通建设投资中所占份额由18%提高到50%以上，重点支持轨道交通、大容量快速公共汽车(BRT)系统和综合交通枢纽建设。公共交通(含轨道交通、公共汽车及电车等)基础设施建设以政府资金投入为主导，积极吸引社会投资。

(3) 路权分配优先。在城市道路资源分配和路口放行上给予公共客运优先权。

(4) 财税扶持优先。公共交通实行与居民承受能力相适应的低价格政策，给予公交企业税费减免、政策性运营补贴以及其他有利于公交企业良性发展的扶持政策。

29.2.2 《北京市建设人文交通科技交通绿色交通行动计划》

在《北京交通发展纲要(2004—2020)》提出的中长期交通发展战略的基础上，北京市政府结合北京奥运会后发展的新形势和新要求，进一步明确2009~2015年交通发展目标和重点，制定了行动计划。行动计划将着力推进"公交城市"建设列为六大主要行动之首，提出全方位深化优先发展公共交通政策措施，以方便广大市民出行、最大限度地减少路网交通负荷为目标，推进以轨道交通为骨干、地面公交为主体、步行和自行车等多种交通方式协调运转的绿色出行系统建设，实现交通与城市和谐发展。

在保障政策中，该行动计划指出调整公共交通走廊沿线土地开发强度，做好规划、设计、建设、运营的有效衔接。优先保障公交大型停车场用地。加大政府用于公共交通服务的支出；建立与公共交通公益性定位相适应的企业运营成本与绩效考核机制，完善交通影响评价监管与后评估机制。制定和修订公共交通、轨道交通安全运营等地方性法规规章。

建立公共交通安全防范标准体系等系列内容。

29.3 案例——伦敦交通发展战略中有轨电车的发展思路

伦敦的公共交通包括了由地铁、国铁构成的骨架公交系统,以及由常规公交、轻轨、有轨电车、轮渡形成的衔接邻里社区、旅游观光、接驳长距离交通出行的辅助公交系统。

伦敦市 2000 年发布了《伦敦市长战略》,其中交通发展战略是其重要的组成部分(图 29-1)。作为伦敦未来若干年里交通发展的指导性纲领性文件,其地位和作用类似于《北京交通发展纲要》和《北京市建设人文交通科技交通绿色交通行动计划》。该文件中明确提出了伦敦南部地区有轨电车的发展思路、线路设置和相应规划方案的制定思路及时限。

图 29-1 《伦敦市长交通发展战略》封面

伦敦 Croydon Tramlink 于 2000 年 5 月投入运营,截至 2001 年 3 月底客运量累积达到 1330 万人次。它显著改善了伦敦南部地区的公共交通服务水平。2000 年,TFL 进行的有轨电车通道调查中,调查对象的近 80% 认为 Tramlink 是一种富有魅力、现代化的交通方式。它已经成为适应伦敦繁忙和成功的发展目标的组成部分。在吸引公共交通使用者和促进经济发展方面起到了非常重要的作用。

Croydon Tramlink 应当一贯地向乘客提供可靠、高可达和安全的服务。它应当为 Croydon 和其他伦敦南部的镇主要商业区提供服务水平持续改善的交通工具,这将帮助郊区和乡镇中心的发展,提高这些商业区的活力。Tramlink 将通过以下措施实现这些目标:

(1) 向私家车使用者提供高质量的、有吸引力的出行替代选择。

(2) 更加有效地使用有限的道路资源,没有环境负面影响。

(3) 改进 Croydon 和温布尔登镇上的主要商业区的可达性,更加容易推行交通限行政策,改善行人和自行车手的出行环境条件。

(4) 在传统的公交服务薄弱地区加强公共交通联系。

Tramlink 网络需要与已有的公交、地铁和市郊铁路完全融合。Tramlink 的换乘应尽可能方便。Tramlink 发展目前主要致力于提高换乘效率,如出入有轨电车站点过程中的标志标牌和公共信息服务等。考虑发展建设有轨电车换乘枢纽(如米查姆路口)。因为 Tramlink 的部分区段在街道路面上直接运行,因此需格外注意乘客安全以及其他道路使用者如自行车和步行者的出行安全。

Tramlink 与公共汽车服务的衔接是首要的问题。公共汽车路线应该进行必要的衔接,以减少服务的重复,并补充和增强公共汽车路网的水平。专为新阿丁顿提供服务的公共汽车收费路线已经被启用。服务和费用整合将被进一步深入。

伦敦交通委员会(TFL)将检查 Tramlink 沿途站附近的自行车停车设施及小汽车停车换乘设施的供给情况。后者能改进 Croydon 和温布尔登镇主要商业区的可达性,以往这些地区只能通过小汽车达到。Tramlink 充分地便于使用轮椅者、需要辅助设备和携带手推车、购物及重行李的人群。有必要进一步扩展系统可达性，通过与其他交通服务的整合，并进一步改善站点周边的环境。

修建换乘枢纽、改善信息服务和标志标识，将有效改善有轨电车与其他交通方式的衔接。调整公共交通电汽车线路，改善步行和自行车的可达性，提供停车换乘设施等都是非常有效的措施。这将帮助 Tramlink 增加市场占有率（完整的有轨电车与其他交通方式的衔接换乘方案于 2002 年提出）。TFL 和伦敦局将努力从改善有轨电车可达性和周边环境中获得更多的社会效益（TFL 和伦敦自治城市将对所有于 2003 年前完工的 Tramlink 沿途站和周边环境进行评估）。

Tramlink 网络扩展的可能性（图 29-2）。原则上，网络的扩展将考虑可承受的成本，根据既有和新开发过程中产生的潜在需求。不过，仅仅有限的走廊是可能可用的，这可能是事实，以及 Tramlink 技术可能比常规的公交服务更符合成本效益、大量关于网络扩展的建议已经被采纳，例如：

（1）从温布尔登或米查姆到萨顿的线路。
（2）到水晶宫的线路。
（3）对克里尔斯伍德的线路。
（4）A23 线路。

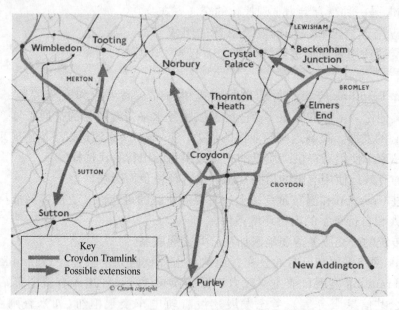

图 29-2　Croydon Tramlink 网络和扩展示意图

第 30 章 规 划 政 策

30.1 规划制定

30.1.1 规划组织编制单位

现代有轨电车的运能、速度等方面的特性决定了该系统在北京城乡交通体系中是一种介于地铁等轨道交通系统与常规公交之间的中低运量轨道交通系统。该系统是对于北京现有公共交通系统的有益补充。该系统在北京主要应用在城市周边的边缘组团或新城内部以及边缘组团或者新城之间，也可运用在连接中心城中心地区和边缘集团的连接线上，在某些旅游线路或者某些工业高新开发区内部亦具有较好的适用性。现代有轨电车的适用范围多为局域性的，属于骨干客运系统的辅助系统。

基于以上特性，关于规划组织编制单位提出以下建议：

（1）市级人民政府或城乡交通体系规划组织单位应承认现代有轨电车在北京城乡交通体系中存在的必要性和其作为辅助公交系统的功能。

（2）区、县人民政府组织编制现代有轨电车线网专项规划，并将其纳入区、县综合交通规划。

（3）建设主体组织编制现代有轨电车线路规划方案，并将其作为指导下一步设计的重要依据。

30.1.2 规划程序和内容

现代有轨电车是城市轨道交通的一种，具有多种路权方式，是与地面交通方式以平交为主的、运量处于地铁和常规公交之间的中低运量的城市轨道交通系统。现代有轨电车在道路交叉口与地面交通方式平交，在一定程度上影响路口的通行权分配。因此，为了更好地协调与道路网的关系，减少对道路交通的影响，在现代有轨电车线网规划时必须对道路网条件进行全面的分析，包括道路网的网络结构、道路红线宽度、断面设计方案等情况。同时，也需对增加了现代有轨电车后的道路交通运行影响做出评价。

现代有轨电车规划可分为线网规划和线路规划方案两个阶段。

现代有轨电车线网规划应包括以下内容：

（1）分析城市和交通现状，预测城市客运交通需求。

（2）分析确定客运交通需求走廊以及各级走廊的客运量等级。

（3）分析现代有轨电车功能定位和发展目标。

（4）研究确定现代有轨电车线网的规模。

（5）研究现代有轨电车线网结构。

（6）分析道路规划条件。

（7）确定现代有轨电车线网规划方案。
（8）对现代有轨电车规划方案进行综合评价。
（9）分析提出现代有轨电车场站的规划布局及规模。
（10）现代有轨电车用地控制规划。

现代有轨电车线路规划方案应包括以下内容：
（1）线路功能定位。
（2）分析建设必要性。
（3）客流分析。
（4）线路路由和站点设置方案。
（5）横断面方案。
（6）车辆段选址方案。
（7）接驳规划方案。
（8）道路交通组织方案。

30.2 规划审批

现代有轨电车运量、造价相对较低，属于地铁等城市骨干轨道交通系统的辅助系统。该类型设施不属于国家发改委审批管理范畴，可由北京市政府自行审批。

现代有轨电车对于区、县而言仍属于投资较大、对交通系统影响较大的交通设施，因此提出以下建议：

（1）区、县人民政府组织编制的现代有轨电车线网规划由区、县人民代表大会常务委员会审议，意见交由区、县人民政府研究处理，上报北京市人民政府审批。
（2）现代有轨电车线路规划方案由北京市规划委员会审批。

30.3 规划实施

区、县人民政府应当根据当地经济社会发展水平、交通需求发展水平，量力而行，按需供给，有计划、分步骤地组织实施现代有轨电车线网规划。现代有轨电车作为重要的交通基础设施，应根据已审批的现代有轨电车线网规划制定近期建设规划，安排建设时序以指导项目建设实施。近期建设规划应报北京市人民政府备案。

现代有轨电车建设应与国民经济和社会发展规划、沿线土地开发建设、基础设施建设协调，该类项目的建设根据所在区域的建设进程可以适度优先安排建设。

现代有轨电车线路及场站用地禁止擅自改变用途。

现代有轨电车建设单位应依照城乡规划法向北京市规划委员会申请核发选址意见书、办理建设用地规划许可和建设工程规划许可。

30.4 规划修改

有下列情形之一的，区、县人民政府方可按照规定的权限和程序修改现代有轨电车线网规划：
(1) 城乡规划发生变更。
(2) 因重大建设工程确需修改规划的。
(3) 经评估需修改规划的。
(4) 北京市人民政府认为应当修改规划的其他情形。

修改规划，区、县人民政府应当对原规划的实施情况进行总结，并向北京市人民政府报告，经同意后，方可编制修改方案。修改后线网规划需按前述线网规划审批程序报批。

区、县人民政府修改近期建设规划，应当将修改后的近期建设规划应报北京市人民政府备案。

经依法审定的线路规划方案不得随意修改；确需修改的北京市规划委员会或规划分局应当采取听证会等形式，听取利害关系人的意见。

第31章 投资建设模式

应积极落实建设资金来源渠道，推进有轨电车系统建设。有轨电车属于城市公共交通系统，属于基础设施的一种，其具有公共交通所具有的典型性质，尤其是准公共产品的性质，因此在其建设过程中，可以通过政府主导并积极引进社会资本来解决建设资金不足的问题。

31.1 建设主体

有轨电车首先属于公共交通，是交通基础设施的一种，因此其属于公共产品，建设、经营管理和维护应以政府为主导。建设的主体可以是当地政府、私营企业或二者兼而有之。成立项目管理组，以项目的形式建设。如法国是由交通发展公司以综合管理的方式参与了大部分的法国有轨电车项目，并成立了一个特殊的辅助机构——TRANSAMO 来执行业务和辅助项目管理，为交通部门提供关于管理、规划和执行重大快速交通工程的意见。

有轨电车的建设主体可以包括以下几个方面：

（1）政府，包括中央政府及各级地方政府。各级政府通过预算拨款、政策性收费和交通规费所筹集的资金，除部分用于非经营性投资项目外，其余可作为资本金，成立有轨电车建设投资开发公司。如巴黎有轨电车线路建设的财政投资方主要有：巴黎大区政府、省议会及市镇政府。

（2）私营企业。随着经济的发展和企业实力的增强，公共交通日益成为企业投资的一个热点，有轨电车的经营性也吸引了私营企业的目光。

（3）外商。近年来，外商对公路等交通运输基础设施的投资发展很快，特别是九届人大之后，很多外商已把交通基础设施作为一个投资热点。有轨电车相对于地铁、轻轨、高速公路等交通设施，其建设成本相对较低，收益稳定，因此可吸收外商投资来建设。

（4）其他主体。随着我国经济的发展，人民逐渐富裕起来，我国城乡居民的个人储蓄已达到数万亿人民币，这些都是有轨电车建设的重要潜在资金来源。

31.2 资金来源

根据城市基础设施所能带来的未来现金流的差异，可以将其划分为经营性基础设施、准经营性基础设施以及非经营性基础设施三种类型，对于不同类型的基础设施应该采取不同的投融资策略。有轨电车属于准公共产品，具有较强的公益性。同时，它在一定程度上是可分割的，因而具有排他性，其运营具有时空局限性，盈利空间有限；权益具有放大性，资产的保值增值能力强，具有极强的现金获取能力。正是由于有轨电车的准公共物品性质和经营上的上述特点，所以其建设和运营上就不一定必须单一地依托财政支持。可改变"政府有责任提供基础设施，就等于基础设施必须由政府投资"的传统观念，在有轨电车的建设过程中，政府的作用应体现为资金先导、政策指导、信息引导，政府应充分运用各项政策杠杆，将有限的财力与民间潜在的资金实力相结合，形成有轨电车公共设施建设中的巨大合力。

为促进有轨电车的快速健康发展，政府一般提供必要的财政资金进行补贴和引导。

如日本为了促进城市有轨电车交通的发展，日本国土交通省在2005年建立了"城市有轨电车交通系统建设费补助制度"，开始实施"城市有轨电车交通项目"，并推动成立由城市铁路运输企业和地方政府组成的协议会，共同就地区的综合交通体系中的城市有轨电车交通建设进行协商，促使有关各方达成共识。

对于议会讨论制订的城市有轨电车交通计划项目，日本国土交通省的铁道局在其他有关业务局的协助下，将其纳入"城市有轨电车交通综合建设事业"费用补助之列，统一提供支持。按照"城市有轨电车交通系统建设费补助制度"，对于承担城市有轨电车交通计划项目建设的城市轨道交通企业，将分别从国家和地方政府得到相当于 1/4 建设费用的补助。这些补助经费除可以用来购买低地板有轨电车车辆外，还可以用来建设车站、减振轨道、变电所、车库以及 IC 卡票务系统。

为了实现城市有轨电车交通系统的速达性、高密度和大众化，方便乘客从市郊到市中心的出行，鼓励城市有轨电车交通系统与既有的城市轨道交通系统相互过轨直通运行，在 2006 年，日本国土交通省还将城市有轨电车交通系统与既有城市轨道交通系统相互过轨直通所需要的相关设施也追加为补助对象。

31.3 投融资模式

有轨电车属于交通基础设施，随着我国市场经济的进一步发展，目前交通基础设施的投融资模式除了政府财政预算投入外，还积极运用市场机制，多渠道、多层次、多形式、多元化筹集建设资金，按是否由政府主导，可选择的投融资模式可分为两类：政府融资模式和市场融资模式。

31.3.1 政府融资模式

政府投资一直是城市公共交通资金的一项主要来源，这是由其社会公益性所决定的，特别是城市有轨电车具有初始投资大、建设周期长、投资回收慢的特点，说明仅靠公共交通企业自身的积累来发展城市有轨电车交通还不太现实，尤其是现阶段，在向市场经济转变过程中，由于市场机制的调节功能尚不健全，保持政府对城市公共交通部门的适度投资水平，既有利于城市公共交通本身的建设，也有利于调整交通方式结构，提高社会经济效益，而且还有可能通过"乘数"效应来推动国民经济增长。从国外公共交通投资状况来看，政府对公共交通的投资力度更大。德国政府 1995 年向柏林有轨电车线路投资 10.2 亿马克，其中 5.6 亿马克用于基础设施的更新和现有线路的现代化，4.6 亿马克用于修建新线。法国是城市公共交通搞得比较好的国家，其公共交通建设资金主要是从国民收入总额中提取 1.5% 作为城市交通建设投资，政府按企事业单位工资总额的一定比例（1.5%～2%）征收公共交通税，将城市基础设施总投资的 48% 用于公共交通。对于以私人小汽车为主的交通工具的美国，其城市公共交通资金来源的37%是客票收入，其余63%来源于政府投资。

政府资金是公共交通投资来源的基本保障，政府资金又可以从多种渠道获得。从政府的角度出发，为了能使城市公共交通发展资金有更充足和稳定的来源，借鉴国外公共交通发展的经验，可以考虑发行市政债券、建立公共交通发展基金。近期考虑由中央政府统筹安排的城市公共交通投资、城市维护建设税、市政公共设施配套费、固定资产折旧等构成。从长远的角度考虑，应将城市公共交通发展基金稳定在城市国内生产总值的1%～3%。另外，政府加大对公共交通的投资力度并不等于全部让中央财政承担，政府可以通过颁布法令，将城市的大部分土地使用权进行有偿出让，并将其转让收入作为一种专项基金，用于城市公共交通方面的建设。

31.3.2 市场化融资模式

有轨电车，相对于一般的城市道路和桥梁设施建设，对私人投资具有较大的吸引力，政府可制定切实可行的优惠政策，采取多种方式，鼓励社会资本参与投资。有轨电车建设经营过程中可选择的市场化融资模式有很多，结合有轨电车的特点，可选择如下模式。

31.3.2.1 银行信贷

随着近些年来市场经济体制改革的深化，政府对城市公共交通的建设资金从原来的直接拨款转为提供有限的专项贷款，这种专项贷款多是通过政策性银行来运作实现的，我国的开发银行就是执行有关长期性投融资政策的机构。

31.3.2.2 选择金融衍生工具

金融衍生工具在城市轨道交通建设过程中是一种很好的市场化融资模式，也可用于有轨电车的建设，它主要包括以下方面：

(1) 有保护的可提前退还债券：政府政策的制定或改变、税法更改、汇率波动等，可能导致有轨电车项目未来现金流的不利变化，使有轨电车项目的经济价值下降，从而给债券持有者带来损失。而设计一个保护性可提前退还债券，可以允许债券持有者在不利事件发生时，以预先确定的价格提前退还债券，收回现金。债券的持有者不但购买了债券本身，还购买了债券的看跌期权。

(2) 可退还股票：可退还股票的购买者有权在发行后的若干年内以预先规定的价格退还股票。此类可将普通股退还给发行者的金融创新用来减少首次公开发行时股价的低估和信息不对称问题。由于信息的不对称，投资者不能肯定政府是否会对该基础设施如有轨电车项目的建设持支持态度，因此由于信息不足造成的对政府的不信任也许会导致股价低估甚至无人购买股票。所以，一旦这种可将股票退还获得现金的承诺由主办政府来承担，股价下跌所带来的风险就可以被这种可退还的允诺所规避。因此，通过这种方式就可以吸引原本害怕无法收回投资成本而不愿投资的私人投资者。从另一个方面来说，这种附在股票上的可退还性也可以增加股票的价值。

(3) 可转换（含看涨期权）的债券：可转换债券的持有者有权在将来某些事件发生时，将债券转换成公司的股票。当基础设施如有轨电车投入营运后的收益由于特殊事件的发生达到甚至高于人们的期望时，对于发行者而言可以提前付清欠款而要求赎回，债券持有人为了分享更多的利益，可以把债券转换为股票。原本的负债就可以转变为公司的权益资本。

31.3.2.3 发行股票

股权融资是以公开发行股份的方式募集股本资金的一种直接融资行为。利用股权工具再融资的具体形式又可以细分为：增发、配股、定向增发、子公司上市、整体上市、海外二次上市等。同时，也可采用公募或私募两种形式。股票融资具有效率较高、成本较低、风险共同承担等特点，还不需要归还本金，所以有利于减轻企业的债务负担、降低企业的投资风险。

31.3.2.4 发行债券

（1）发行有轨电车企业债券。企业债券是企业以自身的财务状况和信用条件为基础、依照《中华人民共和国证券法》、《中华人民共和国公司法》等法定程序发行的、约定在一定期限内还本付息的债券。代表发债企业和债券投资者之间的一种债权债务关系。属于直接投资，资金成本（利率）一般应低于银行贷款利率。一般为固定利率，且要求严格，并要有第三方的担保。国内发行债券需要通过国家证券监管机构及金融监管机构的审批。需要由证券公司或者银行承销，需要支付承销费、发行手续费、兑付手续费以及担保费等。还需要取得债券资信等级的评级，可在公开的资本市场上公开发行，也可以以私募方式发行。

（2）发行可转换债券。可转换债券是一种可以在特定时间、按特定条件转换为普通股股票的特殊企业债券，兼有债券和股票的特点，即债权性、股权性和可转换性。

31.3.2.5 有偿转让市政项目的经营权

有偿转让市政项目的经营权是指国家先拨款把交通设施建设好，建成后再将其经营权有偿转让给特许经营公司，国家分期或一次性收回投资。允许公司在一定时间范围内（一般为30年），通过收取通行费、票价和对沿线经营开发获取收益。经营权转让可将投资和未来的部分收益提前收回用于新的项目建设，形成了投入产出滚动发展的良性循环，同时可以为国外资金和私人资本参与城市交通项目创造条件。其困难在于转让价格的确定。

31.3.2.6 项目融资

一般来说，一个经济主体（公司）在建设某个具体项目时，有两种融资方式：公司融资和项目融资。此处指的项目融资为狭义的项目融资，又称为新设项目法人融资，是以新组建的具有独立法人资格的项目公司为融资主体的融资方式。其特点是：由项目发起人（企业或政府）发起组建新的具有独立法人资格的项目公司，由新组建的项目公司承担融资责任和风险；建设项目所需资金的来源，可包括项目公司股东投入的资本金和项目公司承担的债务资金；依靠项目自身的盈利能力来偿还债务；一般以项目投资形成的资产、未来收益或权益作为融资担保的基础。狭义的项目融资，又称无追索权融资方式，但实际操作中，纯粹无追索权项目融资是无法做到的。所以分为以下两种：1)无追索权项目融资，指项目负债的偿还只依靠项目自身的资产和未来现金流量来保证，即使项目实际运作失败，债权人也只能要求项目本身的资产或者盈余偿还债务，而对项目以外的资产无追索权。2)有限追索权项目融资，指债权人除要求以项目自身收益作为偿债资金来源，并在项目的资产上设定担保物权之外，还要求由项目以外的与项目有利害关系的第三人提供各种担保，担保人可以是项目主办人、项目产品的未来购买者、东道国政府等。当项目不能完成或者经营失败，项目本身的资产或者受益难以清偿债务时，债权人有权向担保人进行有条件的追索。各个担保人对项目债务所负的责任，仅以其各自所提供的担保资金额度或者按有关协议所承担的义务为限,也即债务人的追索权是有限的。

项目融资具体又有多种模式,目前我国采用的包括:BOT方式、其衍生形式和PPP。

BOT(Build-Operation-Transfer)方式:即建设-经营-移交,是20世纪80年代以来国际上广泛采用的一种比较新颖的基础设施项目投资方式,典型的BOT形式是指政府和项目发起人签订特许权转让的协议,由项目发起人组织成立的项目公司承担大型基础设施项目的融资、设计、建设、运营和维护的任务。同时,在规定的特许期内,拥有该项目的所有权并收取费用,从而偿还项目的债务,并获得预期的投资回报,在特许期结束后,将项目无偿移交给政府。主要用于发展收费公路、铁路、桥梁、有轨电车和城市地铁等交通基础设施项目。BOT有三个基本特征:1)包括建设、拥有、经营和移交全过程,在国际上也称为BOOT。项目公司在特许期内对项目资产的所有权不是完整意义上的所有权。2)政府特许经营,即项目公司必须经政府特别许可才拥有建设、经营资产的权利,政府与项目公司的关系由特许经营协议确定。3)项目融资。项目融资是一种无追索权或者只有有限追索权的融资贷款,其核心是归还贷款的资金来自于项目本身。BOT也存在一些明显的缺点:前期准备和谈判阶段就需要较大投入、咨询费用高、运作周期长、过程复杂。该方式在运营过程中需要一定的适用条件,即需要支持项目融资的国家金融体系来支撑。

BOT方式根据项目的地点、时间、外部条件、政府的要求和有关规定的不同,又可以演变出不同的操作方式,主要有:1)TOT,即移交-经营-移交。政府与投资者签订特许经营合同后,将已建成投入运营的设施移交给投资者经营,根据该设施在特许期内的预计收益,政府一次性从投资者手中融得一笔资金;特许经营期满后,投资者再将该设施完好无偿地移交给政府管理。它与BOT区别在于不需要投资者出资建设项目,从而避开建设阶段可能出现的大量风险和矛盾,可为已经建成项目引进新的管理,为拟建的其他项目筹集资金。TOT模式也适合城市轨道交通设施建设项目的融资。TOT融资模式由转让方负责筹资建设,受让方不介入项目建设,从而也就不承担建设期风险,它只要用与已建成设施经营收费权资产价值的等价资金作为投资,就可获得未来收益的权利,而与城市交通基础设施资产价值的形式无直接的关系。2)BOOT,即建设-拥有-经营-转让。项目公司在项目建成后,在规定的期限内拥有项目的所有权并进行经营,期满后将项目移交给政府。后者从项目建成到移交给政府这一段时间比BOT要长。3)BOO,即建设-拥有-经营。指承包商根据政府授予的特许权,建设并经营某项基础设施,但并不将此基础设施移交给政府。需解决投资者取得的是无形资产(特许经营权)或是固定资产(所有权);特许经营期是有限的还是无限的等问题。4)DBOT,即设计-建设-经营-移交。用这种方式建设的项目不采用收费制度,而由政府用建设基金或者其他财源向DBOT投资者支付收益回报。5)BLT,即建设-租赁-转让。项目发起人通常是东道国政府,东道国政府出让建造权,项目建成后,发起人租赁该项目的经营权,向承建商支付租赁费,租赁期满后,项目所有资产转移给原发起人。6)BT,即建设-移交。项目建成后马上移交给东道国政府或其所属机构,接受单位可按项目的收购价格分期付款。但这些形式与BOT形式无本质区别,因此统称为BOT模式。

PPP(Public Private Partnership)模式,是指政府、营利性企业和非营利性企业基于某个项目而形成的相互合作形式。PPP的基本特征为共享投资收益,分担投资风险和责任。PPP模式的本质即通过政府政策的引导和监督,在政府资金的支持下,在项目的建设期和运营期广泛采取民营化方式，向公用事业领域引入民间资本。在该模式中通常将公用事业的大部分甚至整个项目的所有权和经营权都交给社会投资者，从而引进专业化管理，达到建立市场竞争机制、提高服务水平的目的。PPP模式是一种公共部门与私人企业合作模式，是指政府、盈利性企业和非盈利性企业基于某个项目而形成的相互合作形式，适用于包括城市有轨电车交通设施在内的基础设施项目的融资与建设。通过这种合作形式，合作各方可以达到比预期单独行动更为有利的结果。合作各方参与项目时，政府并不是把项目的责任全部转移给私人企业，而是由参与合作的各方共同承担责任和融资风险。在项目建设期，政府直接投资可理解为资本补贴或前补贴；在项目运营期，政府提供资金支持可理解为运营补贴或后补贴。为简便起见，将这两种在不同阶段政府资金介入的PPP模式命名为前补贴模式和后补贴模式。1)前补贴模式。具体做法是：把整个地铁项目分为A、B两个部分。A部分包括地铁车站、轨道和洞体等土建工程的投资和建设，由政府出资的投资公司来完成；B部分包括车辆、信号等设备的投资、运营和维护，由社会投资组建的PPP项目公司来完成。运营期间政府部门保障PPP公司的收益，在双方核定的期限结束后PPP项目公司无偿将地铁项目的全部资产移交给政府或续签经营合同。2)后补贴模式。具体做法是：按照目前国内固定资产投资项目的资本金制度，国有企业与民间企业共同出资组建项目有限责任公司，负责新线项目的投资、建设和运营。在项目投入运营后，当实际发生客流量比预测客流量增加或减少的幅度超过一定比例，由政府和项目公司按一定比例共同承担或享有。在双方核定期限结束后，企业同样要无偿将项目全部资产移交给政府。

31.4 建设过程中的重点、难点技术问题

有轨电车交通是20世纪60年代发展起来的一种居于公共汽车和地下铁道之间的中运量轨道运输工具。它属于轻型轨道交通系统，轻型轨道交通系统简称"轻轨"(LRT)，也叫快速有轨电车交通，是相对于重轨(HRT)而言的。有轨电车交通线路网的建设投资，相对来说比较经济，由于在地面上建造，不需要什么基础设施，所以，根据国外经验，有轨电车交通的基本建设投资平均约为地铁的1/5~1/3，并可在较短的时间内收回。

有轨电车在建设过程中可能遇到的重点、难点技术问题主要包括：线路的设计及现有线路的改造（包括站台、形势等）以及路权等问题。

31.4.1 线路设计

31.4.1.1 线路长度

有轨电车的单条线路长度受到很多因素影响。不同交通制式有不同的最佳服务长度。应根据有轨电车的适用特性，确定最佳的线路长度，防止因线路过长所增加的旅行时间。过长的乘坐时间会造成路途疲劳，一般乘客的最佳乘车时间在10~50min，线路的设计需要考虑到乘客乘坐的舒适性要求。同时，过长的驾车时间也会使驾驶员疲劳，从而降低驾车注意力，造成交通事故的发生率提高。因此，选择合理的线路长度非常重要。通常情况下，作为交通骨干的有轨电车，线路长度取决于城市覆盖范围，长度一般在13~20km左右。

31.4.1.2 线路选择

有轨电车的线路选择除了专门铺设专用的有轨电车线路之外，也可充分利用现有轨道

运输的一些既有线路，如部分闲置或运力不充分的线路。通过对其进行站台改造，引进可在轨道运输线路上运行的新型有轨电车(需满足能同时运行在大铁路线路上和电车线路上，车体宽度应为2.65m)，充分发挥现有交通基础设施的作用，且可节约建设费用。

如2002年12月15日，具有现代设计理念的低地板有轨电车Variotram开始在德国开姆尼茨和施托尔贝格之间投入正式运行。这给萨克森州和开姆尼茨地区带来一个新的"开姆尼茨模式"，即城市中心有轨电车与周边铁路贯通运行。"开姆尼茨模式"的根本目标就是连接有轨电车线路和铁路网，从而在城市和周边地区之间创造直达式轨道交通。从铁路与城轨交通资源整合的意义上讲，所有运营商之间的紧密合作是绝对必要的，它是寻求共同使用基础设施的一个现代解决方案。

31.4.2 运行速度选择

速度体现了公共交通运输乘客的快捷性，现代有轨电车站比较密集，同时又经常遇到道路交叉口，以多快的速度到达目的地往往是乘客最为关心的问题，因此平均运行速度直接影响到此种公交方式的适用性及受欢迎程度。

如果线路的限界能够实现与道路交通良好隔离，且平均站间距保持在800m左右，则其运行速度可以达到20～25km/h。车辆最大速度为70km/h(甚至能达到80km/h)。但一些国家，如法国的道路交通法规规定，在市区有轨电车的限速为50km/h，因此也就导致现代有轨电车的实际运行速度差别较大。

据有关数据统计，从城市周边到达市中心的出行时间一般应控制在30～40min内，从各种公共交通车辆适宜的服务覆盖范围来考虑，可以看出，对于城市周边到市中心的距离为6～22km左右的城市而言，采用有轨电车的服务性比较好；对于城市半径在1～10km内的小城镇采用公交接运即可满足出行要求；对于半径在22～50km之间甚至更大的城市而言，需要采用地铁或城市高速铁路才能很好地满足出行需求，而此时现代有轨电车更适于作为接驳线或外围加密线。

31.4.3 路权及车辆运行控制方式

城市轨道交通系统按路权是否专用及车辆运行控制方式的不同，可分为：路权专用、按信号指挥运行，其特点是线路专用，与其他城市交通线路没有平面交叉，且按信号指挥运行，行车速度高且行车安全性好，包括市郊铁路、地铁和高技术标准的轻轨等；路权专用、按视线可见距离运行，其特点是线路专用，与其他城市交通线路没有平面交叉，行车安全性较好，但由于无信号、按可视距离间隔运行，行车速度稍低，包括中等技术标准的轻轨；路权混用、按视线可见距离运行，其特点是线路与其他运输车辆和行人共用，与其他城市交通线路有平面交叉，除在交叉口设置信号控制外，其余线路段按可视距离间隔运行，行车速度与行车安全稍差，包括低技术标准的轻轨和有轨电车。

现代有轨电车是采用模块化的现代有轨电车车辆，具有多种路权方式，地面交通方式通常以平交为主，其路权形式可以根据各个路段的实际道路状况选择对其他交通方式干扰较小的方式。但是有一个准则必须遵守，即要保证有轨电车优先通行(包括在交叉口和路段中)，使其运行速度高于普通的道路交通。如在德国的卡尔斯鲁厄，有轨电车运行在各种路权的轨道上：它在外围区域与小汽车共享路权；在两条步行街区与行人共享道路；某些路段采用标志标线、特殊路面或草坪分离出的独立路权；或者运行在干线铁路的轨道上。其中，独立路权约占了50%。

31.4.4 立交规划

有轨电车自 20 世纪 80 年代退出城市交通领域，21 世纪之后又再次回到城市公共交通领域，现代有轨电车的建设是在已有城市公共交通规划的基础之上来建设的。因此，如何协调好有轨电车与已有交通设施、道路的相互关系，非常重要。目前北京市的城市快速路与高速公路、快速路、主干路、重要次干路相交时均采用立体交叉形式，其他等级道路相交时一般采用平面交叉形式。城市干道与铁路相交时均采用立体交叉，并且为道路上跨或下穿铁路的方式。但现状为平交的道路不但存在，而且为数众多，规划时应当特别注意这些路口的规划，若通过这些路口，规划现代有轨电车方案时，需要尤其考虑这些地方的通过能力和可行性。因此，现代有轨电车规划应当结合规划道路资源，充分利用组团间的干道系统、组团内主干路以及区内轨道交通规划进行，同时还应当注意结合道路相交情况合理规划道路交叉口、人行过街设施以及配备相应的配套设施。

第32章 运 营 模 式

32.1 确定运营主体

根据北京市有轨电车的功能定位,应尽快确定有轨电车的运营主体单位。有轨电车运营单位应具有本市道路客运资质、国有客运企业,通过其内部严格和规范的企业管理、安全保障、运营组织体系,确保有轨电车的安全运营,提高有轨电车的运营质量和服务水平。运营主体应建立完善的安全生产责任制度、驾驶员安全管理制度以及车辆定期保养维护制度等,落实安全生产责任制度。确定运营主体后,尽快细化运营方案,保证有轨电车的顺利实施。

以我国香港地区为例,香港电车现由威立雅运输集团的香港电车有限公司经营,由香港运输署监管。香港电车公司成立于1904年,现有双层电车163辆,被誉为世界上仍在服务中的最大双层电车车队,每日平均接载23万人次的乘客,现有6条线路连接筲箕湾、跑马地和坚尼地城,路轨全长30km。由筲箕湾到坚尼地城,共有118个电车站;平均每250m一个电车站。为保障电车的顺利运营,香港电车公司一方面在硬件装备上对车辆进行改善,另一方面通过举办多项安全驾驶训练及安排服务人员接受专业服务培训,加强驾驶的警觉性和服务的质量。

32.2 制定合理的票制票价

举行票制票价方案听证会,听取民众的意见和建议,制定合理的票制票价。在制定有轨电车的票价时,需考虑与现有公交、地铁(轻轨)票制票价的衔接,提高乘客换乘的便利性。同时,借鉴国内外有轨电车的运营经验,建议对部分特殊人群实行票价优惠政策,如学生、老人、残疾人等。

2009年12月开始运营的上海市首条现代化有轨电车张江有轨电车,其电车票价方案实行空调车2元单一票价,乘客既可刷公交卡也可投币,并加入公交优惠换乘行列。

在我国香港地区,电车收费是固定的,并不会因路程长短而有所不同。成人单程车资为2元(港币),12岁以下儿童和年满65岁长者的车费则为1元(港币)(表32-1)。付款方法有三种:八达通、现金及月票。

香港电车收费历史趋势　　　　　　　　表 32-1

年份	成人	学生	儿童	长者
1904 年	头等：一角 三等：五仙	N/A	N/A	N/A
1936 年	头等：六仙 三等：三仙	N/A	N/A	N/A
1946 年	头等：二角 三等：一角	N/A	N/A	N/A
1975 年	三角	一角	一角	N/A
1981 年	五角	三角	二角	N/A
1983 年	六角	三角	二角	N/A
1990 年	一元	N/A	五角	N/A
1994 年	一元二角	N/A	六角	六角
1997 年	一元六角	N/A	八角	八角
1998 年	二元	N/A	一元	一元

32.3　明确运营补贴

在考虑将有轨电车纳入公共交通系统的前提下，建议政府尽快出台有轨电车的补贴政策，明确补贴的方式和内容，以降低企业的运营成本。

第33章 其 他 政 策

有轨电车的发展经历了快速、衰落和现阶段的复兴等三个阶段，随着全球变暖、能源危机、环境污染和交通拥挤的日益加剧，有轨电车因其节能、环保、速度较高、客流容量大、人均占地少、可缓解交通拥挤的特性再次引起了人们的注意。世界上许多国家都开始逐步建设有轨电车，但是由于路面有轨电车行驶的大部分路段是专用的，并且由于其电力驱动的特征，则需要保证现代有轨电车的通行权和安全性。因此，为促进有轨电车的发展需要考虑诸多问题；为方便管理，还需要制定相关的法律法规和技术标准规范等。

33.1 相关技术标准规范

33.1.1 有轨电车客流预测标准和方法

由于有轨电车建设投资大、工期长、成本高昂，且一旦建成之后再进行更改代价巨大。因此，在建设之前必须要慎重规划，做到既能满足需求，又不浪费珍贵的资源，在这其中合理预测有轨电车的客流量是极为关键的一个环节，它关系到有轨电车路网的结构、形态、布局、线路走向、线路运营的经济效益等。有轨电车客流量一旦预测失误，有可能导致有轨电车建成后客流过多而造成拥挤，或客流过少而造成线路亏损。因此，必须选择恰当的方法来预测有轨电车线路的客流量。目前国际上通用的预测交通客流量的方法有：重力模型、概率分担模型、时间序列模型、灰色系统模型、四阶段预测法等。

有轨电车客流量预测的各种方法均各有利弊，没有一种方法可以说是绝对准确的，影响预测方法准确性的一个关键因素是参数或者变量的选择。在选择参数或者变量时，一定要考虑到本地区的经济水平、用地计划、就业岗位的分布、出行活动的规律和交通特征等因素。

33.1.2 供电方式

1996年，法国波尔多都市规划委员会决定改造城市公共交通系统。目前该项目已经成为欧洲城市交通的窗口和有轨电车与城市环境融为一体的楷模。经改进的供电系统为了不破坏波尔多市建筑遗产的美观，在长25km的第一期线路上铺设了长10km的地面供电系统，取消了接触网。

选择地面供电，采用可以完全与有轨电车线路融为一体的INNORAIL系统取代接触网。这种技术上的改进满足4个主要标准：1)安全性；2)与接触网相同的特性；3)使用方便；4)与周围环境相协调。

香港电车由550V直流电推动，透过架空电缆及电车上的集电杆输电至车上。经过电阻箱及速度控制器，推动2个牵引摩打。电车路轨的轨距为1067mm，车轮直径则为106.68cm。电车满载时总重可达20t。

电车在两端皆设有驾驶设备，可以在另一端驾驶向相反方向行驶。不过在大部分正常操作下，电车不会从车尾一端开行。在20世纪70年代以前，电车公司曾在轩尼诗道转入波斯富街的路口，设立专门负责操控转辙器和高架电缆的撬路员。就像香港巴士一样，香港电车很多时候都相当拥挤。虽然电车最大载客量是115人，但在繁忙时间，乘客都尽可能拥进车厢内。而且这也拖慢了电车上落客的时间，所以有时会出现很多电车同一时间塞在同一位置的现象。据2005年统计，香港电车每日平均有233000人次乘搭。

33.2 法律法规及配套政策

铁路和其他运输方式的健康发展与改革在很大程度上都有赖于健全的法律法规，几乎所有发达国家都在过去100多年的时间里逐步完善了有关的法律法规体系，其中很多经验和特色需要认真总结和学习。目前我国铁路法律法规体系的现状和存在的主要问题包括法律法规级次低、相当部分内容陈旧、体系结构不完整、与市场经济的要求不适应以及立法制度不健全等，必须加快铁路和运输法制建设的进程，尽快建立和完善相应的法律法规体系。

由于有轨电车具有准时、大运输量等优势，并且适应城市人口居住市郊化和都市连片的趋势，所以乘客数和收入都出现稳步增长的势头，有关政府部门也在制定一些倾斜政策，以促进有轨电车兴起。因此，研究世界上各个国家有轨电车的配套政策和相关法律法规对我国发展有轨电车具有重要意义。

如日本早期传统上认为，由冒着黑烟的蒸汽机车负责牵引的才是"铁道"，而由其他动力包括人畜甚至后来电力牵引的则属于"轨道"，但铁道和轨道在法律上的区别则在于是否和道路产生关系。因此，为管理城市有轨电车的前身即用牲畜或人力驱动轨道车辆的事务，日本于1890年制定了《轨道条例》。由于《轨道条例》中所规定的"轨道"当时主要是指铺设在城市道路上的铁路线，因此由管理城市道路的内务省负责。《轨道条例》于1921年升格为《轨道法》。城市有轨电车属于"轨道"交通，"轨道"主要被限制建在城市的一般道路上低速运行，原则上也要遵守道路交通法规。

33.3 产业化发展

世界上有轨电车发展较为先进的国家和地区可以分为两类：以美国、法国和日本为代表的国家掌握着有轨电车生产和建设的核心技术；英国和我国香港地区在有轨电车方面的资金投入较大，政府对发展有轨电车的政策性支持较大。我国要想将有轨电车产业化，形成良好的运转形势，就应制定科学合理的产业化政策，并在此基础上，加快对已有技术的消化和吸收，掌握有轨电车生产建设的核心技术，以及运营管理的先进模式。实现有轨电车生产建设产业化和运营产业化。

33.3.1 有轨电车的发展政策

根据北京市的基本情况，以及现阶段我国有轨电车的发展状况，主要政策应体现在四个方面。

一是放开限制，按需发展。按能力建设自己的有轨电车体系。但不可盲目、随意建设，只是在条件允许的前提下，适当地简化项目审批程序，加快项目评估论证和审察过程，缩短项目实施的决策、审批时间。

二是要因地制宜，实事求是，量力而行。在经济社会发展的现阶段，发展有轨电车系统的需求和建设资金与经济实力存在矛盾。由于各个区域的特点和有轨电车的功能可能存在着差异，因此决不能搞一个档次、一个标准、一个模式的有轨电车建设。应突出舒适、快捷、节能的原则，严格控制建设投资，降低建造成本。要根据需求的多样性，从多层次、多方位、多标准、多模式探索、开拓、发展有轨电车建设。制定不同档次、不同层次、不同类型、不同量级、不同标准的有轨电车建设模式及发展策略。

三是制定城市有轨电车发展的规划和政策。规划未来十年甚至几十年的有轨电车发展蓝图、目标、规模、里程、标准，明确发展有轨电车设施的政策、规定，特别是现阶段的投融资政策、规划政策、综合开发政策、建设政策、设备制造政策、运营管理政策等。

四是结合国外有轨电车建设的经验及国内近年来的建设实践，进一步补充、完善城市有轨电车建设技术规范和标准，严格技术、标准管理。进一步明确站场面积，装饰配套设施、设备、车辆、工程建设、竣工验收、投资控制等规范和标准。

33.3.2 完善产业结构、自成产业体系

目前我国有轨电车的主要设备基本靠进口，有轨电车产业应该是我国经济发展的一个重要部分，是我国建筑业、建材业、运输业、制造业、信息产业等相关产业的重要市场。我国的有轨电车不能走依赖进口、变相进口、基本进口的路子。必须走自力更生、自我发展、自我完善、自成体系、自我供给的发展民族工业的国产化道路，加速国产化，大幅度国产化，真正国产化。将有轨电车产业做大做强。

国产化的历程可分三步走：第一步技术引进，第二步消化吸收，第三步独立创新。争取早日实现国产化的目标。为此，我们应当做的工作有：

(1) 明确产业需求目录。目前有轨电车产业市场状况怎样，产业有什么需求，前景如何。

(2) 提供产业资源状况。国内已有哪些企业涉及有轨电车，资源储备如何。

(3) 制订产业发展规划、方向。明确发展目标，以市场为导向，制定产业开放及发展的政策。

(4) 调整、完善产业结构。制定经济结构调整、产业升级换代的相应政策，运用计划和市场经济相结合的手段，对国内企业进行调整、充实、定位、提高。形成分工协作、产业齐全、结构完整、自成系统，从规划、设计、建设、设备、车辆、运营等一条龙国产化的产业链。降低成本、保证供应、完善服务。引导产业发展，促进自我完善，发展民族工业，实现产业国产化。

第34章 结 论

有轨电车是一种沿固定轨道行驶，运量介于常规公交和地铁之间，客流空间较大，无污染的交通方式，它可以作为大运量轨道交通的延伸和补充，常规公交和大运量轨道交通之间衔接，在北京具备道路条件的地区具有很好的适用性。为了加快有轨电车在北京的发展，提出上述对策建议，总结如下：

34.1 明确有轨电车的发展思路和定位

（1）将有轨电车纳入公共交通体系，作为公共交通系统的组成部分之一，享受公共交通优先发展的各项政策。

（2）明确有轨电车在北京城市综合客运体系中的功能与定位，处理好其与轨道交通、公共汽电车、BRT等几种交通方式的关系，功能定位如下：

1）客流量未达地铁要求的过渡阶段；
2）大容量轨道交通的延伸和补充；
3）常规公交和大容量轨道交通的衔接；
4）高等级的公共交通服务；
5）商业、旅游区域的游览观光。

34.2 在公共交通系统中统筹考虑有轨电车发展

34.2.1 规划

（1）将有轨电车规划纳入公共交通线网规划中进行统一编制，内容应包括线网规模、布局、线路长度、路权等，处理好与其他交通方式的衔接问题。

（2）结合城市边缘集团和新城的总规和分区域控规的编制，制定城市边缘集团和新城综合客运规划，将有轨电车发展规划纳入其中。

（3）规划编制可借鉴巴黎模式，遵循以下原则：

1）城市周边的边缘组团或新城内部的骨干线路；
2）边缘组团或者新城之间连络线；
3）在某些旅游线路或者某些工业高新开发区内部。

34.2.2 运营

1. 确定运营模式

利用目前轨道交通或地面公交的建设和运营模式进行有轨电车的运营，建议参照轨道交通执行。

(1) 建设主体——北京市基础设施投资有限公司。
(2) 运营主体——北京市地铁运营公司。
2. 制定合理的票制票价
(1) 举行票制票价方案听证会，听取民众的意见和建议。
(2) 考虑与现有公交、地铁（轻轨）票制票价的衔接，提高乘客换乘的便利性。
(3) 借鉴国内外有轨电车的运营经验，对部分特殊人群实行票价优惠政策，如学生、老人、残疾人。

最后，应尽快制定有轨电车补贴政策，明确补贴的方式和内容，降低企业运营成本。

34.3　制定有轨电车发展相关法律和技术标准规范

针对目前国内没有有轨电车规划、建设、运营的相关法律法规和技术标准规范，建议如下：

(1) 加快法制建设进程，尽快建立和完善相应的法律法规体系及配套政策，在轨道交通的相关法律法规中，纳入有轨电车相关条款。
(2) 尽快研究制定有轨电车规划、建设、运营的技术标准规范。

34.4　推进有轨电车产业化发展

制定科学合理的产业化政策，加快对已有技术的消化和吸收，掌握有轨电车生产建设的核心技术，以及运营管理的先进模式。实现有轨电车生产建设产业化和运营产业化，建议如下：

(1) 明确有轨电车产业化现状，摸清国内有轨电车技术装备、供电牵引、通信信号等的应用状况。
(2) 积极推进车辆的国产化进程。
(3) 将有轨电车的产业化纳入轨道交通相关产业政策中去。

附录 A 部分国际城市现代有轨电车系统

A1　澳大利亚墨尔本(MELBOURNE)

A1.1　系统发展与功能定位

A1.1.1　城市社会经济概况
墨尔本为澳大利亚第二大人口城市，人口 400 万，面积 8806km^2。墨尔本拥有当今世界上最大的有轨电车网络。

A1.1.2　发展历史
墨尔本的有轨电车系统始于 1885 年。在 20 世纪 50、60 年代，当世界各地广泛拆除老旧的有轨电车系统时，墨尔本却保留了该市的有轨电车。从 1978 年起，墨尔本的有轨电车线网甚至开始延伸。进入 20 世纪 90 年代，墨尔本有轨电车系统开始更新车型，引进了西门子公司和阿尔斯通公司的现代有轨电车型号。

A1.1.3　功能定位
作为当今世界最大的有轨电车系统，墨尔本有轨电车是墨尔本市区公共交通的主体，承担了大部分公共交通客流。墨尔本现代有轨电车系统的覆盖面积不到墨尔本通勤铁路的一半，但承担的客流却相当于通勤铁路的 83%，可见有轨电车在墨尔本市区承担着非常重要的交通功能。

A1.2　技术特征与系统运行

A1.2.1　路网描述
墨尔本有轨电车线网全长 245km，共 28 条线路，设 1813 个站点。

A1.2.2　车辆、轨道与供电形式
墨尔本有轨电车包含 W、Z、A、B、C、D 六个系列的车型。其中 W 系列是传统有轨电车车型，现在近在市中心有部分线路使用。Z 系列于 20 世纪 70 年代开始投入使用，现在正在逐渐退出。A 系列于 20 世纪 80 年代投入使用。B 系列于 20 世纪 80～90 年代投入使用。C、D 系列均为进口车型，于 21 世纪初引进。墨尔本有轨电车使用 1435mm 轨距。

A1.2.3　系统运行
高峰时刻发车间隔 6～10min。在墨尔本，68% 的有轨电车轨道铺设在路面上，与其他交通工具共享路权。近年来，随着交通拥挤的加剧，墨尔本有轨电车的平均运营速度降到了 15.5km/h。为增强有轨电车吸引力，缓解市区交通拥挤，政府进行了一系列改进措施。

首先是用低地板的现代有轨电车型号替代老型号车辆。目前，墨尔本有轨电车车辆中

已有20%是方便残疾人上下的低地板车辆。预计到2032年将完成所有替代工作。

同时，一项综合的改进墨尔本有轨电车系统运营环境的工作正在推行。这项工作的内容包括提供专用路权、实行高峰小时有轨电车专用道、信号灯优化、站台改造等。

A1.3　运营模式

A1.3.1　运营管理体制

墨尔本有轨电车系统所属权归政府所有，但运营权出售给私人公司。当前的运营商是KDR Melbourne，购得了8年的运营合同。但延续前一个运营商使用的Yarra Trams的名字。

A1.3.2　票制票价

墨尔本的公共交通分两种票：1区和2区。当跨区旅行时需要使用两个区的票；在区域边界旅行时，使用两种中的任一种票均可。

A2 美国波特兰(PORTLAND)

A2.1 系统发展与功能定位

A2.1.1 城市社会经济概况

波特兰市是美国西海岸俄勒冈州最大城市，市区面积 376.5km^2，市区人口 55.8 万 (2008 年)。

A2.1.2 现代有轨电车发展历史

波特兰市现代有轨电车始于 2001 年。波特兰市现代有轨电车是第二次世界大战后美国第一条使用现代车辆的有轨电车系统。

A2.1.3 城市交通网络与现代有轨电车功能

波特兰市现代有轨电车系统(Portland Streetcar)是其城市轻轨系统(MAX Light Rail)的补充，主要在市中心运营。两条系统在市中心交汇。波特兰市有轨电车可以看作成轻轨在市中心的延伸和加密。

（注：波特兰市的轻轨系统比较发达，自 1986 年首条线路开通以来，至今已拥有四条线路，总长度为 84.7km，包含 84 个站点。）

A2.2 技术特征与系统运行

A2.2.1 路网描述

波特兰市现代有轨电车线路为在市中心运营的环路，总长度为 12.6km，包含 44 个站点。

A2.2.2 车辆、轨道与供电系统

目前，波特兰现代有轨电车系统共拥有 11 辆车，均为捷克生产的，轨距为 1435mm，采用 750VDC 架空线供电。

A2.2.3 系统运行参数

运营时间：周一至周五，5：30～23：30；周六，7：15～23：30；周日，7：15～20：30。

运行间隔：周一至周五，9：30～17：00 之间，运行间隔约 13min；9：30 之前，17：00 之后，运行间隔约 14～20min。周六，11：00～20：00 之间，运行间隔约 13min；早上和晚上约 15～20min；周日，运行间隔约 15～20min。

A2.2.4 路权与沿线交通组织

波特兰的现代有轨电车和其轻轨系统有着相对比较显著的区别——路权。大多数波特

兰轻轨拥有 B 级以上路权，而波特兰有轨电车在大多数情况下仅拥有 C 级路权，即在街面与其他交通方式混行。且波特兰现代有轨电车在大多数情况下不拥有交叉口优先通行权。这种设计节约了建设资金，也减少了对其他交通模式的影响，但其弊端是行程时间变长了。

A2.3 运营模式

A2.3.1 运营管理体制

波特兰市现代有轨电车所有权归波特兰市（City of Portland）所有，负责运营的机构为 TriMet，它是一个负责整个波特兰大都市区公共交通系统运营的公立机构。

波特兰市现代有轨电车的运营资金来源主要来自四部分：运营商 TriMet、票务收入、城市停车收入以及沿线资产的税收。

A2.3.2 票制票价

波特兰现代有轨电车线路分为付费区间和免费区间。付费区间常规票价为 2 美元，全天有效。青少年票价为 1.5 美元，全天有效。荣誉市民票价为 0.95 美元，全天有效。还提供 100 美元的年票。

A3　法国斯特拉斯堡(STRASBOURG)

A3.1　系统发展与功能定位

A3.1.1　城市社会经济概况
斯特拉斯堡市是法国东北部阿尔萨斯省的首府，是欧洲议会所在地。其行政区面积 1351km^2，人口 70.2 万(2007 年)；市区面积 222km^2，人口 27.7 万(2006 年)。

A3.1.2　现代有轨电车发展历史
1994 年开通，现在已拥有 5 条，A、B、C、D 和 E 线，总长度为 55km。A、D 线于 1994 年开通；B、C 线于 2000 年开通；E 线于 2007 年开通；F 线于 2010 年 12 月开通。

A3.1.3　城市交通网络与现代有轨电车功能
斯特拉斯堡市现代有轨电车在该市的公共交通系统中扮演着极其重要的角色，是该城市公共交通出行的主要承担者。

A3.2　技术特征与系统运行

A3.2.1　车辆、轨道与供电系统
最新型的车型为阿尔斯通公司制造的 Citadis 403 型车，该型车也被称作斯特拉斯堡型 Alstom Citadis 有轨电车，采用 100％低地板，非常方便上下客。

轨距：1435mm；供电方式：750VDC，架空线。

A3.2.2　系统运行参数
运行间隔：高峰 3min；运营时间：A 线 04：30～00：30，D 线 07：00～19：00(周一～周六)。

A4　法国波尔多（BORDEAUX）

A4.1　系统发展与功能定位

A4.1.1　城市社会经济概况
波尔多市位于法国西南部，市区面积49.4km^2，人口25万（2008年估计数据）。

A4.1.2　现代有轨电车发展历史
波尔多市有轨电车（法语：Tramway de Bordeaux）始于2003年12月，至今已拥有3条线路，总长度为43.9km。波尔多市现代有轨电车最著名的特点就是使用地面第三轨供电。

A4.1.3　城市交通网络与现代有轨电车功能
波尔多市公共交通系统比较发达，且在同一公司下运营。波尔多市的公共交通系统由如下元素构成：3条现代有轨电车线路；75条常规公交线路，全部与有轨电车接驳；12条夜间常规公交线路；1条在市中心运营的电力驱动巴士线路；1条在Garonne河上运营的摆渡船线路。因此，波尔多市的现代有轨电车作为城市公共交通网络的一部分与其他交通方式一起承担公共交通出行。

A4.2　技术特征与系统运行

A4.2.1　路网描述
共3条线路，A线、B线和C线，全长43.9km。其中A线长20.6km，设27个站点；B线长15.2km，设20个站点；C线长8.1km，设7个站点。

A4.2.2　车辆、轨道与供电系统
车型：Alstom Citadis 402；

轨距：1435mm。

供电方式：750VDC，地面第三轨供电：用于市中心区，以保证景观需要。该供电形式是安全的，只有当车辆完全覆盖轨道时，第三轨才会被接通，因此人畜没有触电危险。750VDC，架空线：在城市外围区域。

A4.2.3　系统运行参数
运营时间：4：30～24：00（周日至周三），4：30～次日1：30（周四至周六）。

运行间隔：工作日及周六，10～12min，高峰小时和大型活动情况下会加密发车间隔；周日与节假日早晨，30～40min，10：00以后缩短至20min。

运量：A线70000人/d，B线70000人/d，C线25000人/d。有轨电车承担了该市常

规公交和有轨电车公交网络客流的 45%。

A4.3 运营模式

波尔多市的公共交通系统由一个名叫 Tram et Bus de la CUB（TBC）的机构统一运营。

A5 法国巴黎(PARIS)

A5.1 系统发展与功能定位

A5.1.1 城市社会经济概况

巴黎是法国的首都，也是法国人口最多的城市，城市陆地面积 86.9km²，市区人口 220 万(2006 年数据)。

A5.1.2 现代有轨电车发展历史

第一条线路出现在 1992 年，最新一条线路于 2006 年开通，新线路已规划。

A5.1.3 城市交通网络与现代有轨电车功能

巴黎的公共交通系统非常发达，主要包括以下模式：地铁(Metro)、城市快速轨道(RER)、郊区快速轨道(Transilient)、有轨电车(Tramway)和常规公交车(Bus)。

巴黎地铁拥有百年历史，现在有 14 条线路，总长度为 214km。

城市快速轨道(RER)是将市区内的地铁与过去存在过的区域性铁路线合并后产生的。在巴黎市内，RER 与巴黎地铁有多处接驳。目前拥有 5 条线路，即 A、B、C、D 和 E，总长度为 587km，其中 76.5km 为地下线。

郊区快速轨道(Transilient)目前拥有 6 条线路，主要服务于 RER 所未服务到的区域。

现代有轨电车(Tramway)目前拥有 4 条线路，总长度为 43.9km。

常规公交(Bus)非常发达，能够到达市区内大部分区域，有 58 个线路的起终点都在市区范围内。

现有的和未来开通的巴黎现代有轨电车线路将围绕城市连成一条闭合环路，并且有向外围延伸的线路。巴黎现代有轨电车为城市边缘的活动提供了一种舒适可靠的交通模式，并且起到了连接各条大容量快速轨道交通线路的作用(巴黎地铁和 RER)。

A5.2 技术特征与系统运行

A5.2.1 路网描述

巴黎市现代有轨电车拥有 4 条线路，即 T1、T2、T3 和 T4。

T1 线紧贴巴黎市的北边界修建，1992 年开通。T1 线全长 11km，设 26 个站点，平均站距为 440m。

T2 线也沿城市边缘修建，于 1997 年开通。T2 线全长 11.3km，设 13 个站点，平均站距为 942m。

T3 线沿巴黎城墙的 Thiers wall 修建，于 2006 年开通。T3 线全长 7.9km，设 17 个站点，平均站距为 465m。

T4 线是一条有轨电车-火车(Tram-Train)线，沿城市边缘修建，部分区段在国铁线路上运营。于 2006 年开通。T4 线同 RER 接驳。T4 线全长 7.9km，设 11 个站点，平均站距为 790m。

A5.2.2 车辆、轨道与供电系统

车型：GEC Alstom(1991/92) M17；GEC Alstom(1996) M22；

轨距：1435mm；

供电方式：750VDC，架空线。

A5.2.3 系统运行参数

运行间隔：高峰 5min，非高峰 8min；

运营时间：05：00～23：59。

A5.3 运营模式

A5.3.1 运营管理体制

巴黎现代有轨电车由一个名叫"巴黎交通自主运营商"的公共交通机构运营。巴黎地铁与常规公交系统也归该机构运营。

A5.3.2 票制票价

票制：与公共汽车相同；

检票：自动售票机，车上验票员。

A6 法国里昂(LYON)

A6.1 系统发展与功能定位

A6.1.1 城市社会经济概况
里昂是法国第二大城市，位于地中海沿岸，是一个重要的艺术、工业和高科技城市，里昂拥有130万人口。

A6.1.2 现代有轨电车发展历史
里昂市现代有轨电车始于2001年，至今已有4条线路，另外还有一条机场快线。

A6.1.3 城市交通网络与现代有轨电车功能
里昂拥有较为完善的公共交通系统，包括地铁、有轨电车、无轨电车和公共汽车。里昂的现代有轨电车与其他公共交通模式一起共同组成了里昂市的公交主体。

A6.2 技术特征与系统运行

A6.2.1 路网描述
里昂现代有轨电车截至2009年共拥有4条线路：T1线、T2线、T3线和T4线。其中T1线全长10km，T2线全长14.7km，T3线全长14.6km，T4线全长10km。还有一条机场快速线——LESLYS，全长25km，与上述线路部分共线。

A6.2.2 车辆、轨道与供电系统
里昂的现代有轨电车系统采用Alstom公司的Citidas系列。

A6.2.3 系统运行参数
T1线在2005年时(当时长8.2km)日客运量为50000人次；T2线2005年日客运量50000人次。

A6.2.4 路权与沿线交通组织
里昂现代有轨电车在大多数交叉口享有信号灯优先。

A7 英国诺丁汉(NOTTINGHAM)

A7.1 系统发展与功能定位

A7.1.1 城市社会经济概况
诺丁汉市人口 29.24 万人，面积 74.61km^2。

A7.1.2 现代有轨电车发展历史
第一条线路于 2004 年 3 月开通。诺丁汉市现代有轨电车从开始规划到最后实施历经了 16 年。

A7.1.3 城市交通网络与现代有轨电车功能
诺丁汉市没有其他轨道交通系统，现代有轨电车和公共汽车共同组成了诺丁汉市公共交通系统的主体。

A7.2 技术特征与系统运行

A7.2.1 路网描述
诺丁汉市目前只拥有一条现代有轨电车线路，线路全长 14km，包含 23 个站点。大体上为南北向运行。在很多站附近设有 P&R 设施。在整个线路上都可以与公共汽车接驳，其中最主要的换乘点在线路的最北端。

A7.2.2 系统运行参数
工作日大多数时间为 5～10min 一班；休息日 10～20min 一班。2005 年年客运量 970 万人次。

A7.2.3 路权与沿线交通组织
诺丁汉市现代有轨电车在交叉口享有信号优先通行。

A7.3 运营模式

A7.3.1 运营管理体制
诺丁汉市现代有轨电车系统由一个名叫 Nottingham Tram Consortium 的机构运营，该机构由诺丁汉市交通部和一个跨国公交公司(Transdev)各控 50% 的股权。

A7.3.2 票制票价
采用在车上售票的机制。提供不同的票价，通常都是全天的通票，但有的通票还可以使用公共汽车等其他公共交通工具。提供儿童票，也提供周票、月票、季票、年票，还提供按固定使用次数的票。

参 考 文 献

[1] Urban Transit Systems and Technology. Vukan R. Vuchik, John Wiley & Sons, Inc., Hoboken, New Jersey, USA, 2007
[2] Urban Transit: Operations, Planning and Economics. Vukan R. Vuchik, John Wiley & Sons, Inc., Hoboken, New Jersey, USA, 2005
[3] Light Rail Transit Systems. European Conference of Ministers of Transport, Paris, France, 1994
[4] Gatenby, M., S. Fedzin. Traffic Signal Network Operation within The Nottingham Express Transit System. Traffic Singal Engineering & Control. 2004. Vol45. No. 2. 44-49
[5] David Gaspers. Modern Streetcar Study Peer Review. August, 2008
[6] 何宗华. 城市轻轨交通工程设计指南. 北京：中国建筑工业出版社，1993年
[7] 李际胜，姜传志. 有轨电车线站布置及交通组织设计. 城市轨道交通研究，2007(5)
[8] http：//www. uitp. org
[9] http：//www. apta. com
[10] http：//en. wikipedia. org/wiki/Bordeaux_tramway
[11] http：//en. wikipedia. org/wiki/Flexity
[12] http：//en. wikipedia. org/wiki/Tramlink
[13] http：//www. flexity2. bombardier. com/swf/index. html
[14] http：//www. transportation. siemens. com/
[15] http：//www. bombardier. com/en/transportation/
[16] http：//www. lohr. fr/transport-public_gb. htm
[17] http：//en. wikipedia. org/wiki/Trams_in_Melbourne
[18] http：//en. wikipedia. org/wiki/Portland_Streetcar
[19] http：//www. portlandstreetcar. org/schedule. php
[20] http：//en. wikipedia. org/wiki/Strasbourg_tramway
[21] http：//en. wikipedia. org/wiki/Tramway_de_Bordeaux
[22] http：//en. wikipedia. org/wiki/Tramways_in_Paris
[23] http：//en. wikipedia. org/wiki/Transportation_in_Paris
[24] http：//en. wikipedia. org/wiki/Lyon_tramway
[25] http：//en. wikipedia. org/wiki/Nottingham_Express_Transit
[26] Gatenby, M., S. Fedzin. Traffic Signal Network Operation within The Nottingham Express Transit System. Traffic Singal Engineering & Control. 2004. Vol45. No. 2. 44-49
[27] Urban Transit Systems and Technology. Vukan R. Vuchik, John Wiley & Sons, Inc., Hoboken, New Jersey, USA, 2007
[28] Urban Transit: Operations, Planning and Economics. Vukan R. Vuchik, John Wiley & Sons, Inc., Hoboken, New Jersey, USA, 2005
[29] 何宗华. 城市轻轨交通工程设计指南. 北京：中国建筑工业出版社. 1993

[30] www.uitp.org

[31] www.apta.com

[32] Light Rail Transit Systems. European Conference of Ministers of Transport, Paris, France, 1994

[33] 李际胜，姜传志. 有轨电车线站布置及交通组织设计. 城市轨道交通研究，2007(5)

[34] Gatenby, M., S. Fedzin. Traffic Signal Network Operation within The Nottingham Express Transit System. Traffic Singal Engineering & Control. 2004. Vol45. No. 2. 44-49

[35] Parsons Brinckerhoff. Stirling City Center Light Rail Feasibility Study-Phase 2, A Draft. June 2006

[36] David Gaspers. Modern Streetcar Study Peer Review. August, 2008

[37] http://en.wikipedia.org/

[38] http://www.transportation.siemens.com/ts/en/pub/products/mt/products/tram/combino_history.htm

[39] http://www.transportation.siemens.com/ts/en/pub/products/mt/products/tram/ulf.htm

[40] http://en.wikipedia.org/wiki/San_Diego_Trolley

[41] http://www.sdmts.com/trolley/Trolley.asp

[42] http://en.wikipedia.org/wiki/Portland_Streetcar

[43] http://www.portlandstreetcar.org/schedule.php

[44] http://en.wikipedia.org/wiki/Tramways_in_Strasbourg

[45] http://www.trams-in-france.net/reload.htm?strasbourg.htm

[46] http://en.wikipedia.org/wiki/Tramway_de_Bordeaux

[47] http://en.wikipedia.org/wiki/Tramways_in_Paris

[48] http://carto.metro.free.fr/en/

[49] Stephen Luke, Mott MacDonald. Public transport mode selection: a review of international practice. European Transport Conference 2006

[50] 邵伟中，刘瑶，陈光华，徐瑞华. 巴黎市域轨道交通线路及车站布置特点分析 [J]. 城市轨道交通研究，2006，9(1)：62-64

[51] 盖春英，郑猛. 北京轨道交通系统发展之路 [J]. 北京规划建设，2007(3)：68-71

[52] 王巨铮. 北京市应尽快发展快速有轨电车交通——发展快速有轨电车交通可行性分析 [J]. 城市问题，1984(3)：1-8

[53] 尤龙. 北京有轨电车史话 [J]. 前线，2008(3)：61-62

[54] 李大惠. 北京有轨电车兴衰记略 [J]. 科技潮，2003(5)：57

[55] 北京有望率先建设中低速磁悬浮列车 [J]. 交通建设与管理，2007(8)：60

[56] Takeo Kuwabara, Motomi Hiraishi, Kenjiro Goda, Seiichi Okamoto, Akira Ito, Yoichi Sugita. 城轨交通新选择-小型单轨系统 [J]. 电力机车与城轨车辆，2003，26(5)：48-50

[57] 叶大德. 城市单轨交通(一) [J]. 地铁与轻轨，1996(1)：17-19

[58] 叶大德. 城市单轨交通(二) [J]. 地铁与轻轨，1996(2)：14-17

[59] 叶大德. 城市单轨交通(三) [J]. 地铁与轻轨，1996(3)：13-16

[60] 叶大德. 城市单轨交通(四) [J]. 地铁与轻轨，1996(4)：7-11

[61] 叶大德. 城市单轨交通(五) [J]. 地铁与轻轨，1996(5)：12-17

[62] 叶大德. 城市单轨交通(六) [J]. 地铁与轻轨，1996(6)：35-38

[63] 叶大德. 城市单轨交通(七) [J]. 地铁与轻轨，1996(7)：14-17

[64] 李海川. 城市单轨交通系统的选用探讨 [J]. 铁道机车车辆，2003，23(6)：40-42

[65] 沈景炎. 城市轨道交通多种制式的特征与评价大纲 [J]. 城市轨道交通研究，2003(5)：1-6

[66] 周安荔. 城市轨道交通轨道结构类型选择的研究 [J]. 铁道工程学报，2002(1)：12-16

[67] 周翔民，孙章，季令. 城市轨道交通市郊线的功能及技术特征 [J]. 城市轨道交通研究，

2007(8): 1-5
[68] 陈韶章. 城市郊区列车与轨道交通区域快线 [J]. 都市快轨交通, 2008, 21(5): 5-8
[69] 冯卓津. 城市有轨电车发展前景 [J]. 城市公共交通, 2002(3): 23
[70] 王东民. 单轨交通系统在我国应用发展前景分析 [J]. 科技资讯, 2007(16): 7
[71] 蔡蔚, 鲁强, 李慕君. 单轨列车城市新形象 [J]. 交通与运输, 2000(2): 9-11
[72] 沙梦麟. 单轨铁路是发展城市轨道交通的重要模式 [J]. 交通与运输, 2002(4): 6
[73] 边晓春, 陶明鹤. 单轨线路在重庆轨道交通线网中的功能定位 [J]. 现代城市轨道交通, 2006(5): 25-28
[74] Georg Puettner. 德国城市轨道交通的各种制式系统 [J]. 城市轨道交通研究, 2007(10): 11-17
[75] 刘伟. 德国城市有轨电车与周边铁路贯通运行的新交通模式 [J]. 现代城市轨道交通, 2005(4): 63-65
[76] 伍拾煤. 东莞市轨道交通车辆制式选型研究 [J]. 城市轨道交通研究, 2008(4): 52-55
[77] 王浩川, 郭志方, 方力, 刘翠艳. 对我国城市有轨电车技术发展的思考 [J]. 城市轨道交通研究, 2000(1): 17-22
[78] 刘晓艳. 法国巴黎全自动无人驾驶地铁车辆 [J]. 国外铁道车辆, 2006(3): 14-16
[79] 刘晓艳. 法国波尔多市 Citadis 有轨电车 [J]. 国外铁道车辆, 2006(5): 27-29
[80] 祝华. 法国斯特拉斯堡的新型有轨电车 [J]. 国外铁道车辆, 2004(4): 44
[81] 郭春安. 反思北京城市轨道交通规划与建设 [J]. 北京规划建设, 2006(5): 46-50
[82] 冯浚, 徐康明. 哥本哈根 TOD 模式研究 [J]. 城市交通, 2006(2): 41-46
[83] 任伟强, 陈艳艳, 罗铭. 轨道交通 TOD 发展模式研究 [A]. 见: 生态文明视角下的城乡规划——2008中国城市规划年会论文集 [C]. 大连: 中国城市规划学会, 2008. 1-9
[84] 冯黎, 顾保南. 国外典型大城市市郊轨道交通的发展及其启示 [J]. 城市轨道交通研究, 2008(12): 49-53
[85] 孙斌栋. 加快近郊轨道交通建设, 优化城市空间结构 [J]. 上海综合经济, 2004(8): 43-44
[86] 建轨道交通不必限于地铁 [J]. 城市轨道交通研究, 2002(4): 2
[87] 曼彻斯特开通有轨电车市民拍手叫好欧洲数十个城市考虑恢复有轨电车 [J]. 国外城市规划, 1993(2)
[88] 朱茵, 钱大琳. 轻轨快速交通的优势与不足 [J]. 交通科技, 2001(1): 60-62
[89] 何宗华. 日本城市轨道交通的类型与技术发展 [J]. 城市轨道交通研究, 2004(5): 5-8
[90] 施翃, 魏庆朝. 日本城市轨道交通应用系统模式 [J]. 都市轨道交通, 2004, 17(5): 54-59
[91] 阳建鸣. 日本对城市有轨电车交通的扶持 [J]. 现代城市轨道交通, 2006(6): 71-72
[92] 石定寰. 日本中低速磁悬浮技术及其应用前景 [J]. 交通运输系统工程与信息, 2007, 7(5): 1-4
[93] 刘振涛. 市区轨道交通线路选线主要原则探讨 [J]. 交通与运输, 2008(2): 19
[94] 杨立新. 市域城市轨道交通及其主要技术特征 [J]. 城市轨道交通研究, 2008(12): 9-12
[95] 曲尚开. 市域铁路不同供电制式的适用性分析 [J]. 科协论坛, 2008(12): 1
[96] 王建. 试论有轨电车与轻轨系统的相互关系 [J]. 城市交通, 2004(3): 24-26
[97] 佟力, 马沂文, 胥刃佳. 适用于城市交通的中低速磁悬浮技术电力 [J]. 机车与城轨车辆, 2003, 26(5): 4-6
[98] 周翙民. 我国城市轨道交通多元化发展的新趋势 [J]. 城市轨道交通研究, 2002(3): 1-6
[99] 孙喜书, 康学伟. 我国城市轨道交通系统的选择 [J]. 科技信息, 2008(8): 325-326
[100] 刘洁, 孙有望. 我国大城市市域通勤轨道交通供应主体研究 [J]. 铁道运输与经济, 2007(6): 39-41

[101] 张定贤，范佩鑫. 现代化城市的轻轨快速交通 [J]. 城市轨道交通研究，1998(2)：10-14
[102] 李依庆，华凌晨. 现代化有轨电车系统在中国城市的发展前景 [J]. 现代城市轨道交通，2008(6)：60-62
[103] 徐正和. 现代有轨电车的崛起与探索 [J]. 现代城市轨道交通，2005(2)：12-15
[104] 卫超. 现代有轨电车的适用性研究 [D]. 上海：同济大学，2008
[105] 于禹夫，方力. 现代有轨电车交通系统及其车辆的技术定位 [J]. 地铁与轻轨，2003(6)：43-47
[106] 訾海波，过秀成，杨洁. 现代有轨电车应用模式及地区适用性研究 [J]. 城市轨道交通研究，2009(2)：46-49
[107] 王明文，王国良，张育宏. 现代有轨电车与城市发展适应模式探讨 [J]. 城市交通，2007，5(6)：70-72
[108] 谢琨. 现代有轨电车与城市建设 [J]. 城市轨道交通研究，2000(1)：62-65
[109] 薛美根，杨立峰，程杰. 现代有轨电车主要特征与国内外发展研究 [J]. 城市交通，2008，6(6)：88-92
[110] 王春华. 香港的有轨电车 [J]. 交通与运输，2006(6)：62
[111] 王伟. 香港地铁的先进运营管理经验 [J]. 城市轨道交通研究，2002(3)：78-79
[112] 新型有轨电车在欧洲的兴起 [J]. 国外科技动态，2000(3)：34
[113] 朱宗智. 新型现代有轨电车将落户天津开发区 [J]. 天津建设科技，2005(3)：42
[114] 周庆瑞，施翃. 新型有轨电车及其创新的供电制式 [J]. 都市快轨交通，2008，21(6)：95-97
[115] Marc Le Torneur. 新型有轨电车网建设的方向 [J]. 城市轨道交通研究，2000(4)：73-75
[116] 黄雁鸿. 有轨电车——传统而时尚的交通方式——有轨电车与连云港的"机缘巧合" [J]. 江苏城市规划，2007(4)：23-27
[117] 王欢春. 有轨电车的发展 [J]. 国外铁道车辆，1998(5)：30-34
[118] 巫伟军. 有轨电车系统特点及应用前景研究 [J]. 贴到标准设计，2007(8)：122-125
[119] 李冀侃，方守恩. 有轨电车延伸线客流预测方法在法国的实践 [J]. 交通与运输，2007(1)：60-63
[120] 有轨电车在欧洲的复兴 [J]. 世界环境，2004(3)：54
[121] 有轨电车在中国的发展前景 [J]. 城市交通，2006，4(5)：85
[122] 梁宁慧，刘新荣，曹学山，钟正君，廖靖. 中国城市地铁建设的现状和发展战略 [J]. 重庆建筑大学学报，2008，30(6)：81-85